沉默的自由

修订版

沉默的自由

反对强迫自证其罪的历史、价值与规则构建

易延友 / 著

修订版序

2001年8月,我出版了我的第一本专著《沉默的自由》,论证沉默权的正当性、必要性与可行性。2012年修正的《刑事诉讼法》在第50条规定了"不得强迫任何人证实自己有罪"的条款,有关中国是否应当确立沉默权的争议终于尘埃落定。尽管《刑事诉讼法》仍然保留了"犯罪嫌疑人对侦查人员的提问应当如实回答"的规定,但有了"不得强迫任何人证实自己有罪"这一条款,我们还是可以名正言顺地得出犯罪嫌疑人、被告人面对讯问有权保持沉默的结论。

一个学者在面对他十余年前的著作时究竟会怎样?说实话,我是以惴惴不安的心情重新审视了这部十余年前的作品。略感欣慰的是,除了觉得语言有些稚嫩,我似乎也不觉得需要对它做根本性的改动。恰相反,我发现,我所有关于刑事诉讼法的理解,在这本书中几乎都已经展现得淋漓尽致。由于这本书侧重于对沉默权的历史进行分析,对其价值进行解剖,对各国的规则进行比较,至今看来,它也没有随着时间的消逝而减损其价值。作为理解2012年《刑事诉讼法》"不得强迫任何人证实自己有罪"条款的基本读物,它对于了解、解释、实施这一制度,乃至对该制度进行进一步的发展建构,都仍然具有不可替代的作用。因此,我下定决心,重新对本书详加校订,将它呈现在读者面前,接受读者的批评和历史的检验。

当然,作者不觉得需要做根本性的改动,既有可能是因为本书确实不需要根本性的改动,也可能是因为作者在相关领域仍然停留在原来的水平。因此,本书缺点错误自然在所难免,请方家不吝指正!

易延友

2015 年 1 月于清华大学明理楼

代　　序

博士生易延友写成《沉默的自由》一书，我很高兴，觉得他为这个领域的研究进行了有益的探索。

沉默权问题是刑事诉讼法中存在争论比较多的一个问题。英国是最早确立沉默权的国家，但在 1972 年英国法律界对沉默权规则作出了重大改革的建议，当时改革未能成功，经过近 20 年的讨论，英国终于通过法律对沉默权的行使作出了重大限制。而在最近，英国又对该项限制性法律作出了新的解释，重申和巩固了沉默权在英国法律中的地位。

一个问题能够在历史上多年来存在争议，一个古老的问题在现代法律中能够作为变革的重要内容，这本身就说明了这个问题的生命力以及对该问题研究的必要性。

沉默权问题在中国也有不少阐述和评论，这些研究并非为了做一个考证，归根结底是探索沉默权在我国的可行性。我认为这种研究对建设我国社会主义法制是有益的。但是"并非考证"并不是可以忽略对该问题的来龙去脉的了解，恰恰相反，对沉默权的起源及其发展进行系统的阐述和研究，有助于我们对这个问题的深入理解。易延友同学在这方面做了很好的尝试。

沉默权制度是一个典型的舶来品。在这一制度背后，自然渗透着西方国家的人文传统和价值观念。对沉默权的价值取向和制度功能进行探索和揭示，将有助于增进国人对这一制度的了解和把握，也是我们进行法律移植必须要予以考虑的问题。本书在这方面下了很大的工夫，也提出了作者自己关于刑事诉讼的一些见解，有些观点不乏独到之处，例如，作者关于"被告人人权优于被害人人权"的观点，确实发人深省，我比较赞赏。当然，有的观点尚处于探索当中，可以商榷。

在"沉默权规则比较研究"这一章，作者对当今各国沉默权规则进行了系统的介绍，通过古今的比较、横向的比较，尤其是对较有代表性的沉默权规则的特征进行归纳，澄清了理论界关于西方国家沉默权规则的一些模糊认识甚至可以说是错误认识，这一点着实难能可贵，也是国内关于沉默权的论述中不多见的。这些工作同时也为本书在结语部分提出的结论打下了基础。

在这些论述的基础上，作者还对在我国建立沉默权规则的必要性与可行性进行了详尽的论证。在这里，作者既显示了其严密的逻辑思维能力，又展示了其比较深厚的文化功底。关于沉默权与我国传统法律文化这部分的论证，尤其雄辩有力。

本书结语部分提出了作者对如何建立我国沉默权规则的看法，亦自成一家之言。

易延友来自湖南西部的大山中，1992 年考入中国政法大学法律系，毕业后又在本校攻读硕士、博士学位。作为他的导师，我对他的印象是勤奋好学又很有才华。学生写成一本书，"初试啼声"，老师为他高兴。但愿啼声悦耳，博得法界掌声。

是为序。

陈光中

2001 年 8 月

目　录

导　言

一、本书的目的与结构

本书旨在论证:中国需要确立一个切实可行的沉默权规则。所谓"切实可行",是指对于沉默权的主体而言,必须能够有效地主张这种权利。"权利"一词既有实体性含义,又有程序性含义。在实体上,它是指享有权利的主体拥有为或不为某种行为的资格;在程序上,它是指当这种资格受到侵犯时,权利主体必须能够通过某种途径获得救济。无论是实体性权利,还是程序性权利,都必须具备这两个特征,否则将不成其为真正的权利,或者说,将不是现实意义上的权利。所以,沉默权作为一项权利,也必须具有可操作性;当它受到侵犯时,必须能够得到有效的救济。因此,沉默权规则必然是一系列关于诉讼权利的混合物,它并不仅仅包括沉默权本身,而且包括保障沉默权的各种制度性措施。

本书对这一命题的论证基本上可以分为两大部分:第一部分包括本书第一章至第四章,目的在于论证沉默权的合理性;第二部分则为本书第五章至第六章及结论部分,目的在于探索沉默权的技术性规则并论证沉默权在我国的可行性。作为对沉默权的初步研究,我认为第一部分与第二部分同等重要。

在结构上,本书分为上、中、下三篇,每篇两章。上篇专谈沉默权的历史。

第一章“沉默权的起源”,介绍沉默权从道德权利上升为法律权利的历程。关于沉默权的起源,本章首先叙述了受压迫者在教会法院反对纠问程序的斗争;其次,本着“择焉虽精而语焉犹详”[1]的原则,对在宗教事务方面持不同意见者在王室掌控的宗教法院进行的斗争进行了着意的刻画。在此基础上,作者对沉默权的渊源进行了总结,并分析沉默权从道德权利到法律权利这种转变过程的历史特征。本章的重点在于通过历史的研究和分析,证明沉默权的确立,体现了文明的进步和人类认识能力的提高。此外,这些叙述也使我们对沉默权的早期形态有一个感性的认识。

第二章“沉默权的发展”,论述沉默权从法律权利向现实权利转化的过程,着重分析英国早期普通法上沉默权规则的缺陷(主要是内容上不完整和程序上不具有可操作性),并叙述英国法律家为弥补早期沉默权规则的这些缺陷而作出的努力。本章的意义在于:通过对沉默权从法律权利到现实权利转化过程的分析,可以帮助我们认识到什么是真正的沉默权,从而避免确立一种空洞的、不能为权利主体真正享有的沉默权。当然,由于沉默权规则在美国所显示出的强大生命力和影响力,故而本章对沉默权在美国的继承和发展也顺带提及。

中篇为沉默权所体现的诉讼理念,分为价值层面和功能层面两个方面。

第三章“沉默权的价值取向”,对沉默权所体现的诉讼上的价值选择进行了分析,指出:在发现真实与保障人权之间,沉默权主要体现了保障人权的诉讼法律思想;之所以选择保障人权,乃是基于人性本恶的理论假设,在这样的理论假设之下,要满足人类追求自由的普遍愿

---

〔1〕 冯友兰:《中国哲学简史》,北京大学出版社 1985 年版,“自序”。当然,有这样良好的愿望,不一定能在实际上达到这样的目标,正如钱钟书先生所言:“开得出菜单,并不等于摆得成酒席。”

望,必须对国家官员的权力加以限制,限制的手段之一,就是在国家与普通公民发生纠纷时,赋予普通公民与国家相抗衡的必要的力量;另外,赋予沉默权的规则体现了对个人自由的尊重,这种尊重并不以公民个人能够以这种自由为自己带来实际的幸福为前提,而是以它是出于对每个人作为人所应有的尊严为前提。

第四章"沉默权的制度功能",对沉默权规则与刑事诉讼中一些基本理念的关系进行了分析。关于沉默权与诉讼公正,本书主要是从力量平衡的角度作出的分析,而对于诉讼中的力量平衡,本书是作为一个前提性结论加以使用的。如果要对这一命题进行论证,则篇幅必然大大地增加,也有点背离本书的主题。关于沉默权与诉讼经济,本书的观点是:它为实现更为简易的诉讼程序创造了条件。我认为,既然沉默权是程序正当的一个要素,那么在"简易程序正当化"和"正当程序简易化"这两种趋势交替进行的国际环境中,要实现正当程序的简易化,赋予嫌疑人、被告人沉默权就是一个不容回避的重要方面。此外,本书还对沉默权规则进行了法经济学上的分析。尽管由于方法本身的缺陷和作者水平的限制,这样的分析实际上不可能得出具有结论性的意见,但是它对于理解沉默权规则的价值,仍然有其不可替代的作用。

关于沉默权与口供的可采性问题,本章认为,毫无疑问,口供的真实性是口供这种证据具有可采性的必要条件;从证明责任的角度出发,对于口供的真实性问题本应由控方承担举证责任;从目前的司法实践结果来看,我们在这方面关于举证责任负担的分配完全是颠倒的,因此有必要把它颠倒过来。但是颠倒过来以后,控诉方将怎样承担起这样的责任呢?换句话说,控诉方怎样才能有力地证明嫌疑人、被告人在审前阶段所作的供述是真实的呢?我认为,赋予嫌疑人、被告人沉默权是最便捷的方式。

沉默权与无罪推定原则的关系,曾是在我国是否应当确立沉默权规则的争议焦点之一。我认为,无罪推定是沉默权的充分条件但不是必要条件。不是必要条件,就是说没有无罪推定,同样可以有沉默权;是充分条件,就是说有了无罪推定,就必须要有沉默权,否则,这种无罪推定就有缺陷,或者说,不全面。

下篇沉默权的运作与应用,也分两章。

第五章对西方国家的沉默权规则进行了介绍,指出了历史上的沉默权与当今世界实际存在的沉默权规则之间的区别,并对世界各国沉默权规则之间比较一致的地方进行了归纳,同时也对主要西方国家沉默权规则中较有特征的方面进行了概括,还指出了人们对西方国家沉默权规则的不甚了了之处——正是这种不甚了了之处使得一些学者得出了一些似是而非的结论。本章的主旨在于为确立我国的沉默权规则提供一些经验上的参照。

第六章对在我国确立沉默权规则的必要性和可行性进行了论证,主要是对反对在我国确立沉默权的观点进行批驳。

结语为结论部分,提出了作者对应确立什么样的沉默权规则的结论性意见。

二、本书使用的概念的解析

概念既是逻辑的起点,也是研究的终点。对于作者而言,这些概念的形成显然是在本研究完成之后;但对于读者而言,则必须首先知道本书论述的对象以及相关概念的确切含义。因此,有必要对本书所使用的若干概念作一简略的说明。

(一)强制作证

按照法律之一般规定,为实现诉讼上发现真实之目的,任何人均可以被法院传唤出庭作证,如被传唤者拒绝到庭或到庭后拒绝提供证言,法庭可对该人以“藐视法庭”罪处以一定之刑罚。这种可以通过强制手段迫使证人在法庭提供证言的规则,即为“强制作证”规则。在现代刑事诉讼中,几乎所有国家都赋予法院强制证人出庭作证的权力,以实现法院发现真实、解决纠纷之功能。

(二) 拒绝证言权

拒绝证言权也叫拒绝作证的特免权,它是指由法律规定的在特定情形下证人所享有的拒绝向法庭或国家机关提供证据的权利。拒绝证言权是一个比较宽泛的概念,它既包括证人为自己的利益而拒绝作证的权利(即反对自我归罪的特免权),也包括证人基于身份上之亲密关系而拒绝作证的权利(如中国古代法上之"容隐"制度),还包括证人基于职务上之秘密而拒绝作证的权利(如西方国家之律师职业秘密特免权等)。

(三) 反对自我归罪的特免权

按照美国学者利维(Leonard W. Levy)的说法,美国联邦宪法第五修正案的起草者们并不知道有"反对自我归罪的权利"(the right against self-incrimination)或"反对自我归罪的特免权"(the privilege against self-incrimination)这样的术语。他们更广泛地使用"一个人不得成为反对他自己的证人的权利"(the right of a person not to be a witness against himself)这样的说法。第一个州的权利法案称之为任何人不被强迫提供反对自己的证据的权利(one's right not to be compelled to give evidence against himself)。更早一些时候,它被称为"沉默权"(a right of silence)、"反对自损名节的权利"(a right against self-infamy),以及更普遍地使用的词汇:"反对自我起诉的权利"(the right against self-accusation)。我们现在所熟悉的用法似乎是在20世纪才出现的。[2]

关于反对自我归罪的特免权的含义,加拿大学者指出:"反对自我

---

〔2〕 Leonard W. Levy, *Origins of the Fifth Amendment*, Macmillan Publishing Company, 1986, at 16.

归罪的原则在不同的时间、不同的地点、不同的环境会有不同的含义。”[3]因此,在西方,几乎所有的学者都试图避免给反对自我归罪的特免权下定义。他们最多也只是对沉默权的含义予以概括式的列举。英国学者认为,从(犯罪嫌疑人和)被告人的角度而言,这项特免权包括三项内容:第一,拒绝回答警察讯问的权利;第二,拒绝在法庭上提供证据的权利;第三,在不受交叉询问诘难的情况下进行陈述的权利。[4]

美国学者克里斯托弗·奥塞克(Christopher Osakwe)指出:美国联邦宪法第五修正案关于反对自我归罪的特免权的规定是如此的模糊,以致没有人能够确切地说出它的含义;为了澄清这一概念,唯一的方法就是对判例进行研究。[5] 克里斯托弗·奥塞克在对有关反对自我归罪的特免权的判例进行考察后说道:在长期的实践中,法院对这项特免权的解释可以归结为以下几项内容:① 特免权仅限于刑事案件,但它不仅适用于与刑事指控有关的信息,而且适用于可能导致刑事指控的证据;② 特免权不仅可以由被告人主张,而且可以由证人主张;③ 特免权不仅可以在侦查程序中主张,而且可以在所有的法庭诉讼包括民事诉讼和刑事诉讼中以及由行政机构进行的讯问中主张;④ 特免权严格限于本人而不得以他人的名义主张;⑤ 特免权仅仅适用于自然人,任何拟制的人例如公司、联合会、合伙等均不得主张这一权利;⑥ 特免权仅适用于私人书件而不适用于任何按照制定法的要求制作的商业记录;⑦ 然而,制定法也没有要求一定要保存可能导致自我归罪的记录。[6]

---

[3] David M. Paciocco and Lee Stuesser, *Essentials of Canadian Law: The Law of Evidence*, Irwin Law Press, 1996, at 154.

[4] K. W. Lidstone, "Human Rights in the English Criminal Trial", see J. A. Andrews, *Human Rights in Criminal Procedure*, Martinus Nijhoff Publishers, 1982, at 88.

[5] Christopher Osakwe, "The Bill of Rights for the Criminal Defendant in American Law", see J. A. Andrews, *supra* note 4, *at* 274.

[6] Christopher Osakwe, *supra* note 5, at 274.

（四）反对自我归罪的特免权与沉默权

从历史上看，沉默权与反对自我归罪的特免权这两个概念是有区别的。美国学者阿尔伯特·W.阿尔舒勒（Albert W. Alschuler）认为，现有证据压倒性地证明特免权出现在《权利法案》的时代并不包括保持沉默的权利；自我归罪条款既不意味着弹劾式诉讼程序，也不提供被告人有保持沉默的权利；它所关注的仅仅是通过不正当手段从犯罪嫌疑人身上获得信息。[7]

在判例方面，对于任何人都“不得在任何刑事案件中被强迫作反对他自己的证人”这一保障规则的理解，美国最高法院的裁决一直在两种互相矛盾的解释中举棋不定。其中一种解释是被美国公众重复无数次的米兰达警告——他们视这一警告的语言为被告人和嫌疑人提供了保持沉默的权利。这一解释声称政府官员不能对拥有口头证据的人合法地要求其提供这样的证据来反对他自己。尽管官员们不需要鼓励嫌疑人保持沉默，他们也必须至少在嫌疑人不说话这个问题上保持中立的立场。最高法院在判决书中写道：“只有当一个人保持沉默的权利得到保障——除非他不受拘束地按照他自己的意志选择开口说话（否则他有权保持沉默）——的时候，这一特免权才是充分的。”“他必须享有在承认、否认或者拒绝回答之间进行自由地选择的权利。”[8]根据这种关于特免权的理解，放弃特免权的概念是不成问题的：一个人可以有很多合理的原因放弃沉默权。

在法院的第二种解释中，自我归罪条款并不保护被告人有保持沉默的权利，而只是保护他有不受不适当的讯问的权利。这一解释强调了“强迫”（compulsory）这一术语，这一术语被认为是解释自我归罪条

---

〔7〕 Albert W. Alschuler, “A Peculiar Privilege in Historical Perspective”, R. H. Helmholz, *The Privilege against Self-Incrimination—Its Origins and Development*, the University of Chicago Press, 1997, at 192.

〔8〕 Albert W. Alschuler, *supra* note 7, at 181.

款的关键语词。一般情况下,"强迫"并不包括所有形式的劝说。一个人可以在没有采用强迫手段的情况下影响另外一个人的选择;为了达到这一目的,他只需要在他进行劝说时保持谦恭、公正和诚实就可以了。"强迫"即使作为一个开放性的概念,也仅仅包括不适当的说服技巧。按照这种理解,放弃特免权的概念将是自相矛盾的。尽管被告人或者嫌疑人可以敏感地放弃保持沉默的权利,却很少有清醒的成年人会放弃不受强迫的权利。[9]

尽管最高法院在这个问题上仍然有点模棱两可,但是,第一种解释在今天是占上风的,至少在对特免权的一般理解中如此。[10] 而且,与反对自我归罪的特免权相较而言,沉默权的概念使用得更为普遍。一方面可能是因为沉默权说起来比较简单,另一方面大概也因为它比较直观。在现代美国社会,人们在正式的法律场合一般使用"特免权"的概念,而在非正式场合,则以"沉默权"来代替。而实际上,它们指的是一个概念。在美国各大学的《法律评论》(*Law Review*)中,常常会看到沉默权(Right to Silence)专栏,而文章的标题则使用"特免权"(Privilege)的概念。马克·伯格评论说:"正如我们所看到的那样,被告人的特免权不仅是可以拒绝回答有可能导致自我归罪的问题,而且可以拒绝回答任何问题(包括拒绝回答不会导致自我归罪的问题)。"[11] 但是在援引这一权利时,他们实际上既不说"我有权保持沉默",也不说"我享有反对自我归罪的特免权",而是说:"我援引第五修正案。"实际上,第五修正案规定了一系列的程序保障,但在美国,这一术语几乎成了"沉默权"的同义语。当人们援引第五修正案时,他既不是主张"获得大陪审团告发书"的权利,也不是主张"反对双重归罪危险"的权利,更不是主张"获得公正的财产赔偿"的权利,而是在

---

〔9〕 Albert W. Alschuler, *supra* note 7, at 182.

〔10〕 Albert W. Alschuler, *supra* note 7, at 182.

〔11〕 Mark Berger, *Taking the Fifth*, D.C. Heath and Company, 1980, at 97.

主张保持沉默的权利。[12] 这一用法是如此地普遍,以致当一个小孩被问及是否偷吃了放在冰箱里的蛋糕时,他也会说:“我援引第五修正案。”

(五)本书对沉默权在概念上的使用

从各国立法与司法的实践来看,在英美法系,反对自我归罪的特免权包括沉默权,二者在概念的使用上是一致的。而在大陆法系,沉默权与反对自我归罪的特免权却存在着以下区别:第一,一般而言,沉默权主要是指犯罪嫌疑人、被告人针对指控所享有的权利,反对自我归罪的特免权的主体则不仅包括犯罪嫌疑人、被告人,还包括在诉讼程序中作证的证人。从这个角度来说,反对自我归罪的特免权的主体比沉默权的主体更为广泛。在英美法系,几乎都对沉默权与拒绝证言权给予同等的保护;在大陆法系,虽然绝大多数国家都赋予犯罪嫌疑人、被告人沉默权,但并非所有国家都赋予证人拒绝作证的特免权。例如,在法国,犯罪嫌疑人、被告人享有沉默权,但是,作为证人,即使他提供的证据可能导致自我归罪,他也无权主张沉默权。[13] 第二,沉默权仅仅是指拒绝提供陈述这种言辞证据,反对自我归罪的特免权除了拒绝提供言辞证据以外,还包括拒绝提供书证等实物证据,例如,被告人在犯罪前写下的记载其犯罪动机的日记等。从这个角度来看,反对自我归罪的特免权在保护的内容方面也比沉默权要丰富。第三,沉默权的内容不仅包括对有可能导致自我归罪的问题可以保持沉默,而且对于那些不会导致自我归罪的问题也可以拒绝回答;而反对自我归罪的特免权从其本义上来说应当只包括对于那些可能导致自我归罪的问题可以拒绝回答。从这一点来说,沉默权的内容似乎又大于反对

〔12〕 Levy, *supra* note 2, at 16.

〔13〕 参见〔法〕卡斯东·斯特法尼等著:《法国刑事诉讼法精义》,罗结珍译,中国政法大学出版社1999年版,第564页。

自我归罪特免权的内容。

也许正是看到了上述区别，在日本，反对自我归罪的特免权被分为两部分：犯罪嫌疑人、被告人享有沉默权，证人享有拒绝证言权。但无论是沉默权还是拒绝证言权，均来自于《日本宪法》第38条“任何人不得被迫自证有罪”条款的规定。[14] 我认为，日本学者对证人享有的拒绝证言权和嫌疑人、被告人享有的沉默权所做的区分是比较科学的，因为：第一，证人和犯罪嫌疑人、被告人在刑事诉讼中处于不同的诉讼地位，在权利赋予方面将他们笼统地归为一类是有欠妥当的。第二，从权利行使的条件来看，二者也是有区别的。证人的拒绝证言权以如实陈述义务为前提，只有当其陈述有可能导致自我归罪时，才可以主张反对自我归罪的特免权；嫌疑人、被告人的沉默权并不以如实陈述义务为前提，只要其嫌疑人、被告人的身份一经确定，就可以主张沉默权。

但是，从证人的拒绝证言权的本质来看，其核心目的仍然是防止个人在给自己定罪方面为控诉方提供帮助，而且，在证人不可能成为刑事被告人的场合，这项特免权对其也不存在任何意义；而在其可能成为刑事被告人的场合，其行使拒绝证言权的效果和嫌疑人、被告人行使沉默权的效果在本质上是一致的。从这个意义上讲，反对自我归罪的特免权是包含沉默权的，沉默权是反对自我归罪的特免权的核心部位。基于此点，作者在对世界各主要国家的沉默权规则进行细致和审慎考察的基础上，尝试对沉默权作如下定义：沉默权是指刑事诉讼中的犯罪嫌疑人、被告人以及可能成为刑事被告人的证人针对侦查人员、检察人员、审判人员的讯问所享有的拒绝回答、保持沉默或作出陈述的权利。在以下各章节中，如无特殊说明，“沉默权”就是指这一意义上的沉默权。并且，为方便起见，将在同一意义上使用“特免权”

---

〔14〕 参见〔日〕田口守一：《刑事诉讼法》，刘迪、张凌、穆津译，法律出版社2000年版，第五章第三节。

“反对自我归罪的特免权”“沉默权”的概念。

对于沉默权的这一概念,我认为需要强调以下两点:

第一,从权利的本质来看,它实际上是一种自由。沉默权就是在沉默与供述之间进行选择的自由。因此,就权利本身而言,沉默权仅仅包括以下两个选择项:一是拒绝回答讯问或保持沉默;二是如实陈述,包括供认有罪和作出无罪、罪轻的辩解。只要嫌疑人、被告人享有这种选择的自由,他就享有沉默权;反之,如果他不享有这种自由,他就不享有沉默权。由此出发,即使有些国家或地区在自己的法典中没有沉默权的内容,或者在学说上也不承认有沉默权,只要符合上述选择自由的标准,我还是要将其归入有沉默权的国家或地区的行列。

第二,沉默权不可放弃。简单地说,沉默权既然是在保持沉默与作出陈述之间进行选择的自由,那么,不管嫌疑人、被告人、证人选择保持沉默还是选择作出陈述,都是在行使沉默权。保持沉默和作出陈述是沉默权这一事物的两个方面。如果他们保持沉默,则他们放弃的是作出陈述的权利;如果他们作出陈述,则他们放弃的是“保持沉默的权利”,而不是“沉默权”。从逻辑上说,“放弃沉默权”的说法是自相矛盾的。因此,本书不嫌累赘,在以下各章节将尽量避免使用“放弃沉默权”这样的说法,而采“放弃保持沉默的权利”这一用语。

上篇 | 历史

一页纸的历史抵得上一卷书的推理。

——Oliver Wendell Holmes

第一章　沉默权的起源

——从道德权利到法律权利

第一节　英国早期的刑事诉讼

一、弹劾式诉讼程序的特征以及英国普通法的形成

（一）弹劾式诉讼程序的特征

西方许多学者认为，英国法的真正历史开始于诺曼征服。[1] 在诺曼征服以前，不列颠基本上处于割据状态，地方习惯法占据统治地位，缺乏通行全国的“普通法”[2]，其基本原因是缺乏统一的司法机构。[3] 这一时期，在英格兰盛行着大量非正式的刑事审判制度，这些

〔1〕 转引自何勤华主编：《外国法制史》，法律出版社1997年版，第183页。

〔2〕 对于英国而言，普通法是一个十分不确定的词汇。首先，它指的是12世纪以后因中央集权制的建立而在英格兰皇家法院统一适用的法律，它区别于领主法院适用的地方习惯法，也区别于那些只适用于特殊阶层的法律；其次，它指的是由普通法院创立并发展起来的一套法律规则，它既区别于立法机关所创立的制定法，也区别于衡平法院创立并发展起来的衡平法；第三，它可以指整个英格兰的法律，区别于以罗马法为基础的大陆法系国家的法律和其他国家的法律；第四，从比较法的角度而言，它是指以英国普通法为基础建立起来的、以判例法为主要渊源的国家或地区的法律制度，即普通法系的法律制度，它区别于以成文法为主要渊源的大陆法系的法律制度。此处指的是第一种含义。

〔3〕 转引自何勤华前引书，《外国法制史》，第182页。

制度都具有弹劾式特征，并且包括三个基本的模式。其中之一是“涤罪誓言”(exculpatory oath)或“共誓涤罪”(compurgation)，主要是由被告人发誓来证明自己的清白，他的誓言往往由一些支持者的誓言予以加强，这些支持者被称为“共誓涤罪人”(compurgators)。但是，共誓涤罪人的誓言只是简单地宣称被告人的誓言是可靠的，而并不是来源于那些对所指控罪行有事实上的了解的证人。[4] 或者说，这些共誓涤罪人只是说他们认为被告人说的是真的，而不是说被告人陈述的内容与他们所了解的事实相一致。另一种模式是“考验”(ordeal)，它要求被告人经受身体的考验以证实其无罪。用烧红的烙铁烫被告人的肉体，或将被告人的手或胳膊插进滚烫的沸水，以及五花大绑后投入冰凉的池塘等都是最常用的方式。最后一种模式是决斗(battle)，这与前述“考验”颇有点相似。它的理论基础在于，神会干预决斗的结果，并给无辜者以帮助。[5] 这种模式仅用于严重的刑事案件，而且不适用于年老、年幼、残疾、妇女等当事人。[6]

这些审判模式中的证明手段是很原始的。但是，它们都是基于对神的干预以及誓言的神圣性这一深刻的宗教信仰的反映。当时的人们普遍相信冥冥之中有一个全智全能的上帝支配着世界万事万物，并且相信这个全智全能的上帝能明察秋毫、公正无私，因此在难以查清事实真相时便求助于上帝。宣誓是对上帝作出保证的一种严肃而神圣的活动，如果发伪誓、作伪证，则被视为有意欺骗上帝，必将遭到上帝的惩罚；有关上帝惩罚作伪证者的各种骇人听闻的故事在当时的社

---

〔4〕 “共誓涤罪”这种审判方式首先进行的是预先宣誓，在双方完成了各自的宣誓以后，都必须使若干共誓人或宣誓帮助人发誓支持他的誓言。这些人的誓言可能是：我向上帝起誓，原告(或被告)所发的誓是清白的，没有弄虚作假。所有的这些宣誓都必须无懈可击地加以重复，没有遗漏或结巴。否则，宣誓者将招致败诉的后果。参见〔美〕伯尔曼：《法律与革命》，贺卫方等译，中国大百科全书出版社 1993 年版，第 68 页。

〔5〕 See Leonard W. Levy, *Origins of the Fifth Amendment*, Macmillan Publishing Company, 1986, at 5-7.

〔6〕 Levy, *supra* note 5, at 14.

会广为流传，并为人们深信不疑。

在这样的诉讼程序之下，是不可能产生沉默权的，因为这些程序并不要求嫌疑人或被告人提供导致自我归罪的证据。恰恰相反，这些诉讼程序可以说是过分强调了它的弹劾式特征。尤为特殊的是，在进行任何形式的审判之前，被告人都是一个由特定原告人提出的起诉的接受者。之所以强调这一点是因为在后来的关于沉默权的斗争中，主张沉默权的一个重要理由就是：如果没有一个特定的原告人，所谓的"被告人"也就实际上不存在，因而也不能要求他根据"依职权宣誓"这一程序如实地回答针对他提出的所有问题。因此，在这种弹劾式的诉讼模式之下，法庭的运转在于决定审判的方式，而不在于决定被告人是否有罪。[7] 而且，这三种证明模式并不是排他性地仅仅依赖于现有的证据来解决双方当事人在事实上存在的争论，而是依赖于这三种证明程序所产生的结果来确定判决的结果。由于这一时期所实行的诉讼程序并不依赖于事实上的证据，因而在这一时期，对被告人赋予反对自我归罪的特免权并保障这一特免权也就没有特殊的必要了。这些审判制度对获得自我归罪证据显得漠不关心，仅仅是因为对于支持判决而言，这种证据远远不如共誓涤罪、水火考验、决斗等程序产生的结果重要。

（二）英国普通法的形成

发生于1066年的诺曼征服结束了英国法律不统一的状态。诺曼征服以前，英国并没有统一的皇家司法机构，各类诉讼都由古老的郡法院、百户法院以及后来出现的领主法院和教会法院管辖。司法权的分散对于中央集权的建立显然是极为不利的。因此，威廉在宣布保留

---

〔7〕"法庭只能决定于原告及被告之间何者应受实验，而于两种实验之方法中究以何种为取决，此即法庭之唯一判决法所能处置者也。"参见〔英〕布勒德：《英国宪政史谈》，陈世第译，台北商务印书馆1971年版，第116页。

这些机构并尊重其审判权的同时,要求这些机构根据国王的令状并以国王的名义进行审判,从而巧妙地将它们纳入到国王的审判机构中,有效地防止其扩大权力。与此同时,又建立了由僧侣贵族及高级官吏组成的“枢密院”(Guria Regis,the King's Council)。它不仅是国王的咨询机关,而且还行使着立法、行政、司法的职能。起初,它只在王国的安宁受到重大威胁而各地法院又无法满足正义的要求时才行使最高审判权。后来,它的司法职能受到重视,逐渐从中分离出一系列专门机构,分别行使皇家司法权,其中包括著名的王座法院(the Court of King's Bench)。起初这些皇家法院只在威斯敏斯特宫(Westminster Hall)办公,但为了扩大皇家法院的管辖权,建立和维护统一的法律秩序,法官们开始在各地巡回审判。

亨利二世即位后,进行了大刀阔斧的改革。在各项改革中,司法改革的主要内容是建立了巡回审判制、陪审制[8]和司法令状制度。亨利二世不时派遣钦差法官前往各郡巡回开庭审案,到1166年颁布《克拉伦登宪章》后,巡回审判成为法定制度。[9] 虽然巡回法官、陪审团、国王司法令状都不是亨利二世的发明,在亨利一世甚至更早的时候就已出现,但只有在亨利二世改革后它们才形成固定制度。因此,丘吉尔认为:“在英格兰的历代国王中,有比亨利二世杰出的军人,也

---

〔8〕 关于陪审团的历史渊源,外国学术界曾出现几种不同观点。有人认为它起源于盎格鲁-撒克逊时代的公证昭雪法,有人认为起源于斯堪的纳维亚人的影响,还有人认为来自诺曼人的古代习惯。英国法律史学家梅特兰认为陪审团的萌芽可追溯到法兰克王国,这一观点得到多数学者的赞同。梅特兰指出,陪审团原是法兰克国王用以保护自身利益的一种特免权工具;当王室土地出现争议时,国王可以不用古代大众集会法庭的习惯方法,而任命一名王室官员从当地居民中选择数人,组成陪审团,由陪审团决定是非曲直;其他人若想使用陪审团方法,必须取得国王恩准;后来法兰克王国陷入分裂,王权衰落,作为国王特免权工具的陪审团因此中断,然而,在法国的西北角落,即由善于吸收外族文化的诺曼人建立的诺曼底公国中,由于公爵权力强大,陪审团习惯却幸运地保存下来。1066年,诺曼人把这一习惯带进了英国。诺曼王朝时期,国王不但经常使用陪审团保护王室利益,而且不时授权国王法官在审理特定案件时使用陪审团。参见程汉大:《英国政治制度史》,中国社会科学出版社1995年版,第66页。

〔9〕 参见前引程汉大著,《英国政治制度史》,第66页。

有比他敏锐的外交家，但就法律和制度方面的贡献而言，却无人能同他相媲美。”[10]

新的审判方式由于采用陪审制，谬误较少，比之原始的神判法和决斗法更为公正、可信，为大多数诉讼当事人认可，因此迅速流行起来。事实上，一直到12世纪晚期，不论教会法院还是普通法院都以考验作为审判的首要方式。但在1215年，第四次拉特兰会议改变了这种以神意为理论基础的审判方式并禁止采用考验的方式进行审判。[11] 这次会议作出这样的决定是因为有很多教会人士参与这种审判，教会认为这种审判完全是迷信。这使得两个法院系统都开始寻求新的审判方法。[12] 在英国，决斗法又延续了很长时期，但使用率越来越低，陪审制成为英国司法审判的主要方法。[13]

诺曼征服后，英国的法律体系基本由两大部分组成，刑法主要是盎格鲁-撒克逊时代遗留下来的习惯法，它们纷杂不一，各地差别极大。民法主要是诺曼人的封建财产法。二者在很长时期内各成体系，直到亨利一世时仍未融为一体。亨利二世司法改革以后，巡回法庭通过广泛受理各地的各类刑事、民事案件，有力地促进了不同习惯法律的相互融合。原来相对独立的地方法庭和私人法庭纳入国王的司法系统之中，促进了全国统一法律制度的形成，实现了司法的中央集权化。另外，巡回法官在巡回之余要汇集中央，交流办案情况，研讨法律疑点，彼此承认较为合理的判决。于是，一些被引为依据的判例、习惯就成为大家共同遵奉的法律准则，久而久之，便作为普遍有效的统一

---

〔10〕 参见前引程汉大著，《英国政治制度史》，第67页。

〔11〕 1215年第四次拉特兰宗教会议后，教会颁布了禁止教士参与神明裁判的法令。这项法令有效地终止了通行于西方基督教世界的神明裁判，并由此而迫使世俗法院在审理刑事案件时接受新的审判方式。参见前引〔美〕伯尔曼著，《法律与革命》，第305页。

〔12〕 Gregory W. O'Reilly, "England Limits the Right to Silence and Moves Towards an Inquisitorial System of Justice", *The Journal of Criminal Law and Criminology*, Vol. 85, No. 2, 1994, at 408.

〔13〕 参见前引程汉大著，《英国政治制度史》，第68页。

法律固定下来,形成通行全国的普通法。12 世纪末,被西方学者们誉为英国普通法古典代表作的《格兰维尔》[14] 问世,证明刑法和民法以及各地习惯法已经统一为有机整体了。

另外,为满足判明是非、恰当量刑之需要,英国在 13 世纪建立了 4 个法律协会,研究古代的案例,总结前人判决案件奉行的一般原则。它们具有半学会、半法律学校的性质,主要吸收普通人参加,而对精通罗马法和教会法的教士则拒之门外。协会还创办了权威性得到司法界之公认的法律刊物——《年鉴》。法律协会的建立以及《年鉴》的创办对于抵制罗马法的影响、保证英国普通法的独立成长发挥了巨大的作用。1250 年,巡回法官亨利·布莱克顿[15] 发表巨著《英国的法律与惯例》,对普通法作了系统介绍和精辟阐释,该书的发表标志着普通法体系已经形成。同时,它也为英国普通法院能够和教会法院分庭抗礼提供了基础。[16]

英国普通法院的刑事诉讼程序具有典型的弹劾式特征。它没有像欧洲大陆那样发展为纠问式的诉讼程序主要是因为,1215 年前后,当欧洲大陆的君主和主教们感觉到自己已经被异端包围了的时候,英

---

〔14〕 该书可能写于 1187—1189 年,作者是多年担任大法官和巡回法官的格兰维尔, See Matthew Hale, *The History of the Common Law of England*(1713),载《英文世界名著 1000 部》,复旦大学出版社。

〔15〕 亨利·布莱克顿(Henry of Bratton, 1210—1268),曾于 1247 年至 1250 年和 1253 年至 1257 年任枢密院(coram rege——即后来王座法院—— King's Bench——之前身)法官。1257 年他退休后,继续在司法委员会 (judicial commissions)供职。著有《英国的法律与惯例》(*Bracton on the Laws and Customs of England*)一书,该书被梅特兰(F. W. Maitland) 描述为"英国法学的皇冠和奇葩"(the crown and flower of English jurisprudence),资料来源:http://laws. findlaw. com/。

〔16〕 普通法的形成影响深远,它使英国最先跨入了法律一统的时代。到中世纪后期,当资本主义商品经济在欧洲普遍发展,从而要求建立全国统一的法律时,法国、西班牙等大陆各国大量吸收罗马法传统,英国因为已有统一的普通法,因而不必引进带有专制主义倾向的罗马法,结果,大陆各国形成了以成文法典为基本形式的大陆法系,而英国却以不成文的普通法而自成体系,独立于罗马法系之外。在 17 世纪资产阶级革命中,普通法和议会传统一起,成为英国人民反对封建专制王权的强大武器。后来,普通法随着英国殖民者的足迹传播到美国、加拿大、澳大利亚等地,发展为与大陆法系相并立的世界两大法系之一。

国还几乎没有发现什么异端；而当异端在英国广泛存在时，弹劾式的刑事诉讼程序已经建立起来，民族主义、反教权主义等思想又有效地防止了教会纠问式诉讼程序的成长。另外，莱昂纳德·利维（Leonard W. Levy）认为，审判陪审团的存在也是英国刑事诉讼程序没有走向纠问式的主要阻碍力量。[17]

二、纠问式程序的产生及其对供述证据的需求

在世俗法院，陪审团审判方式的主要特征在于，对事实的决定权掌握在陪审团手中，而不是以宣誓、考验或决斗来决定。因此，判决的结果也就更多地依赖于现有证据的支持；不过仍然没有任何措施试图强迫取得有可能导致自我归罪的证据。但是，由陪审团来审判的运动方向，却增加了收集证据以运用于法庭的需要，且有可能发展出一项从被告人身上获得自我归罪证据的制度。[18]

在英国的世俗法律发展成为一种可能提供自我归罪证据制度的同时，教会法已经完成了从弹劾模式到纠问模式的转变。这种转变的目的是为了允许教堂更有效地完成它的宗教任务，这一任务在于辨认出异端并对其进行追诉。

反对异端一开始是以十字军东征的形式出现的，并且取得了决定性的胜利。但是，任何力量都不可能完全压制个人内心的思想和信念，因此，通过军事手段并不能彻底解决异端问题。经验向罗马教廷表明，异端随时随地都有，而教廷则不可能保持一支常备的十字军。因此，必须有一种制度，有一个能够严密监视并立即扑灭不论何时何地冒出来的异端的强有力的机构。正是在这种形势下，教皇英诺森三世于1215年召开了第四次拉特兰宗教会议。这次会议最重要的内容之一，就是通过了同异端斗争的决议（该决议成为后来设置的举世闻

---

〔17〕 Levy, *supra* note 5, at 38.

〔18〕 Levy, *supra* note 5, at 5-7.

名的异端裁判所的依据)。该决议责成世俗和教会当局始终不渝地迫害异端,其最有效的方式就是在异端案件中采用纠问式的诉讼程序。同时,在这次会议上,还设计出一套纠问誓言,这套誓言就是"oath *de-veritate dicenda*",它的英语名字叫做"oath *ex officio*",翻译成汉语为"依身份宣誓"或"依职权宣誓"。

经1215年拉特兰宗教会议改造后的教会刑事诉讼程序规定了三种起诉模式[19]:第一种是控告(*accustio*),即个人以私人身份提起一个诉讼,在此诉讼中,他成为起诉人,而被控告者则成为被告人,起诉人对自己提出的诉讼承担证明责任。这是一种传统的起诉方式。第二种是告发(*denunciatio*),它允许私人控告者不承担控告的责任和风险,任何个人或辩论会的见证人都可以充当告发者,秘密地向法庭提出告发书或在法官面前宣称某人有罪。于是法官自己成为依照职权提起诉讼的一方,并以他的官方的名义,代替秘密告发者履行控诉职能。第三种是纠问(*inquisitio*),在这种方式之下,法官集中了各种角色——他既是控告者,又是起诉人,又是法官,又是陪审员。在教会法当中,不像普通法那样,对一个人进行审判需要有大陪审团的告发书(presentment),它只需要有不好的名声(bad reputation)或丑行(infamy)——就可以开始审判。换句话说,在教会法院的刑事诉讼程序中,不好的名声和丑行代替了在普通法院所要求的大陪审团告发书。而至于什么是丑行或不好的名声,则完全属于法官自由裁量的范畴。

刚开始的时候,被告人还有一点辩护的自由,因为古老的弹劾式诉讼的影响尚未完全消失。它在教会法院适用纠问式诉讼程序的压制下苟延残喘了大约一个世纪的时间,最终被纠问式诉讼完全吞噬(在欧洲大陆的所有法院和英国的教会法院)。因此,在1215年及稍后的一段时间,纠问式诉讼程序还不像它后来那样可怕,被告人仍然被允许为自己进行辩护,仍然被告知针对他的指控,也允许他知道起

---

〔19〕 Levy, *supra* note 5, at 22-23.

诉方的证人,并且可以得到一份他们的证言的副本。[20] 他可以对这些证据提出质疑,甚至可以以证人与自己有夙仇为由挑战其证言的可采性。在一般的主教法庭,被告人的这些辩护权利以及获得律师帮助的权利均未遭到破坏,但是在由教会侦查员控制的秘密听证和秘密审理的异端案件中,被告人的所有这些权利一个一个地遭到拒绝。[21]

正如我们现在所知道的那样,这种纠问程序和这一套纠问誓言共同创造了一个隐伏的陷阱,使那些足够不幸的人陷入其中而不能自拔:首先,这一罪恶的程序开始于秘密告发,而且这种告发是无须承担任何责任的。在教会法院所进行的纠问式诉讼程序之下,开始侦讯的根据,就是告密者或受审人对第三者所作的陈述。这种告密或陈述是教会法官认定被告有罪的证据。其次,整个刑事诉讼实行有罪推定。1215 年拉特兰宗教会议的决议中关于异端嫌疑者的条文说道:"一般异端如不能证明己之无辜,推翻对彼等提出之控告,则将处以绝罚。如受绝罚满一年,而彼等不能在此期限内用彼等之行为证明可予信赖,则以异端者审判之。"[22]这正是中世纪有罪推定的典型表述,也是纠问程序的滥觞。与有罪推定原则相适应,该决议还规定被告人在被审讯前必须宣誓。从此以后,在宗教法庭进行审讯之前,都要强迫被告人宣誓承担下列义务:顺从教会、真实回答教会法官的一切问题,供出被告所知道的异端和有关异端的一切,并承受任何惩罚。而为了使得审讯获得预期的效果,教会法庭的法官们又设计出一整套进行讯问的技巧,使被讯问者逐渐陷于自证有罪的境地而不能自拔。最后,不管被告人说什么,他说的话都有可能被歪曲成证明他有罪的含义。因为被告人不会被告知指控他的具体内容、指控者的姓名,也不知晓反

---

〔20〕 Levy, *supra* note 5, at 23.

〔21〕 Levy, *supra* note 5, at 23.

〔22〕 转引自董进泉:《黑暗与愚昧的守护神——宗教裁判所》,浙江人民出版社 1988 年版,第 66 页。

对他的证据究竟是什么。而如果他拒绝宣誓,或者未能提供受欢迎的可采性证据,他都将被判罪处刑;如果他未能说出真相,他还得承受被判伪证罪的风险。

这段时间,教会法院所运用的纠问式诉讼与世俗法院适用的弹劾式诉讼之间的区别主要是:① 在弹劾式诉讼之下,有特定的起诉人;在纠问式诉讼中,没有特定的起诉人,或者说即使有也不对被告人公开。② 在弹劾式诉讼中,大陪审团以告发书的形式进行起诉;在纠问式诉讼中,并没有明确指控内容的起诉书。③ 纠问式的诉讼程序是秘密的;弹劾式诉讼程序是公开的。④ 弹劾式诉讼允许当面对质;纠问式诉讼不允许当面对质。⑤ 纠问式诉讼强迫被告人宣誓提供反对自己的证据;弹劾式诉讼不允许被告人提供宣誓证言,即使他愿意提供也不行,因为它认为经宣誓后提供的证言都是被强迫的。⑥ 弹劾式诉讼由与被告人地位相当的陪审员进行审判;纠问式诉讼由法官依职权提起诉讼并主持审判。⑦ 在弹劾式诉讼中,拷打被认为非法;在纠问式诉讼中,拷打乃家常便饭。⑧ 弹劾式诉讼采用"禁止双重归罪原则";纠问式诉讼则没有这样的原则。⑨ 纠问式诉讼采用法定证据制度;弹劾式诉讼则实行由陪审法官对证据自由裁量的制度。⑩ 纠问式诉讼比较野蛮;弹劾式诉讼比较文明。[23]

如前所述,在弹劾式诉讼程序之下,既没有要求被告人提供自我归罪证据的规则,当然也就没有产生反对自我归罪特免权的必要。但

---

〔23〕 See Levy, *supra* note 5, at 39-40.在刑事诉讼方面,与罗马制度和日耳曼制度相反,教会法发展出一门对于案件事实进行司法调查的科学,这门科学要求法官依据理性和良心原则对当事人和证人进行询问,法官必须发自内心地确信他所作出的判决。由于形式的和理性的两方面证据的刻板僵硬经常使得在刑事案件中确定定罪依据变得十分困难。正是由于这个原因而不是其他原因,最终导致了广泛地使用刑讯手段获取证据,尤其是获取证据之王——口供。在需要判断的是被告人的思想状态的案件中——异端案件是这方面的一个主要例证——最有资格对思想状态作出证明的莫过于被告人自己,而能够保证被告人供认他的思想处于犯罪状态的有效方式又莫过于刑讯逼供。参见前引〔美〕伯尔曼著,《法律与革命》,第303—306页。

在教会法院发展出一套成熟的纠问程序以后,反对提供自我归罪证据的需要也就应运而生了。起初,这种反对是以世俗法院反对教会法院管辖权的方式出现的。而当王权战胜了教权、置于世俗权力控制之下的王室法院(最主要是王室的特免权法院)自己也成了纠问程序的鼓吹者和实行者的时候,争取沉默权的斗争就成了受压迫者争取文明、公正的诉讼程序的重要手段。

第二节 沉默权的萌芽阶段:个人反对教会法院纠问程序的斗争

一、教会法院与世俗法院司法管辖权的冲突

在西欧,包括当时的英国,教会不仅是一种以统一信仰为基础的社团,也是一个统一的政治组织。教会不仅管辖教徒间的信仰和道德生活,而且也把教徒间的争议看做是教会内部的事情,由教会进行解决,不得诉诸世俗法院,因而形成了教徒之间的纠纷由主教裁判的惯例。公元333年,罗马帝国皇帝确认了主教裁判权,并确立起二元化的管辖原则:民事案件的原告既可向主教请求裁判,也可以向世俗法院起诉;大部分刑事案件先由教会审判,若认为被告有罪,则剥夺其教籍后,交由世俗法院对其定罪处刑。公元9世纪以后,西欧各国的世俗政权都处于割据状态,集权的教会乘机扩张自己的势力,在法律方面,逐步确立起教皇在教会事务上的最高立法权。在教皇格列高利七世统治期间,罗马教皇发布过无数教令[24],召开过一系列会议,并把这些教令、会议决议汇编成集,使其由凌乱分散的法规发展为系统综

〔24〕 例如,1075年,教皇格列高利七世颁布敕令:“惟有教皇有权任命主教、制定教会法规、决定教区划分”“教皇有权废黜皇帝、国王”。该敕令的目的在于确定教皇权力至高无上、教权高于皇权的原则。参见前引〔美〕伯尔曼著,《法律与革命》,第114页。

合的教会法汇编,使教会法成为独立的法律体系。同时,教会法院的司法管辖权也随着教权与王权斗争的胜利而迅速扩大。这一扩大的趋势在英国与威廉及其后继者统治下的世俗法院同样强烈的扩大司法权的愿望不可避免地发生了激烈的冲突,这种争夺司法管辖权的冲突,在一定程度上也表现为诉讼方式上的冲突。

亨利二世期间,王室企图把更多的案件揽到自己的法庭,教会却希望宗教法庭拥有审判一切宗教人士的案件的权力。[25] 自威廉二世以来,教会法庭便享有单独审理教士案件的司法权。因教会法比较宽容,因此教士实际上享有法律特免权。斯提芬统治时期,王权处境艰难,对教会又做了诸多让步。亨利二世感到,教会特免权有损王权,想收回失去的权力。1164 年,他颁布《克拉伦登宪章》,规定:教士犯罪必须首先向国王法庭投诉,由王室官员逮捕犯罪教士,然后移交给教会法庭审理,如果罪行成立,则革除其教籍,退回国王法庭,根据世俗法律量刑定罪。[26] 大主教贝克特不甘心教会特权得而复失,拒不承认《克拉伦登宪章》,与亨利二世展开了长达 6 年的斗争。最后,亨利二世发誓"要向贝克特报仇"。4 名骑士听到了亨利二世的仇言恨语,偷偷赶往坎特伯雷,杀死了贝克特。[27] 此事立即引起社会普遍愤懑,教皇也向亨利二世施加压力,亨利二世被迫屈服,取消了《克拉伦登宪章》,同意教会保持独立的法庭和司法权。[28]

---

〔25〕 参见〔英〕莫尔顿:《人民的英国史》,谢琏造等译,生活 · 读书 · 新知三联书店 1962 年版,第 54 页。

〔26〕 参见前引程汉大著,《英国政治制度史》,第 66 页;〔美〕伯尔曼著,《法律与革命》,第 312 页。

〔27〕 参见前引程汉大著,《英国政治制度史》,第 66 页。

〔28〕 但据某些史学家研究,亨利二世的让步只是表面的,暗中仍为强化国家权力而努力。在他寿终之前,实质上重新确立了《克拉伦登宪章》的基本原则。参见前引程汉大著,《英国政治制度史》,第 66 页。

二、教会法院适用的依职权宣誓程序

这时教会法院已经发展出一套要求嫌疑人在正式审判之前宣誓如实回答所有提问这种纠问程序，并且该纠问式方法很快就被引入了英国的教会法中。1236 年，亨利三世和他的法国妻子结婚，一批天主教职员进入英格兰，其中包括教皇格列高利四世的使节奥索（Otho）。奥索召开了英国的主教会议，并签署了一系列有关教会事务的法令，其中包括对“oath *deveritate dicenda*”的介绍，这一誓言被普遍认为是纠问誓言（inquisitional oath）；但是由于它是以官方的名义强迫执行的命令，是法官依职权对被告人提出的要求，因而它最终以“oath *ex officio*”（依职权宣誓）而在英国闻名于世。[29] 这种宣誓程序提供了哪怕是最有权势的人也必须服从于官方的讯问的一种手段。法庭既没有义务告知嫌疑人他必须指控他自己，也没有义务告知他告发者的姓名。他有可能被讯问到有关他自己的情况，也可能被迫牵连上其他人，或二者兼而有之。如果他拒绝宣誓，法庭可以直接以藐视法庭罪对他进行惩罚；如果他宣誓后作伪证，那么他必须承担伪证罪的刑事责任；如果他宣誓而不作伪证，那么他实际上就是自己在指控自己。所以，这样一种宣誓程序实际上使嫌疑人或者被告人处于一种要么藐视法庭、要么作伪证、要么自证有罪的三难选择的境地。1246 年，罗伯特·格罗彻斯特（Robert Grosseteste）在其主教辖区林肯郡（Lincoln）内为侦查性方面的不道德行为而采用了纠问程序并广泛使用了这种宣誓，被侦讯者被紧张讯问有关他们自己和别人的事情，最终只有以抗议来反对这整个程序。[30] 抗议声迫使亨利三世下令给林肯郡的所有行政长官，

---

〔29〕 Levy, *supra* note 5, at 24.“依职权宣誓”所表达的含义是：它是法官依照其职权要求嫌疑人、被告人进行的宣誓，而不是嫌疑人或被告人由于享有某种职权而必须宣誓。虽然这个术语容易产生歧义，但为尊重原文起见，以下在叙述时仍将采用“依职权宣誓”这一说法；在某些地方，也采用“纠问誓言”这一说法，其对应的英文名称就是指“oath *ex officio*”。

〔30〕 Levy, *supra* note 5, at 47.

将宣誓的运用限于婚姻和遗嘱继承案件。后来,议会也采纳了这一命令。“但教会仍然运用依职权宣誓这种程序,并且有证据表明它的运用远远超过了婚姻和继承案件的范围。”[31]

三、个人在普通法院寻求对依职权宣誓程序的救济

在这一时期,反对运用“依职权宣誓”这种程序的抗议是作为世俗法院限制教会法院管辖权的手段而出现的。普通法院法官通过签署反对宗教官员主持的诉讼程序的人身保护令来抵制教会法院的越权侵犯。同时,教会法院却仍然寻求在处理其事务时依照一些法令来威胁要对任何一个拒绝宣誓或阻碍其行使管辖权的人驱逐出教会,即剥夺教籍。13世纪早期,这一实践结果导致了“*Formata de Statuto Articuli Cleri*”成文法的出台,这一法律旨在界定教会法院的管辖范围,并禁止在婚姻和继承案件以外对任何外行人适用“依职权宣誓”这一程序。[32]

这一法律尽管对教会法院与世俗法院之间的案件管辖权进行了划分,但是仍然存在管辖不明的案件,例如:(1)遗嘱案件的管辖权归属于教会,但是如果死者欠了别人或者别人欠了死者一笔可以强制执行的债务,则又可以由普通法院管辖,在这种情况下,实际上存在着教会法院和普通法院之间的管辖冲突;(2)有关婚姻是否合法的事实和效力的案件由教会法院管辖,但是在确定继承权的问题上,教会的决定是否可以对世俗法院产生约束力则仍然是一个有争议的问题;(3)普通的合同纠纷显然归世俗法院管辖,但是违反承诺同时又是一种宗教罪过,特别是当承诺被某种形式的誓言所支持时更是这样,因此,当存在此种情形时,究竟由世俗法院还是由教会法院管辖,也是一个经常发生争议的问题;(4)讲邻居的坏话也是一种既可以由普通法

---

〔31〕 Mark Berger, *Taking the Fifth*, D. C. Heath and Company, 1980, at 7.

〔32〕 Levy, *supra* note 5, at 49.

院管辖又可以由教会法院管辖的行为，尤其是在所讲的坏话本身就可能是违反教会法的侮辱圣灵的语言的时候。[33]

抵制早期教会法和由教会法院管辖的市民法使用宣誓程序在反对自我归罪之特免权的演变中有着十分重要的意义。但这种早期抵制的范围却是有限的，而且它与其说是目的，不如说是手段——它在这个时代的角色首先是作为教会法院和世俗法院之间斗争的焦点而存在的。另外，我们也必须注意到，通过利用普通法院和教会法院之间存在的管辖权冲突保护自己的利益只是反对进行这种宣誓的抗议的一部分。反对进行宣誓的人是十分稀少的，或者根本就没有得到广泛的记载。同样，只有少数几个作家对这种宣誓表示抗议，而且他们还面临着十分有影响的托马斯·莫尔（Thomas More）的反对。[34]

如果不是亨利八世与罗马教堂断绝了关系，抵制纠问程序的斗争要想取得阶段性的胜利几乎是一种幻想。亨利八世是一个虔诚的基督教徒，而且终其一生都是如此。而他之所以要与当时的罗马教会断绝关系，既有深刻的政治背景，又有简单的个人因素。在政治背景上，16 世纪初期，国内反对教士情绪的高涨是推动亨利八世进行宗教改革的社会原因。那时候英国教会如同大陆法系各国教会一样腐败不堪，教士道德低下，生活腐化，各种教会丑闻不断发生。高级教士大多兼任圣职，而从不驻节，下级教士没有文化，愚昧无知。民众对教会普遍

---

〔33〕 参见〔英〕S. F. C. 密尔松：《普通法的历史基础》，李显冬等译，中国大百科全书出版社 1999 年版，第 15 页。另见 Levy, *supra* note 5, at 44-45；Matthew Hale, *supra* note 14；又见前引伯尔曼著，《法律与革命》，第 317 页。

〔34〕 Mark Berger, *supra* note 31, at 8. 托马斯·莫尔，其经典名著为《乌托邦》（Utopia）；强烈主张允许使用纠问誓言，并就此与反对纠问誓言的 St. German 展开了激烈的辩论；然而不幸的是，在亨利八世上台后，莫尔自己也因为反对宣誓效忠新的宗教领袖——国王——而被处以死刑。莫尔拒绝承认国王是教会的最高首脑，理由是它是来自于“一个与上帝的法律和宗教法规背道而驰的议会法案”。See Levy, *supra* note 5, at 66-71；前引程汉大著，《英国政治制度史》，第 159 页。

不满,改革教会的呼声时有所闻。1514 年亨尼被害案进一步助长了反教士情绪。理查德·亨尼是伦敦商人,因拒绝为儿子之死向教会交纳丧葬费而被伦敦主教逮捕入狱。不久,人们发现亨尼吊死在主教监狱内。伦敦主教法庭宣称亨尼是异教徒,畏罪自杀,判处焚尸,以儆效尤。陪审团发现亨尼不是自杀,而是被人谋害。[35] 案件发生后,伦敦市民向国王请愿,议会下院也支持市民的请愿。

至于个人方面的原因,简单说来是因为罗马教皇不能从正面支持亨利八世与一个叫"安妮·博林"的女子结婚。当时,亨利八世的妻子是西班牙公主凯瑟琳。凯瑟琳原是亨利八世之兄亚瑟的妻子,亚瑟死后,改嫁亨利。婚后只生一女,没有男嗣,而且生子无望,这预示着将来有可能出现王位之争。亨利八世担心大贵族乘机篡位,决心离婚再娶,以求子嗣。但是国王的婚姻须经教皇批准才算合法。而当时,凯瑟琳的侄子、身兼西班牙国王和神圣罗马帝国皇帝的查理五世控制着罗马教廷,教皇克莱门特七世不敢开罪查理五世,迟迟不批准亨利八世的离婚请求。于是,1529 年,亨利八世召开改革国会,着手进行宗教改革。1531 年,亨利八世自封为英国的教会首脑。接着,出于对自身信仰的感情和对自己的宗教地位的维护,亨利八世对反对"化体说"(基督教天主教徒的一种学说)的新教徒和否认他是宗教领袖的天主教徒一概处决。1532 年 1 月至 3 月,改革国会召开第三次会议,通过《首年俸法案》,禁止英国主教、修道院长将第一年的任职俸禄上缴罗马。这时候,亨利八世仍然希望罗马教皇能够回心转意。为争取教皇批准离婚,亨利八世宣布《首年俸法案》推迟 1 年生效。但是教皇不为所动。亨利八世毅然与凯瑟琳离婚,并秘密与安妮·博林结婚。坎特伯雷大主教对此举表示支持。教皇大怒,宣布开除亨利八世、坎特伯雷大主教等人的教籍。在此情况下,英国于 1534 年通过了《至尊法

---

〔35〕 参见前引程汉大著,《英国政治制度史》,第 151 页。

案》，宣布国王是英国教会唯一和至高无上的首脑，拥有决定一切宗教事务的权力。至此，罗马教皇在英国的权威被彻底摧毁。

与此同时，在1532年，国王收到了来自议会的请愿，该请愿反对扩大适用教会式的侦查以及他们采用的程序，尽管亨利八世自己在宗教感情上反对这样做，但是在当时，接受这样的呼吁对于确立他在英国作为宗教首脑的地位又是十分有利的。而当时他与罗马教皇之间的斗争也使得他乐于这样做。于是，他接受了这一呼吁。接受这一呼吁使得他在1534年撤回了烧死异端的命令。[36]

关于反对自我归罪之特免权的革命历史，正是从这个意义上说，才是教会法院和世俗法院之间进行争斗的历史。对于纠问程序的反对意见很明显地与限制教会法官（正是他们在运用纠问程序）权力的努力联系在一起。

第三节　沉默权起源的高级阶段：在国王的特权法院争取沉默权的斗争

一、特权法院运用的宣誓程序及其招致的反抗

（一）反对宣誓程序斗争的政治背景与宗教背景

当国王自己也成为宗教领袖并成为异端压制运动的领导人时，反对纠问程序的力量就受到了严重的削弱，而专制的力量则得到了加强。在亨利八世统治期间，一共有51人因“异端”的罪名被处以火刑，这个数字相当于从1401年到1533年之间所有被烧死的“异端”的总和；在玛丽统治期间，被以“异端”罪名烧死的人数达到273人。[37] 因

〔36〕 Mark Berger, *supra* note 31, at 9.

〔37〕 Levy, *supra* note 5, at 69-75.

此，在亨利八世及其后继者统治期间，关于争取沉默权的斗争的特点也发生了变化。1536 年 4 月，改革国会解散，此后，宗教改革向纵深方向发展。为此，议会又通过了多项法案。

在英国历史上，改革后的基督教称为新教，国王成为教会的元首，有权力任命其长官和决定其教义。在当时的英国，教会已经不再是宗教国际组织的一部分，而成为英国国内国家机构的一部分，它的盛衰与王室的盛衰结合起来。教会在中世纪时本来是独立的政权，在很多方面与世俗的王权是平等的，但自此以后，教会就居于附属地位，其权力严格囿于有限的范围之内。

最初规定的新教义与原来的天主教教义没有多大的差别；爱德华六世时期出现较大进展，吸收了部分大陆法系国家的新教内容。爱德华六世死后，王位传给玛丽。玛丽女王（1553—1558 年在位）当政时出现了暂时向天主教的倒退，这位女王在英国恢复了教会的统治地位并以恐怖手段来保证其统治的成功。

在伊丽莎白女王（1558—1603 年在位）时期，制定了《三十九条信纲》，采取妥协办法，既采纳了部分新教原则，又保留了大量天主教残余，英国的国教终于确定下来，称为安立甘教会（Anglican），通常称国教教会。它独立于罗马教皇控制之外，隶属于国王统治之下。就这样，国王像控制世俗法院一样控制着教会，而且两者之间的裂缝也黯淡了下去。反对异端的法律被废除，而对异端的死刑也真正终结。官方反对的信仰仍然被禁止，但是被冠以“叛徒”而不是“异端”的名称。而且在这一类案件上，国家政策的执行也普遍比以往要宽大得多。

伊丽莎白女王相对容忍的政策受到教会威胁不保证其王位压力的影响，这些压力包括一次受主教支持的叛乱和在 1570 年教皇皮尤斯五世（Pius V）将伊丽莎白革出教会。在这种情况下，受命于国王的世俗法院使用世俗的反叛法来保卫反抗宗教的英格兰就成为必要了，而使用这种法律的方式与原来的宗教传统为了保护宗教信仰的纯洁性而运用异端的手段是没有什么两样的。尤其是在伊丽莎白被逐出教会,从而免除了教会对她的忠诚并宣布她的法令可以不被遵守后,对于世俗政权而言,每一个基督教徒就都成为了潜在的叛徒。活跃的英国基督教徒受到有力的追诉并被置于传统的纠问式程序牺牲者的三难地位。拒绝进行宣誓将受到惩罚,而这一惩罚仅仅是因为他信仰基督教。许多基督教徒都没有对这样的程序提出过挑战,相反,他们若不是逆来顺受地接受命运的安排,就是为他们的急切的殉道而感到骄傲。[38] 也许在他们看来,这是升入天堂最便捷的路径。

在这个时期,国王没有采取咄咄逼人的措施追诉那些对国教教徒的信仰进行严厉批评的清教徒[39]是可以理解的。清教徒们以最大的忠诚和紧张守护其信仰,他们愿意挑战各种各样的问题,诸如祈祷时的穿着、祈祷书的选择等。不仅如此,他们还作为国王的一个团体反对基督教的威胁,并且实际上在对待罗马人时已经毫无仁慈之心。而且,即使是在他们对伊丽莎白女王的批评过程中,他们也保持了对她的忠诚。但是,女王在最后的分析中发现,清教徒运动是对她的统治权的一个基本威胁,因为清教徒的信仰在宗教事务中没有接受世俗的最高权威。因此,女王最后听从了一个大臣的劝告,对清教徒开始采取迫害政策。

对基督教徒和清教徒这些“叛逆”进行审判的机构可以统称为国王的特权法院,它们实际上是国王处理宗教事务的辅助机构,往往根

---

〔38〕 Mark Berger, *supra* note 31, at 10.

〔39〕 清教是英国国教安利甘教会的一个教派,它与英国国教在教义上并无本质上的区别,只不过它对于道德和行为采取一种特殊的态度,关于教规采取一种不同于政府的思想。他们无不自认为是上帝的选民,而他们的敌人也就是上帝的敌人。任何人,无论是国王还是教士,只要敢压迫或奴役他们,他们都觉得应该用上帝所给予的任何武器实行反抗。莫尔顿称他们为“战斗的基督徒”;柏脱勒将他们描述为“把他们的信仰建筑在长矛和枪炮的神圣文句上”的宗教。参见前引〔英〕莫尔顿著,《人民的英国史》,第175页。

据国王的授权证状(the letters patent)而享有司法管辖权。在行使司法管辖权的过程中,它们不由自主地发展出了自己的纠问程序,其中也包括纠问誓言的运用。这一点最好地体现在星座法院和高等委员会的行为中。

(二) 反对特权法院运用"依职权宣誓"的斗争

1. 丁德尔和杰曼等人的宣传

就在忠实听命于国王的司法机构运用纠问程序对叛徒、异端进行迫害的同时,反对宣誓的运动也逐渐发展起来。在这期间,威廉·丁德尔(William Tnydale)的事业令人瞩目。丁德尔是第一个将《新约》(*New Testament*)从希腊文译成英文的人。他的《新约》第一次出版是在1525年,这一次就印了3000册。从这本书中人们可以看到,"依职权宣誓"的程序是不正当的——丁德尔在书中将基督的这段话以印成黑体字的形式吸引人们的注意力:

> 根据古老的说法,任何人都不必宣誓反对他们自己,但却必须向上帝展示自己的罪孽;而我要告诉你们的是,不要向任何人进行这种宣誓。[40]

丁德尔还呼吁人们反对这种程序;1528年,他在一篇论文中扩充了他的观点,他谴责这种宣誓是对一个人良心的侵犯。[41]

1532年,一个叫约翰·莱姆伯特(John Lambert)的人在反对宗教迫害的斗争中说,除非有可信的证人通过有陪审团的法庭作证指控,否则任何人都不能被强迫进行这种宣誓。[42] 这实际上是在公开谴责宣誓程序的不合法性。而莱姆伯特的主张据说也是受了丁德尔所译

---

〔40〕 Levy, *supra* note 5, at 63.

〔41〕 Gregory W. O'Reilly, *supra* note 12, at 412; Levy, *supra* note 5, at 242. 丁德尔被指控为异端,并于1536年死于流放。Levy, *supra* note 5, at 62-63.

〔42〕 Gregory W. O'Reilly, *supra* note 12, at 412.

之《新的圣约》的影响。[43] 这一年,一个备受尊重的律师和学者克里斯托弗·圣·杰曼(Christopher St. Germain)[44]也发表了一本小册子抨击教会法庭,并着重批评了其所适用的宣誓程序。圣·杰梅恩认为,普通法的效力应高于教会法,并指出这种宣誓是在没有正当指控的情况下不公正地强迫被告人提供证据,它使得无辜者处于比犯罪者更为危险的境地。[45]

这样,议会在1534年宣布禁止使用宣誓这种审判方式,同时取消了1401年以来允许教会法院中的主教使用纠问技术的法律。并且,他们相信国王的纠问程序违反了《大宪章》第38条的规定,该规定要求在宣誓以前必须有适当的证据出示(Presentment)。有些反对者甚至宣称,《大宪章》第38条反对宣誓是无条件的,即使有证据出示也不行。[46] 这些争议的基础在于这样一个理论前提,即《大宪章》和普通法都是限制王权的,而议会作为普通法的源泉自然也是限制王权的,而王室则恰恰不承认这些理论前提,并继续使用宣誓程序。到17世纪,宣誓程序与沉默权之间的斗争已经成为议会和普通法院反对王权的斗争。17世纪早期,议会做了四次努力加强《大宪章》的地位,以迫使国王遵守普通法的程序。

2. 宗教事务委员会对托马斯·雷(Thomas Leigh)的审判

女王的宗教事务委员会(the queen's commissioners for ecclesiastical

---

〔43〕 Levy, *supra* note 5, at 62.

〔44〕 克里斯托弗·圣·杰曼(约1460—1540),内殿律师学院大律师,当时最有学识的一个律师,著有《神学博士与普通法学生的对话》(*Dialogues Between a Doctor of Divinity and Students of the Common Laws*);他支持亨利八世对罗马天主教的斗争,也是最早主张议会至上的理论家之一。参见〔日〕大木雅夫:《比较法》,范愉译,法律出版社1999年版,第26页;Levy, *supra* note 5, at 64.

〔45〕 Gregory W. O'Reilly, *supra* note 12, at 412.

〔46〕 Gregory W. O'Reilly, *supra* note 12, at 414-415.

cause)——也就是后来的高等委员会[47]法庭(the Court of High Commission)于1568年传唤了托马斯·雷,普通上诉法院的律师,并要求其回答有关其在西班牙大使家中听弥撒曲的问题。但是,雷拒绝向委员会的委员们提供有关他的宗教行为的任何信息。委员会命令他宣誓招供,也被他予以拒绝。他很快被以藐视法庭罪关进监狱。在雷的案件中,即使还没有证据证明他的罪行,也至少有表面可信的证据(*prima facie*)要求他宣誓回答问题。普通法系统的一个高等法院,雷原来执业的那个普通上诉法院,签发了一个人身保护令,询问他被监禁的原因。宗教委员会对普通法院的这一行为予以反对,理由是该案纯粹属于教会法院具有排他性管辖权的案件范围。但是,该普通法院的首席大法官戴尔(Dyer)指出:宗教委员会所适用的法律是已经过时了的。尽管这一次普通法院的法官们没有反对宗教事务委员会对雷进行审判(可能仅仅是出于策略上的考虑),但戴尔还是强调:"他们不能在这类案件中要求其宣誓并以此来开始他们的讯问。"[48]

在普通法院与高等委员会之间就适用"依职权宣誓"程序问题上,雷的案件打响了二者之间长期对抗的第一枪。[49]

3. 星座法院对威廉·沃克斯勋爵(Lord William Vaux)的审判

1580年,威廉·沃克斯、托马斯·切夏姆(Thomas Tresham)及另

---

〔47〕 高等委员会(the High Commission)是在玛丽女王统治期间为反对宗教异端而创设的一个机构,它的目标就在于有力地反对异端。玛丽是一个虔诚的基督教徒,她试图在英国恢复过去与罗马天主教会的关系。为了实现这一目标,玛丽女王反对亨利八世和爱德华六世时期所实行的一切宗教改革措施,下令废止当时颁布的一切有关宗教问题的敕令,处死了坎特伯雷大主教托马斯·克雷默,并宣布"运用'依职权宣誓'程序是高等委员会的一个重要职责"。更多的"异端"被送往火刑柱。许多反对她与罗马天主教会恢复关系的人士遭到了火刑的判决,有不少人因而流亡到欧洲大陆。"在玛丽统治期间受迫害者的人数远远超过了她的任何一位前任统治下的人数。"Mark Berger, *supra* note 31, at 9. 也正是由于这个原因,对运用宣誓程序的挑战也更经常地发生。

〔48〕 Levy, *supra* note 5, at 96.

〔49〕 Levy, *supra* note 5, at 97.

外5人被指控拒绝就他们是否曾为坎普恩(Campion)[50]提供藏匿处所一事进行宣誓。其中一个叫瓦尔特·鲍德罗尔(Walter Powdrell)的被告人,也是7个被告人中唯一供认为坎普恩提供藏匿处所的人,愿意进行宣誓,条件是他必须首先了解讯问的问题;其他人全都拒绝无条件的进行宣誓。他们均被以藐视法庭罪关进监狱。两个月以后他们被以拒绝宣誓这一罪名而在星座法院[51]进行审判。他们都被允许自由地说出任何他们想说的话,法庭审判是公开而且公平的。在这次审判中,沃克斯和其他几个人都为自己拒绝宣誓的行为作出了解释,并且这种解释都集中于"不能违背自己的良心"或相似的论点。只有瓦尔特·鲍德罗尔辩解说,他之所以拒绝是因为没有让他首先知道讯问的问题。托马斯·切夏姆的辩护是法庭审判的中心。他能说会道,思路敏捷,对自己的利益非常热心。他的发言相当长,有时也与法官展开辩论,甚至纠正他们的错误。他的基本立场与其他几个人保持一致,认为良心不允许他就宗教问题进行宣誓,但是他补充说,他既不愿意指控他自己,也不愿意指控其他人。与其他人不一样的是,他不仅有力地争辩自己的主张,而且明确地引用了"*nemo tenetur seipsum pro*

---

〔50〕 埃德蒙·坎普恩(Edmund Campion),伊丽莎白的迫害政策的牺牲品,被指控的罪名是"谋害女王、推翻已经建立起来的信仰和颠覆国家"。据说:"这个囚犯躺在伦敦塔的草床上,虚弱得不能动弹,病得说不出话。那天早些时候,他曾经被放置在拷问台上进行讯问,讯问者希望他说出阴谋反对女王的全部情节。几个星期以后,他已经无力在法庭上抬起自己的手以进行宣誓,为了迫使他说出'真相',他的手指甲已经全部脱落。他静默地站在那里,行使着他的不提供反对自己的证据的权利。历史将以这样的方式记住他:埃德蒙·坎普恩——与上帝同在天堂的圣徒!"Levy, *supra* note 5, At 93. 但是在正式的法庭上,他并没有保持沉默,而是为自己进行了精彩的辩护。

〔51〕 星座法院(Star Chamber)以其设备上装饰有星星而得名,其前身是 Steered Chambre,国王的一个办事机构,成立于1348年。到后来,它成为一个适用秘密程序的司法机构,其审判方式包括纠问技巧、秘密告发,甚至拷打。然而,在1580年,星座法院还没有变得像它后来那么可怕。其审判程序完全公开,且其权限仅限于执行国王的命令。虽然它可以使用拷打、监禁等手段,但并不强求最严厉的惩罚,如残损肢体或死刑等。这种相对中庸的时期结束于16世纪末期,那时国王要用它和高等委员会一起适用纠问程序来推行其宗教信仰和政治主张。

dere"(无人有义务背叛他自己)这句格言。[52]

托马斯·切夏姆在法庭上说道:"如果我虚假(不诚心)地进行了宣誓,我就是在作伪证;如果我通过这种宣誓起诉我自己,我就将遭受法律的惩罚而给我带来不快,而这是与自然法中'无人有义务背叛他自己'的原则相矛盾的;如果我诚实地进行宣誓(然后又进行撒谎),那么我就是在进行更为广泛的伪证,因为,坎普恩先生已经肯定地对我提出了指控……"[53] 当翰德森勋爵(Lord Hundson)将其含义曲解为他是害怕自己作伪证时,切夏姆再一次解释了为什么进行这种宣誓将使他落入一个不可接受的唯一选择的圈套,并再一次宣称:"如果我进行这种宣誓以指控我自己,我将谴责自己违反了自然法和神法。"[54]

在最后一个被告人说完以后,检察官对证据进行了归纳,然后,法官们作出了判决。他们一个一个地发表了自己的意见。法官们一致判决被告人犯有藐视法庭罪,但是他们的有些观点在反对自我归罪权利的历史中却具有里程碑意义。法庭的4个成员——其中有三个是普通法院法官——支持切夏姆的原则;但是他们对该原则限制了使用的条件,认为它不适用于星座法院的诉讼程序。罗杰·曼乌德(Roger Manwood)宣称:"尽管法律禁止一个人在可能使他丧失生命或肢体的案件中起诉他自己,该案却不属于这样的案件范围。"[55] 普通上诉法院首席大法官戴尔说:"在可能剥夺生命或减损肢体的案件,法律并不强迫当事人宣誓,并且,在这样的场合下,(法律)保证任何人不得起诉他自己(*nemo tenetur seipsum prodere*)。"克里斯托弗·瑞(Christopher Wray),英格兰首席大法官,王座法院的首脑,也发表了类似的

〔52〕 Levy, *supra* note 5, at 102.

〔53〕 Levy, *supra* note 5, at 102.

〔54〕 Levy, *supra* note 5, at 104.

〔55〕 他所指的是星座法院对叛国、重罪等案件无管辖权,因而也就不能判处死刑或肢解的刑罚。

观点。[56]

由于他们的藐视行为，这7个人均被判处监禁，直至他们服从这样的程序或者女王凤颜欢悦不再追究之时。另外，他们还分别被处以从500英镑到1000英镑的罚金（沃克斯和切夏姆均被判罚金1000英镑，鲍德罗尔被判罚金500英镑）。20个月以后，沃克斯和切夏姆两人最后获得释放。

4. 怀季夫特（Whitgift）与高等委员会（the High Commission）对反对意见的镇压

1572年至1573年间，女王伊丽莎白开始了对清教徒的迫害，并签发了逮捕清教领袖的逮捕证。但是，由于当时担任宗教事务委员会（高等委员会）领导的坎特伯雷大主教埃德蒙·格林德尔（Edmund Grindal）过于温柔，他过于相信争论和理性的定罪的价值，而压迫的手段则与他的本性恰相矛盾。女王对他的工作很不满意。在1576年，他甚至劝诫女王不要插手宗教事务，就像她不能插手法律事务一样。[57] 女王大为恼怒，将他监禁在蓝伯斯宫（Lambeth Palace），致使坎特伯雷大主教一职成为虚设，直至1583年格林德尔死去。

格林德尔的去世使得怀季夫特有了发挥自己才干的机会，他被女王任命为新的坎特伯雷大主教。据说，怀季夫特不受腐蚀、生活检点、无可指责，在很多方面都深得女王欢心。[58] 但是，他也有很多缺点。利维（Levy）对他的评价是：

> 就清教徒的问题而言，跟他的女王一样，他缺乏政治家的眼光。他懂得如何破坏，却不懂得如何建设；他懂得怎样应付危机，却不懂得怎样铺垫将来；他懂得怎样以严厉的手段胜过自己的对手，却不知道怎样消除他的广泛支持并使之丧失行为能力……怀

---

[56] Levy, *supra* note 5, at 105

[57] Levy, *supra* note 5, at 119.

[58] Levy, *supra* note 5, at 120.

> 季夫特并不愚蠢,相反,他诡计多端。但是就寻求问题的实际解决这方面来说,他的判断实在是错误的。[59]

为了镇压清教徒的反抗,他重建了高等委员会。伊丽莎白通过授权证状的形式赋予这个委员会司法管辖权。在这期间,最引人注目的案件是罗伯特·比利(Robert Beale)一案。

罗伯特·比利是英国枢密院的一个职员,一个经验丰富的外交家。他在1576年到1593年间连任六届议员,并且是清教徒和《大宪章》的强有力支持者。他强烈反对高等委员会运用的"依职权宣誓"这种纠问程序。他同时也是一个普通法律师。根据他自己的有点夸张的说法,他曾经学习过26年教会法。他能迅速地草就一篇法学论文,也能引用圣经上的文句进行理论上的争论。在他那个时代,尽管他只是一个第二流的人物,但在反对自我归罪的特免权的历史上,他却是赫然耸现。是他发明了这样的观念:根据大宪章,强迫一个人成为反对他自己的证人的做法是非法的。按照怀季夫特的说法,他的第一部专著就是反对高等委员会和其他宗教法院适用"依职权宣誓"程序的。这本书在海外出版,并于1584年输往英国。1584年,怀季夫特说,比利又写了"另一本伟大的书",这本书是为他的前一本书进行辩护。比利在自己的书中引用了半个世纪前圣·杰曼在1532年议会中反对依职权宣誓的言论,以及1534年的一部法案。此外,他还引用了14世纪的一个文件,以证明自己的观点。然后,比利说道:"我们现在的处境,比以前任何时候都要糟糕。"[60]

1585年,怀季夫特开出了一份针对比利的14项指控清单。其中第13项指控居然是:他谴责对可怜的被告人使用拷讯,因为它是残忍的、野蛮的,非法的、与英国自由的主题是相矛盾的。[61] 怀季夫特曾

---

[59] Levy, *supra* note 5, at 121.

[60] Levy, *supra* note 5, at 145

[61] Levy, *supra* note 5, at 148.

经担任过沃彻斯特(Worcester)的主教,那时他还兼任着威尔士边界议事会的副主席,这个议事会既是一个法院,同时也是政府的一个执行机构,有点类似英国的枢密院和星座法院。1579 年,面对一群不愿意招供的拒绝参与英国国教礼拜式的天主教徒,怀季夫特向枢密院申请使用拷打手段并得到准许,而比利此时正在枢密院任职,清楚地知道此事。所以,怀季夫特对他的第 14 项指控就是:"(此时),他却给那些人以中止诉讼程序的申请以批准……"[62]也许是由于财务大臣(The Lord High Treasurer)的保护,罗伯特·比利直到 1593 年才遭受惩罚,而在这之前,怀季夫特已经在对格林伍德(Greenwood)、巴罗(Barrow)、威金顿(Wigginton)、乌德尔(Udall)等人的斗争中成功地将他们送进监狱——以藐视法庭的罪名——因为他们都拒绝进行宣誓。[63]

同一时期,托马斯·卡特莱特,清教徒的领袖、怀季夫特的老对手,在流亡了近 12 年之后,于 1585 年回到英国。[64] 他回国之后立即受到监禁,但 1 个月之后即被释放,因为枢密院的权力人物赞成他请求宽恕的呼吁,而他也答应从此与国教教会和平共处。此时,甚至怀季夫特也愿意让过去成为死神。但是实际上,在 1586 年到 1590 年间,卡特莱特仍然秘密地领导着清教徒的运动。所以,1590 年,高等委员会逮捕了卡特莱特。在对卡特莱特的审判中,怀季夫特接受了别人要求他回避的建议,目的是避免使审判看起来像是对一个仇人进行报

---

〔62〕 Levy, *supra* note 5, at 149.

〔63〕 Levy, *supra* note 5, at 149-172.

〔64〕 托马斯·卡特莱特(Thomas Cartwright)与约翰·怀季夫特(John Whitgift)本来就是夙敌。卡特莱特是激进的清教徒,并且成为清教徒的领袖;怀季夫特在宗教问题上则主张宽容,但是对于清教徒的观点却不能容忍。他们都在 1570 年代发表过意见相反的文章。1570 年,在卡特莱特在清教徒中还不那么出类拔萃之时,怀季夫特,当时的剑桥大学副校长,就以卡特莱特拥护长老监督制为由而剥夺了他的神学教授的职位;两年以后,又剥夺了他在三合一学院的研究员资格,从而将其赶出了剑桥大学。但是,他们之间的争论仍然没有中断,直至 1577 年卡特莱特被迫流亡。

复。但是,由于高等委员会的程序内在地具有要求被告人合作否则审判就无法进行的性质,所以,对卡特莱特的审判一开始就遇到了障碍:他拒绝进行宣誓。出于对他的口供的渴望,法庭作出了让步:在他宣誓之前,向他宣读了对他进行指控的文章(这样的文章一共有31篇)的标题和主要内容,然后再要求他宣誓。他回答说:

> 尽管按照神法和英格兰本地法,他没有义务进行他们所要求的宣誓,但是由于他对于这些被指控的罪行而言是如此地无辜,所以他愿意在确定的条件下进行这种宣誓:他必须获得一份这些文章的副本;有充分的时间进行考虑;获得律师的咨询;他可以自由地选择回答哪些文章中的指控,而对另外一些文章他可以不作出回答,但他会解释不回答的原因——如果这些条件不符合高等委员会的程序,他愿意接受他们的惩罚(藐视法庭罪的惩罚)。[65]

法庭尽管很恼怒,但是不得已又作出了新的让步:给了他一系列的文章,让他回到牢房去回答。怀季夫特本来希望几个月的监禁就可以把他的意志摧垮,但是他错了。几个月后,对卡特莱特的审判不得不转到星座法院,这至少对于高等委员会适用的"依职权宣誓"程序而言是一个胜利。卡特莱特之所以愿意在星座法院接受审判,是因为那时的星座法院还没有变得像它后来那样可怕。而为了实现对卡特莱特等人的惩罚,高等委员会也请求将他们移送至星座法院进行审判。在星座法院,本案被告人(包括卡特莱特和其他一些人)也仅仅承认他们主张实行一种新的宗教体制,但他们均否认曾将这一主张付诸实施。由于缺乏证据,尽管怀季夫特非常不甘心,最终还是将他们予以释放。

---

〔65〕 Levy, *supra* note 5, at 175.

5. 詹姆斯·莫里斯(James Morice)对“依职权宣誓”的抗议

下院议员詹姆斯·莫里斯在1591—1592年间写了一本书,他自己谦虚地说是一篇“简短的论文”。在这篇论文中,他反对高等委员会运用“依职权宣誓”这种程序,并指责高等委员会的诉讼程序为纠问程序。他将这篇论文的手稿送给枢密院首席顾问伯弗里(Burghley),希望得到他的支持。他在一封信中指出,高等委员会的程序是在不告诉当事人任何信息的情况下要求他宣誓回答任何问题,而如果当事人拒绝进行这种宣誓,作为女王的臣民,他就要遭受监禁的惩罚。他认为他有义务写这样一篇简短的论文,向人们展示这种程序的不正义,因为它违反了神法和王国本身的法律。

莫里斯的论文被传到怀季夫特和书报检查官寇辛(Dr. Richard Cosin)手中。寇辛站在高等委员会的立场对这篇文章大加嘲讽。于是,莫里斯又写了一篇论文作为对寇辛的批评的回应,这篇论文更加充分地展现了强迫自我归罪的非正义性。出于担心,他没有把这篇文章的手稿拿出去传阅,但是怀季夫特了解到有这样一篇文章手稿的存在,向他要求得到一份副本。怀季夫特答应,他不会因为这个私人的文件而遭受麻烦。

在莫里斯的论文中,他煞费苦心地证明,在普通法中,无论是刑事案件还是民事案件,都没有这样的宣誓程序。他声称,普通法不仅没有宣誓、而且也没有拷问以强迫一个人指控他自己;与拷打一样,宣誓也被视为是残忍的和野蛮的。莫里斯认为,英国的法律是受议会控制的。如果说1401年的法律授权进行这样的宣誓,那么它也已经被1534年的法律宣布为非法。王室在自己的权力范围内无权通过授权证状建立委员会的形式改变这一法律。《大宪章》,特别是《大宪章》第39条,其效力如此经常地得到确认和加强,要求所有的刑事案件必须遵循一些基本程序。“然而,依职权宣誓那样的程序通过强迫宣誓和要求进行一般性的宣誓以及对拒绝进行这种宣誓者以直接的监禁的程序,它怎样体现正义呢?”最后,他得出结论说,这种宣誓程序是错误的,对于英国自由的主题是有害的。[66]

莫里斯没有出版自己的论文[67],但是,由于他的议员身份,他的言论享有特免权。1593 年 2 月,议会开会。莫里斯主持了第一天的会议。他借此机会发表了长篇的演说,先是对没有真正的言论自由进行抨击,然后,“出于对上帝和祖国的热爱”,他分析了教会法院运用的纠问程序及其非正义性,宣称这种程序与所有合法的程序势不两立。

结束他的演讲后,他提交了两份提案。第一份就是“一个反对不合法的宣誓程序、纠问程序及其赞成者的法案”。

莫里斯的演讲使得那些高等委员会的支持者们退缩了,也使得那些不喜欢这样的发言程序的国王的辩护者们十分尴尬。莫里斯的立场不是赞成长老会教徒改造英国教会的观点,而是站在自由这一主题以及古代普通法诉讼程序和英格兰大宪章的神圣立场上。一个痛恨清教徒的普通法律师站在为高等委员会辩护的立场上攻击莫里斯是卡特莱特的同党,但是议员们对他过于离谱的观点的反对使他不得不回到自己的座位上。罗伯特 · 比利和另一个普通法律师亨利 · 芬希(Henry Finch)支持莫里斯的观点;弗朗西斯 · 克诺雷斯(Francis Knollys),枢密院官员,也赞成莫里斯的观点。约翰 · 屋雷(John Wooley,枢密院职员)和伯弗里伯爵的儿子罗伯特 · 瑟塞(Robert Cecil),则回避就此问题发表意见。在对该草案进行一读时,议会发言人爱德华 · 科克(Adward Coke)——即女王的总检察长——一个与莫里斯一样十分痛恨高等委员会及其宣誓程序的人——主张先拖一拖。但是第二天,科克回到议院时带来了女王的指令:不许再讨论与此有关的议案。

---

〔66〕 Levy, *supra* note 5, at 195.

〔67〕 莫里斯的书在他去世 1 年后,也就是 1598 年,在海外出版,并在 1600 年时重印。

莫里斯没有出席这一天的会议,因为他已经成为枢密院的阶下囚。两个月以后,议会会期结束,莫里斯方重获自由。

经历了这次事件以后,高等委员会成为英国司法系统中一个强有力的分支。而反对"依职权宣誓"程序的斗争也暂时转入低潮。

二、沉默权在英国的确立

(一) 科克的规则

十多年以后,普通法院也积极地参与反对"依职权宣誓"程序的斗争。其最有才能的斗士大概要数科克。[68] 科克宣布了普通法的卓越性并对王室宗教法院的权力给予了明显的限制。其观点在尼可拉斯·富勒(Nicholas Fuller)一案中得到充分体现。富勒曾经做过卡特莱特的顾问,并在下院与比利和莫里斯一起供过职。富勒认为,只有普通法院有权对一个人处以罚金、监禁的刑罚,教会法院没有这样的权力,国王也不得以授权证状(the letters patent)的方式赋予其这样的权力。[69] 1607 年 3 月,他为一个有 20 人被高等委员会判处藐视法庭罪的案件代理,他在普通法院发表的对纠问誓言的强烈的攻击遭到高等委员会和班克罗夫特(Bancroft)[70]的警告:如果他再重复他的行

---

[68] 科克 (1552—1634)生于诺福克的米勒汉姆(Mileham, Norfolk),曾就读于诺里奇和剑桥,在 1593 年成为议会(下院)发言人,1594 年成为总检察长(attorney general),1606 年成为普通上诉法院首席大法官(Chief Justice of the Common Pleas),1613 年成为王座法院首席大法官(Chief Justice of the King's Bench)和枢密院顾问官(privy councilor)。他曾经粗暴地以叛国的罪名起诉过 Essex、Raleigh 等人,但在 1606 以后他站在自由(national liberties)的立场上反对王室的特免权(the royal prerogative)。1617 年,他被解职。1620 他开始领导议会的多数党(popular party in parliament),并在监狱服务了 9 个月。1628 年《权利请愿书》(The Petition of Right)大部分是他的杰作。Web Journal of Current Legal Issues, http,//webjcli. ncl. ac. uk. The UK's first general electronic law journal.

[69] Levy, *supra* note 5, at 237.

[70] 此时,高等委员会已经置于班克罗夫特的领导之下。班克罗夫特接替这一职务是在 1604 年。

为,他将被处以500英镑的罚金并将与他的委托人一样遭到监禁。在接下来的1个月内他又接受了两个清教徒的委托。这两个人都被逮捕,都拒绝宣誓。富勒为他们进行了辩护,并为他们到王座法院申请人身保护令。他的行为激怒了国王,最后他自己也成为牺牲者而不再是律师。富勒在被指控后遭到高等委员会的监禁。对他的指控包括诋毁教会、国王和高等委员会,以及恶意责难和藐视高等委员会,此外还有分裂教会、异端等罪名。[71] 国王称富勒为"流氓",他表示,如果高等委员会输掉了这场官司,他的政府将受到藐视,王国的统治也将受到动摇。[72] 王座法院认识到该案的严重性,为了迎合国王的需要,就富勒一案向科克咨询。

科克指出,尽管宗教法院(此处指通过国王的授权证状而获得对与宗教事务有关的案件的管辖权的宗教事务委员会,即高等委员会,也包括星座法院)有一定的管辖范围,但其管辖权最终还是来自于议会的权威,而普通法院也可以为宗教法庭制定限制性规则。在这些原则的指导下,法庭仅判令高等委员会可以以宗教方面的犯罪惩罚富勒,而不是以普通法的犯罪惩罚他。[73] 科克签署了一系列人身保护令来加强这些规则。这些规则表明议会有权制定法律、保护个人权利,并表明它与纠问式审判方式下的宣誓程序誓不两立。在其中一个案件中,科克甚至宣称,如果遭到委员会逮捕的人将逮捕他的官员杀死,都不能对这个人定谋杀罪,因为根据《权威法案》,这个委员会根本就没有任何行使逮捕的权力。[74]

科克的规则威胁到会葬送国王的纠问程序并最终取消国王的最

---

〔71〕 Levy, *supra* note 5, at 233. Gregory W. O'Reilly, *supra* note 12, at 415.

〔72〕 Levy, *supra* note 5, at 239.

〔73〕 该案的最终结局是:高等委员会判处富勒罚金200英镑,并处无限期的监禁;富勒向王座法院申请人身保护令,王座法院装模作样地进行了一番审查,以逮捕状不违法为由驳回了富勒的请求,将富勒重新交典狱官予以看管。Levy, *supra* note 5, at 241.

〔74〕 Levy, *supra* note 5, at 242.

高权威。[75] 国王于1616年撤销了科克在王座法院的职务。[76] 然而，法律却开始朝着限制使用宣誓和纠问程序并确认沉默权的方向发展。星座法院可适用宣誓和纠问程序的被限于轻罪案件，而在这类案件中，丧失生命和残损肢体是不可能的。高等委员会也禁止在刑事案件中使用宣誓。尽管宣誓仍可用于神职人员，一般公民则只在婚姻和继承案件中会面对它。

这些规则渐渐延伸到反对运用纠问程序的争论中。而且，反对的意见也不再以纠问程序不能提供适当的陈述(Proper Presentment)为首要理由。反对宣誓程序者认为，强迫人们证明自己有罪的程序侵犯了人的尊严且与人类自我保护的直觉相悖。[77]

(二) 李尔本案件

由于宣誓程序的反对者如此广泛地宣扬他们的观点，英国人民在国王查尔斯(Charles)及其任命的红衣主教劳德(Laud)统治时期遭到了纠问程序更为严厉的报复。在劳德的统治下，高等委员会开始控制星座法院，其触角伸到其从未涉足的地方司法区。查尔斯则使议会和法院屈从于自己，人身保护令几乎取消。纠问程序更加经常地运用宣誓来获取自我归罪口供。那些拒绝提供自我归罪口供的人被认为他们已经招供了。这一规则同样适用于那些没有成功地回答讯问的人。纠问程序的支持者们认为这些程序是正当的，因为无辜者没有什么需要隐瞒，说出真相也不会伤害他们。只有真正有罪的人才会拒绝回答提问。[78]

然而，对约翰·李尔本(John Lilburne)的起诉使沉默权与纠问程

---

〔75〕 国王认为自己具有最高权威，包括立法的最高权威。而按照科克的观点，法律高于国王。这很自然地被认为是向国王的最高权威挑战。

〔76〕 科克被解职后，仍然利用其议员的身份与宣誓程序(the oath)作斗争。

〔77〕 Gregory W. O'Reilly, *supra* note 12, at 416.

〔78〕 Gregory W. O'Reilly, *supra* note 12, at 417.

序之间的斗争出现了一个转折点。沉默权赢得了胜利,纠问程序在英国遭受了彻底失败。

不管从哪个角度来说,李尔本在反对自我归罪特免权的发展史上都是最重要的一个人。他一生中被审判了四次,成年的大部分时间都是在监狱中度过的,最后死于流放。根据史料记载,李尔本是一个裁缝店的学徒,很少受过正规的学校教育。但是,他有决不放松的意志和对有罪判决漫不经心的态度。[79] 李尔本的案件发生于1637年,那时他年仅23岁。此时,劳德仍然担任坎特伯雷大主教,而科克已经不再是普通上诉法院的大法官了。1637年12月,他与约翰·沃尔顿(John Wharton)[80]一起被捕。被捕的原因是从荷兰往英格兰输入煽动性书籍。看起来在这个案件中李尔本是肯定会被定罪的,因为他的两个同伙为了保全自己而背叛了他,向当局作出了指控他的供述。在监禁3天以后,李尔本被带到总检察长班克斯(Banks)和他的第一副手科克尼(Cockney)面前。科克尼对他进行了讯问。李尔本承认自己到过荷兰并在那里见到了一些书和一些人。讯问的时间没有持续多久,李尔本就拒绝继续与科克尼合作。当问及他是否与其他嫌疑人有关时,他反问道:

> 为什么你们要问我所有的这些问题?这些问题与我的被监禁没有关系,因为我不是由于知道你们所说的人并与他们有过交谈而被监禁的,而是由于运送书籍而被监禁的;因此,我不愿意回答你们提出的任何更多的问题,因为我知道你们将使我堕入你们的陷阱:你们明知我被监禁的罪名是不能得到证明的,所以你们希望通过对我的讯问获得其他的事实……而且就任何你们准备起诉我的事实而言,我知道依据神法都是正当的,而且考虑到本

[79] Levy, *supra* note 5, at 272.

[80] 一个书商,时年80岁,是一个曾经与高等委员会斗争过的老手,根据他自己提供的证言,他曾因拒绝纠问誓言而被监禁过8次。Levy, *supra* note 5, at 275.

> 地法的规定，我也必须进行我正当的辩护，而不必回答你们的讯问；而且我的指控者也必须面对面地证明他们对我指控的合理性。[81]

科克尼坚持对李尔本进行讯问，并希望以此获得李尔本的供述。而李尔本则坚持拒绝回答任何他认为“无关肯綮(impertinent)的问题，以免因为回答这样的问题而使自己受到伤害”。[82] 于是，李尔本被带到总检察长那里，但是他的心理没有发生任何变化。即使不考虑李尔本的年轻和他的毫无经验，我们也只需看到李尔本在挑战侦讯当局的权威方面的勇气，就足以对他留下深刻的印象。他坚定不移地认为，那些向他提出的更加深入的问题是不恰当的，也是违背神法和英格兰本地法的。

本案当中，比较特殊的情况是，也许在李尔本看来，要求他在宣誓的情况下回答问题的前提是必须有正式的证据出示或者有正式的指控。而就输入煽动性书籍这一指控而言，是符合李尔本所认为必须具备的要求的。所以对该项罪名，李尔本表达了他愿意回答相关指控问题的愿望。他所拒绝回答的是他认为与这一指控没有关系的问题，而且他也承认，他对这些问题的回答将构成政府对他进行别的指控的唯一的证据来源。因此，简而言之，李尔本只是想限制讯问的范围，而不是结束讯问。

两个星期以后，李尔本被带到星座法院的办公室，并被告知在获得一份告发书之前，他必须先接受对他的讯问。李尔本认为，这对他意味着：

> 他们没有反对我的基础事实，从而也就开不出反对我的事实的清单。因此，他们寄希望于我自己背叛自己的无辜，然后他们

---

〔81〕 Mark Berger, *supra* note 31, at 16; Levy, *supra* note 5, at 273.

〔82〕 Mark Berger, *supra* note 31, at 16.

可以在我言辞的基础上开出对我的指控事实的清单。[83]

李尔本被强迫要求进行宣誓,但是他的回答是:

> 在我宣誓以前,我想知道使我必须宣誓的对象究竟是什么。[84]

没过多久,李尔本和沃尔顿被带到星座法院接受审判。不必惊奇,李尔本拒绝宣誓。他被送到监狱,但是不久又回到法庭。这一次,指控他的证言由控告者写好了并念给他听,但是他仍然不愿宣誓。这一次他对他拒绝宣誓这一行为作出了说明:

> 我完全理解,这一誓言与高等委员会的誓词完全一致,我知道这一誓言既违反神法也违反英格兰本地法;所以,尽管我也许会因为拒绝宣誓而被判处死刑,但是我仍然敢于拒绝进行这样的宣誓。[85]

虽然他拒绝宣誓,但是他却又为针对自己的指控进行了辩护。他技巧娴熟地否认了对自己的指控,并对他的指控者的诚实表示怀疑,他指责"告发者是一个众所周知的臭名昭著的撒谎专家",他之所以指控他,是因为他希望从这一行为"换取他自己的自由"。[86]

由于李尔本拒绝宣誓如实回答提问,星座法院在1639年判决他犯有藐视法庭罪(而没有判决他犯有原先指控的输入煽动性书籍罪),将其收监关押,直至他同意宣誓。同时对他处以500英镑的罚金和肉体上的刑罚——笞刑。[87] 1638年4月18日,李尔本在从福丽特(Fleet)大街出发的长达两英里的街道上公开受刑。人们沿街观看这

---

〔83〕 Mark Berger, *supra* note 31, at 16.

〔84〕 Mark Berger, *supra* note 31, at 17.

〔85〕 Mark Berger, supra note 31, at 17; Levy, *supra* note 5, at 275.

〔86〕 Mark Berger, supra note 31, at 17.

〔87〕 这原是教会法院采用的一种刑罚方法,一般公开执行。

一壮烈的场面;尽管被打得死去活来[88],李尔本还是利用这个机会向一大群富有同情心的人们宣讲纠问程序的不正义。

这一举动使得李尔本重新回到曾经关押他的监狱,他在那里待了两年多。当国王查尔斯宣布召集议会时,他看到了释放的希望。国王的主要目的是希望增加税收,但是必须得到议会的同意。1640 年,议会一召集起来,李尔本就提出了他的释放请求。结果是,下院裁决:"星座法院加在李尔本头上的判决违法并侵犯了臣民的自由;这个判决是血腥的、邪恶的、残忍的、野蛮的和专横的"[89],对李尔本由于该违法判决而遭受的痛苦和损失必须给予救济。在对李尔本以及如他一样遭受不正义的人进行救济的同时,议会还发表了一份反对国王所采用的诉讼手段的抗议书。1641 年 2 月,上议院提出一个建议:被告人有权得到一份告发书的副本;"依职权宣誓"程序必须取消;从此以后,国王的任何臣民都不得在任何教会法院中被要求宣誓起诉他自己,除非这一誓言是他自愿作出的。1641 年 7 月 5 日,国王极不情愿地签署了取消星座法院和高等委员会的法案。[90]

这样,"依职权宣誓"程序终被取消,而反对强迫自我归罪的特免权也得以确立。但是,这一伟大的胜利仅仅是在教会法院的胜利,因为普通法院并不实行纠问程序,也不采用纠问誓言,而且由于在开庭审判前被告人都会获得一份告发书的副本,因此看起来似乎在普通法院并不需要沉默权。同时,普通法院一直都认为,任何出于获得口供之目的而进行的拷打均为非法;它很久以来就已经接受了这一抽象的原则:无人能被迫进行自我归罪。但是这一原则在实践中的理解很不一致。当时的人们并不认为拒绝回答问题这一行为不能被视为有罪,

---

〔88〕 据李尔本自己事后回忆,这一次李尔本一共被鞭打了 200 余下;而据现场目击者的统计,实际上打了至少 500 下。Levy, *supra* note 5, at 276.

〔89〕 Levy, *supra* note 5, at 285.

〔90〕 Levy, *supra* note 5, at 281.

因为无罪推定的原则在实践当中还没有发生实际的效果。[91] 因此，在普通法院，争取沉默权的努力仍在继续，李尔本和他的朋友们一直都在坚持不懈地进行斗争。一年以后（1642 年），一个由 12 名安利甘主教（Anglican Bishops）组成的代表团向由清教徒控制的议会起诉，呼吁国王保护他们在上议院的豁免权。在这一案件的审理中，沉默权被人们所主张，并得到承认。[92] 1645 年，由于挑战议会的权威，李尔本曾两次被议会传唤，每一次他都主张过沉默权，虽然没有得到支持，但是最终都获得释放。[93] 1649 年 3 月 28 日凌晨 5 点，大约 200 余名武装人员包围了李尔本居住的屋子，他们破门而入，将他送往监狱。同一天早晨，李尔本的朋友，威廉・瓦尔文（William Walwyn）、理查德・欧文顿（Richard Overton）、托马斯・普伦斯（Thomas Prince）等均遭逮捕。这 4 名被告人被带到约翰・布莱德萧（John Bradshaw）的面前，这个人在 1645 年时曾经担任李尔本的辩护律师，而此时却像星座法院的法官一样对他们进行讯问。不用说，李尔本对他向他提问的行为表示惊奇，另外 3 个人也主张反对自我归罪的特免权，拒绝对提问作出回答。他们被以叛逆的罪名关进伦敦塔。

（三）七主教案件

在詹姆斯二世统治期间，国王试图在英国恢复天主教。詹姆斯对新教徒的迫害政策使得大家都以为全欧洲都在酝酿一个共同毁灭新教的阴谋，因而招致了广泛而激烈的反对，并且引起了战争。[94] 詹姆斯不顾一切，在 1687 年和 1688 年 4 月，两次发布信教自由令，停止一

---

〔91〕 Levy, *supra* note 5, at 282-283.

〔92〕 Levy, *supra* note 5, at 284-285.

〔93〕 在此之前他还因为在国内的战争中被国王的军队俘虏而被判处死刑，但是在交换俘虏时他侥幸生还。Levy, *supra* note 5, at 286-289.

〔94〕 这次战争在 1688 年年底以詹姆斯二世可耻的失败而告终。1688 年 12 月，詹姆斯二世仓皇出逃。1689 年 2 月，一个协商会议开会，请威廉和玛丽共即王位。这就是英国历史上著名的“光荣革命”和“伟大的妥协”。

切使天主教徒不得充任文武官员的法律。为了争取新同盟,解禁令也把非国教徒(主要是清教徒)包括在内。但旧日清教徒畏惧和厌恶天主教的心情十分强烈,并且信教自由显然被利用为造成政治上解禁的工具,因此非国教徒不为所动。1688 年,国王詹姆斯二世命教士在礼拜堂内宣读信教自由令,国教教士拒绝执行,并且得到主教的支持。詹姆斯恼羞成怒,起诉七个主教违抗他关于取消所有反对极端主义的法律的命令。在预备程序(preliminary process)中,主教们被要求承认签署过一个反对国王的解禁令的请愿书。但是主教们援引保持沉默的权利。在拒绝承认签发过抗议国王的命令的请愿书时,大主教圣克罗夫特(Archbishop Sancroft)诉诸这样一句名言:"我有权合法地拒绝发表任何可能使我自证其罪的言论。"[95] 然而,在国王一个一个地命令他们作出回答的情况下,这些主教们作出了肯定的回答,但他们的回答仅仅是建立在这样一个理解的基础之上,即他们的回答不会被用来反对他们自己;或者说,他们的回答不会使自己遭到起诉。陪审团对七个主教作出的"无罪"(not guilty)判决被认为是对议会制定法律的权力的肯定。尽管七个主教遭到逮捕,但是都被无罪释放。出狱后,他们成为伦敦清教群众的英雄。至此,沉默权在英国已经牢牢地站稳了脚跟。

第四节　沉默权的渊源及其确立之历史特征

一、沉默权的渊源

根据上述事实,并结合其他有关史料,可以看出,作为沉默权之根据的沉默权的渊源乃是多元的而非一元的。归纳起来,这些渊源主要有以下几种:

---

〔95〕 Gregory W. O'Reilly, *supra* note 12, at 418.

（一）英国普通法传统（the England Common Law Tradition）

这里的普通法指的是由普通法院创立并发展起来的一套法律规则，它既不同于由国王的权力机构创制的制定法（statute law），也不同于由衡平法院创立并发展起来的衡平法。英国普通法是在较为纯粹的日耳曼法——盎格鲁-撒克逊习惯法的基础上发展起来的，日耳曼法的一些原则和制度对普通法的影响非常大。日耳曼习惯法的一个基本特征就是，它是弹劾式的。普通法能够作为沉默权的渊源，首先是因为英国普通法继承了日耳曼法的弹劾式特征。按照普通法规定的诉讼程序，没有原告就没有被告，没有控诉就没有法官。它禁止法官依职权主动对一个自由人提起诉讼，禁止在没有起诉人的情况下将一个人送上法庭。另外，普通法还允许被告人为自己进行充分的辩护，并且允许被告人在正式的法庭审判前获得一份告发书的副本，以使其能够从容地准备辩护。争取沉默权的斗争实际上是与争取所有这些为保障辩护权所必需的权利的斗争一并进行的，并且有时候它也表现为争取辩护权的斗争。在这个斗争的过程中，不少人都曾经拿起普通法所适用的弹劾式诉讼程序这个武器。

普通法成为沉默权渊源的第二个原因是，它被认为是高于王权、从而也是用来限制王权的一种力量。利维认为，沉默权的起源几乎纯粹是普通法与教会法争斗的结果。利维的观点在某种意义上是能够说得通的。但是，仅仅将沉默权的产生归结为两种审判方式之间的斗争是不够确切的。实际上，比较恰当的说法应当是：由于在某种超乎现存的法律之外的规则当中包含有沉默权的内容，而英国普通法的某些习惯或某些通行的做法与沉默权的要求颇为类似，又由于普通法本身即被认为是对王权的一种限制，从而也是对王室法院之审判权的一种限制，从而在这两种审判方式的斗争过程中，人们出于自身利益的需要，更愿意在普通法中去寻求保护。

（二）《大宪章》（Magna Carter）

与普通法的概念相较而言，《大宪章》属于制定法的范畴，它是1215年6月15日英王约翰迫于贵族、骑士及市民的压力而签署的一个宪法性文件，由序言和61个条文组成。它在一定程度上限制了王权，确认了封建贵族和僧侣的特免权，并规定国王在征税时必须召开由大贵族参加的"大会议"，征得贵族的同意。它被称为"英国普通法（此处的普通法是指通行于全国的法律，区别于领主法院适用的地方习惯法）的蓝图"（blueprint of English common law）。[96] 此外，《大宪章》是作为国王权力的无节制的对立物而出现的，它的重要性在于重新加强对政府统治权进行限制的传统。这些条文将刑事诉讼作为重点。但是，西方学者马克·伯格认为：

> 当时的《大宪章》没有哪一条特别地提到与反对自我归罪之特免权哪怕有一点相似的东西；关于《大宪章》包含了抑制政府通过强迫手段取得自我归罪证据的态度的最相类似的表述，来自于第29条；但是，现有的证据恰恰表明那些贵族们在面对约翰国王时并不特别关注反对自我归罪之特免权问题，而且强迫自证有罪的做法在当时也并不普遍；相反，有关反对自我归罪之特免权的历史资料表明它的发展几乎很少渊源于《大宪章》而绝大部分是与《大宪章》无关。[97]

也许，1215年的《大宪章》确实没能提供沉默权的一个完整的渊源。但是，即便1215年制定的条文没有直接提到沉默权的概念，它作为限制王权的产物和规定自由人权利的一个宪法性文件，也决不能说与沉默权的斗争没有任何关系。与沉默权有关系的首先是《大宪章》第39条，该条规定："凡自由民除经与其地位相等之人依法判决或遵

---

〔96〕 *The Timetable of World Legal History*, http//laws. findlaw. com/.

〔97〕 Mark Berger, *supra* note 31, at 3.

照内国法律之规定外,不得加以扣留、监禁、没收其财产、褫夺其法律保护权,或加以放逐、伤害、搜索或逮捕。”[98] 后来的人们实际上就是根据这一条来主张沉默权或对沉默权的主张加以论证的。

《大宪章》第 39 条与沉默权的关系体现在:它所规定的著名的“本国法律”条款保证每个人有权按照普通法的诉讼程序以大陪审团告发书的形式进行起诉并由小陪审团进行审判。[99]

科克、富勒、比利和莫里斯等,在反对教会法院的纠问式诉讼程序的斗争过程中,都依赖于《大宪章》,在他们反对纠问誓言时,《大宪章》首先是以一个“自由的文件”的面目出现在他们面前的。[100] 富勒为他的两个当事人(Ladd and Mansel)辩护的首要观点就是高等委员会对他们的监禁违反了《大宪章》关于教会法院无权对任何人判处监禁和不得强迫任何人指控他自己的规定。[101] 他还引用了科克的观点——科克曾经声称:在刑事诉讼中让一个人宣誓自己反对自己是魔鬼的发明。[102]

另外,《大宪章》与沉默权的关系还体现在第 38 条的规定上:“凡执行吏嗣后如未经提出可靠之证据,不得单凭本人之陈述将任何人置

---

[98] 这是《大宪章》中最重要的一条。其英文原文为:No freeman shall be captured or imprisoned... except by lawful judgement of his peers or by the law of the land. 在很多学者——例如利维等(可在 *Origins of the Fifth Amendment* 一书中找到相关论述,其他学者在转述利维的观点时似乎也承认利维所引述的法条具有他所说的含义)——的论述当中,都曾经提到《大宪章》第 28 条和第 29 条作为主张沉默权的依据。本章在直接引述上述作者之著作时,对条文的引用也未作处理。经查,1215 年《大宪章》第 28 条和第 29 条并不具备作为沉默权之渊源所包含的意义。相反,倒是这些作者从未提及的《大宪章》第 39 条具有利维所说的含义。现将这两条规定之原文摘录如下,供读者参考——第 28 条规定:“凡监军保安官或其他执行吏,不得强取任何人之五谷或其他动产,惟各该官吏即刻出资购买或依出售者之意准其延期付款时,不在此限。”第 29 条规定:“凡监军保安官,如自愿亲自守卫或因正当理由不能亲自守卫而由他人守卫城堡,不得向任何武士强索守卫之酬劳。该监军保安官奉命出征时,则在从军期内,得免除守卫之责。”

[99] Levy, *supra* note 5, at 51.

[100] Levy, *supra* note 5, at 235.

[101] Levy, *supra* note 5, at 235.

[102] Levy, *supra* note 5, at 235.

之于法。"[103]这一规定实际上被理解为：法律反对在没有任何适当理由或根据的情况下将一个人交付审判。在富勒案中，富勒不仅引用了《大宪章》第39条的规定，也引用了《大宪章》第38条的规定，以论证"任何人在没有证人对他提出起诉的情况下不得被要求宣誓"的观点。[104]

（三）以罗马法和教会法为内容的大陆普通法

在1990年，R. H. 汉姆赫兹（R. H. Helmholz）就提出：在古代罗马法与欧洲大陆的教会法本身，即可找到沉默权的渊源。他指出：第一，罗马法中关于自然正义的司法原则即已包含了沉默权的内容，因为这个原则主张"正义从未呼唤任何人揭露自己的犯罪"；第二，在教会法中，12世纪的圣·保罗曾明确指出："人们只需向上帝供认自己的罪孽，而无须向其他任何人招供自己的罪行。"[105]另外，教皇英诺森四世也曾指出："当不仅是为了精神上的惩罚而尚有其他种类的惩罚卷入时，可以援引特免权。"[106]在1997年出版的一本论文集中，汉姆赫兹重申了自己的观点。他说："早在反对自我归罪的特免权出现在英国普通法以前，欧洲大陆普通法博大的传统中就已经存在着关于这项特免权的基础性原则的表述和讨论。"[107]

大陆普通法的几句格言也表达了对纠问式讯问的重要限制，除了

---

[103] "(38) In future no official shall place a man on trial upon his own unsupported statement, without producing credible witnesses to the truth of it."

[104] Levy, *supra* note 5, at 237.

[105] R. H. Helmholz, Origins of the Privilege against Self-incrimination: the Role of the European IUS Commune, *New York University Law Review*, Volume 65, No. 4, Oct. 1990. pp. 963-90.

[106] R. H. Helmholz, *The Privilege against Self-Incrimination: Its Origins and Developments*, the University of Chicago Press, 1997, at 30. 然而，如果是为了改造而不是为了惩罚时，教会法又允许法官就被告人实施的任何罪行进行讯问。这样的"特免权"显然是有问题的。首先，在中世纪，没有任何惩罚比精神上的惩罚更为严厉的了；其次，在教会法官的眼里，即使将被告人打得死去活来，据说也是为了实现"改造"的目的。

[107] R. H. Helmholz, *supra* note 106, at 18.

人们非常熟悉的 *Nemo tenetur* 以外，大陆普通法用得更多的是 *Nemo punitur sine accusatore*（没有人可以在不存在起诉人的情况下遭受惩罚）和 *Nemo tenetur detegere turpitudinem suam*（无人有义务揭露自己的丑行）。阿尔伯特·W.阿尔舒勒（Albert W. Alschuler）认为，一个合理的假设是，特免权在开始时是作为对宗教上的供述义务的限制而出现的。[108] 公元3世纪时，过犯者接受苦行的惩罚是基督教信仰的一种义务，并且这种惩罚是公开进行的。不管这种悔过是否包括一个公开的供认，也不管个人私下供认是不是存在争论，教会最终还是只要求个人私下供认。公元4世纪的教会领导人圣·约翰·克里索斯通写道："我没有说你有义务在大众面前背叛你自己或者在别人面前指控你自己；但是你必须遵照先知的指示：向上帝揭露你自己。"[109] 克里索斯通的箴言很多世纪以来都被引用来证明 *Nemo tenetur* 这一原则的合理性。5世纪的历史学家索佐门（Sozomen）解释说："为了得到宽恕，承认自己的罪孽是必要的；由于从一开始主教就已经决定——唯一正确的决定——在一个公开聚会的场合，让他作为证人宣布他自己的罪过，这个担子实在是太重了，所以，他们派了一个长老来——他是最文雅的、沉默而谨慎的男人。对他，过犯者可以坦白他们的事迹。"[110]

R.H.汉姆赫兹还对教会法中的诉讼程序进行了分析，他认为："没有指控就发动刑事诉讼的程序被认为与神法相矛盾。"[111] 汉姆赫兹在这里引用了《圣经》上的文句来证明自己的观点。《圣经·新约》上记载了这样一件事：

> 一个行淫的妇女被人捉拿到耶稣面前，捉拿的人对耶稣说：

---

〔108〕 R. H. Helmholz, *supra* note 106, at 185.

〔109〕 R. H. Helmholz, *supra* note 106, at 186.

〔110〕 R. H. Helmholz, *supra* note 106, at 185-186.

〔111〕 R. H. Helmholz, *supra* note 106, at 21.

“夫子,这妇人是正行淫之时被拿的。摩西在律法上吩咐我们,把这样的妇人用石头打死。你说该把她怎么样呢?”……耶稣直起腰来,对他们说:“你们中间谁是没有罪的,谁就可以先拿石头打她。”……他们听见这话,就从老到少一个一个地都出去了,只剩下耶稣一人,还有那妇人仍然站在当中。耶稣就直起腰来,对她说:“妇人,那些人在哪里呢? 没有人定你的罪吗?”她说:“主啊,没有。”耶稣说:“我也不定你的罪,去吧,从此不要再犯罪了。”〔112〕

汉姆赫兹认为这是证明教会法中存在反对自我归罪的特免权的“强有力的权威”。〔113〕 耶稣的话本身被认为表达了这样的思想:“仅仅建立在公开的流言基础上的指控和惩罚都是不合法的。用法律的语言来说,耶稣曾经禁止在没有特定的人提出指控的情况下对一个人提起诉讼。”〔114〕

(四) 拉丁格言

英国 12、13 世纪最重要的法律用语是拉丁语,官方的记录是用拉丁语写成的,从 12 世纪开始出现的被称之为“案卷”的立法、行政乃至司法的记录,全是用拉丁语所写,并且这些记录除了共和政体时期以外,直到 1731 年都是使用拉丁语。不少拉丁语法律格言,实际上是英国人表述出来的。〔115〕 据说,在英国,有学识的人之间甚至会话也用拉丁语;并且,无论是在欧洲大陆还是在英国,当时“有头脑的人都用拉丁语思考”。〔116〕

这些拉丁格言,基本上大同小异,具体如:没有人可以在不存在指控者的情况下受到惩罚(*Et ista regulariter est prohibita*, *quia nemo sine*

---

〔112〕 《圣经 · 新约 · 约翰福音》,第 8 章,第 114 页。

〔113〕 R. H. Helmholz, *supra* note 106, at 21.

〔114〕 R. H. Helmholz, *supra* note 106, at 22.

〔115〕 参见张明楷:《刑法格言的展开》,法律出版社 1999 年版,第 15 页。

〔116〕 参见〔日〕大木雅夫:《比较法》,范愉译,法律出版社 1999 年版,第 9 页。

accusatore punitur);即使某个人有犯罪的名声,正义也从未呼唤任何人揭露他自己的罪行,因为名声常有可能与事实不相符合(*Nulla enim aequitas suggerit ut quis debeat prodere crimen suum etiamsi de eo sit infamatus cum infamia saepe sit fallax*);无论在何种法庭中,任何人都没有义务回答(自我归罪问题),除非事先已经出示了某些证据(*Quoniam in quacumqe alia curia non tenctur repondere nisi prius aliqua probatio sit facta*);无人有义务揭自己的伤疤(*Nemo tenetur detegere turpitudinem suam*);没有人可以被强迫承认他自己的罪行,这是不证自明的道理,尤其是当这些犯罪无损于公共利益的时候(*Nemo cogitur respondere se criminosum esse, quod sane intelligenumest, scilicetde crominibus occultis et ad reipublicae perniciem non pertinentibus*);纠问式讯问是不被允许的,而且人们也不必回答这样的讯问,因为没有人有义务背叛他自己的尊严(*Positio criminosa non est admittenda nec ei respondendum est, cum nemo cogatur detegere turpitudinem suam*)。[117]

尽管人们对这些格言的理解并不完全一致,但是这并不影响它在争取沉默权的历史上所发挥的精神力量。“没有任何人的理解能够做到毫无偏见、永世不变。理解永远是一个无限的、不断反复、不断更新的过程,历史和文化传统就在这一次又一次的理解中得到继承和发展。”[118]

二、沉默权起源的历史特征

通过对沉默权起源的历史进行考察,我认为,沉默权起源的历史具有如下特征:

---

〔117〕 以上格言系根据英文翻译而成。这些拉丁格言的英译文参见 R. H. Helmholz, *supra* note 105, page. 975-977, note 63, note 72; p. 981, note 91.

〔118〕 转引自张明楷:《刑法格言的展开》,法律出版社 1999 年版,第 16 页。

（一）沉默权的起源经历了一个漫长的历史，并且其渊源几乎总是模糊不清的

沉默权的产生和确立是人民长期斗争的结果。其起源的历史从12世纪一直延续到17世纪。[119] 一开始是在教会法院为争取宗教自由而斗争，后来则是在国王的纠问机构中为争取政治自由而斗争。毫无疑问，在这两种斗争中都包含了争取民主、文明的诉讼程序的内容，而且其方式主要就是指责纠问程序的不合理。不管是在教会法院的斗争，还是在王室法院的斗争，普通法院都发挥了巨大的作用。随着国王特权法院的取消和纠问式诉讼程序的黯淡，普通法院开始控制了英国的刑事司法系统。在普通法传统的基础上，其司法系统朝着控告式模式转变。这一演进是非常缓慢的，而且其中一些臭名昭著的例外规则亦延续了几百年。

如前所述，沉默权的渊源具有多元化的特征。正是因为沉默权存在不同的渊源，后人在研究这一问题时也就提出了不同的见解。例如，利维教授认为，沉默权是英国普通法、教会法相互斗争的结果，它的最初渊源是英国的普通法规则；而R. H. 汉姆赫兹则认为，在古代罗马法与欧洲大陆的教会法本身，即可找到沉默权的渊源。我认为，沉默权的根据究竟是存在于英国普通法还是存在于大陆普通法并不是问题的关键。关键在于，人们为自己的自然权利在各方面寻求保护的根据。实际上，当人们在主张沉默权时并非不约而同地提出一个理由，而是分别提出不同的理由，或者同时提出不同的理由。他们总是以各种各样的理由来使它合理化，并且几乎从来不问这些理由来自何方。例如，当清教徒托马斯·卡特莱特被指控犯有信仰上的罪行时，他认为进行宣誓是对一个人隐私的侵犯，又是对一个人良心的侵犯，

---

〔119〕 有一种观点认为，沉默权的真正起源是19世纪英国证据法中的证人特免权规则。参见R. H. Helmholz, *supra* note 106, Chapter 6.

也是对宗教教义的违反。[120] 所以,哈罗德·J.伯尔曼曾经说道:"为根本上是新的想法披上遥远的过去的外衣,是西方历史上从教皇革命开始的各种伟大革命的特点。"[121]"在西方历史最关键的转折点上,对遥远的过去的设计一直需要与对遥远的未来的规划相匹配。可以说过去和未来都被召唤来同邪恶的现在进行战斗。"[122]不仅过去和未来都被召唤来同邪恶的现在进行战斗,而且遥远的欧洲大陆和眼前的教会法院适用的教会法都被召唤来同眼前的邪恶进行战斗。

(二)沉默权起源的历史同时也是人们争取民主和自由的历史

争取沉默权的斗争是在争取政治自由和宗教自由的环境中进行的。宣誓程序一开始是运用于教会法院;但是当国王已经成为宗教领袖时,世俗法院就既是国王镇压人民反抗的工具,同时也是教会迫害宗教异端有力的工具。正是在异端案件和政治案件中,沉默权才得到那些热爱自由的人们所主张。在16世纪晚期和17世纪早期,社会政治斗争的焦点就是要建立一个更加能够保障个人自由的、更加能够代表民意的民主的代议制政府。立宪政府就是在对国王的统治权力进行限制的斗争中脱颖而出的。在这个斗争过程中,其最著名的阶段将注意力集中于国王的征税权和监禁权;而斗争的第一个阶段则集中于对国王的特权法院——包括高等委员会——的强迫被告人进行自我指控的纠问誓言的运用——并且取得了卓有成效的结果。哪里有压迫,哪里就有反抗。沉默权看起来似乎首先是有罪被告人的一项特免权,是给予犯有宗教罪行和政治罪行的人的一项特免权。但是它实际上既不仅仅是有罪被告人的特免权,也不仅仅是对无辜被告人的一种简单的保护。它是人们诉讼价值准则提高的反映,同时也体现了人们

---

〔120〕 Gregory W. O'Reilly, *supra* note 12, at 414-415.

〔121〕 前引〔美〕伯尔曼著,《法律与革命》,第135页。

〔122〕 同上书,第136页。

对人格的慎重思考和尊重。因此,从更加广泛的意义上说,沉默权不仅是对有罪被告人和无辜被告人的保护,而且是一种任何人都享有的自由表达的权利,是一种政治权利,是一种人们乐于珍视的权利。所以,利维说道:(反对自我归罪的特免权)与宗教自由和言论自由有着最紧密的联系。它一开始毫无疑问是那些被指控犯有宗教罪行——比如异端罪(heresy)、分裂教会罪(schism)、不尊奉国教罪(nonconformity)等——的被告人的发明。后来,它又成为政治罪行——例如叛逆(treason)、煽动诽谤罪(seditious libel)以及违反议会特免权罪——更经常的倒是,一些更加轻微的罪行,例如批评政府的政策或它的官员等——之被告人的斗争工具。所以,这项权利是与所谓良心上的犯罪、信仰上的犯罪以及社团方面的犯罪是联系在一起的。[123]正是在这个意义上,人们认为,“沉默权的确立是人类文明的斗争历程中最伟大的里程碑之一”“是在向人类社会进化的过程中产生的一种道德感情”“是关于个体的重要性的经常存在于我们的信仰当中的一个纪念品”。[124]

(三)沉默权的确立是司法走向文明的一种标志

无论是1215年的《大宪章》,还是在这一年召开的第四次拉特兰宗教会议,都对沉默权的产生有着不可低估的作用。黑格尔曾经说道:恶也是推动社会进步的一种力量。也许,如果没有中世纪黑暗的基督教会,如果没有教会法院以及英国国王控制的世俗法院适用的纠问式诉讼程序,沉默权在今天可能会是另外一种东西。因此,从历史上看,主张沉默权一开始就是与反对纠问程序、反对自我归罪紧密地联系在一起的,沉默权是纠问式诉讼程序的直接对立物,它是在人们反对纠问程序中要求犯罪嫌疑人、被告人如实回答针对他提出的所有

---

〔123〕 Levy, *supra* note 5, at 332.

〔124〕 Levy, *supra* note 5, at 332.

问题的过程中产生出来的。如果说，在英国早期，主张沉默权还只是世俗法院与教会法院进行斗争的一种策略的话，那么，到了后期，在世俗法院本身也采用了纠问程序并广泛运用自我归罪证据的情况下，沉默权就成为人民争取民主和文明的审判方式的一种重要的斗争工具了。总而言之，争取沉默权的斗争是对纠问程序和如实陈述义务这种违背人的主体性原则，侵犯人的基本尊严的野蛮的司法程序的一种反抗，是正义向不正义的宣战，是理性对反理性的抵制，是文明与不文明的对立，它的确体现了文明的成功和人类的进步。

第二章　沉默权的发展

——从法律权利到现实权利

第一节　早期沉默权的缺陷

在美国,有学者认为,在 17、18 世纪,并不存在沉默权;沉默权的产生是 18 世纪末的事情。例如,约翰 · H. 郎本(John H. Langbein)曾说:"反对自我归罪的特免权——任何人在任何刑事案件中不得被迫作为反对自己的证人之权利的保障——是一个在英美国家刑事诉讼程序的历史发展中具有分界意义的事件。以前的历史学家都将普通法中这一特免权的起源放在 17 世纪的后半期,并把它作为导致取消星座法院和高等委员会的宪法斗争的结果。但是,普通法中沉默权的真正起源不是存在于英国革命的上层因素,而是存在于 18 世纪末期崛起的对抗式刑事诉讼程序。反对自我归罪的特免权在普通法中是辩护律师的杰作。"[1] 他还认为,充分的反对自我归罪的特免权是在证人特免权进行扩充性类比的基础上发展起来的,这样的特免权扩充到要求明确的放弃甚至在当事人作证后还可以主张,而且,还包括排

---

〔1〕 John H. Langbein, "The Prvilege and Common Law Procedure: The Sixteenth to the Eighteenth Centuries", in R. H. Helmholz et al, *The Privilege Against self-incrimination: Its Origins and Development*, the University of Chicago Press, 1997, at 82.

除规则的救济。

郎本的视角虽然有一定的道理,但也有一系列的历史事实证明,在17世纪晚期,普通法已经承认了沉默权的合法地位。从李尔本案件开始,反对自我归罪的权利已经在普通法以及英国所有的法律中建立起来。1656年公开出版的一本名为《英格兰法律》的书中写道:纠问誓言违反了自然法,并宣称,*nemo tenetur* 这一格言得到所有人的承认。[2] 反对自我归罪的权利并不排斥讯问,也不排斥归罪讯问,但是它允许被告人拒绝回答,并且不会因此而招致对其产生的偏见和惩罚。另外,早在1649年查尔斯时代,沉默权就已经延伸至证人身上。[3] 1660年,在审理一个被指控犯有叛逆罪的清教徒的案件中,首席大法官克林(Kelyng)问被告人是否愿意在他作出判决以前承认自己的罪行,并补充说:"你没有义务回答我的问题,但是如果你不愿意回答,我们自己将会证明它。"[4]

17世纪末期,扩展了的反对强迫自我归罪原则已经完全得到接受。例如,1696年,首席大法官乔治(George)就宣称:"人们已经被问及他们是否曾经被因为重罪而被定罪或者得到宽宥,或者他们是否曾经因为轻微的盗窃而受到鞭笞,他们已经没有义务回答这些问题,尽管对这样的问题的肯定回答并不会导致对他们的定罪或者刑事处罚,但是它们会导致对他的名誉的损害。而如果它确实是不名誉的事情,这就足以使他有权拒绝回答这样的问题。"[5]同时,1696年,议会通过的制定法也进行了有力的改革,它赋予重罪案件被告人传唤证人并允许他们提供宣誓证言的权利,这一权利在1701年时延伸至所有的重罪案件被告人。这一法案同时还赋予被告人获得一份告发书副本的

---

〔2〕 Leonard W. Levy, *Origins of the Fifth Amendment*, Macmillan Publishing Company, 1986, at 312.

〔3〕 Levy, *supra* note 2, at 313.

〔4〕 Levy, *supra* note 2, at 314.

〔5〕 Levy, *supra* note 2, at 318.

权利和获得懂得法律知识之律师进行完全的辩护的权利。[6]

当然,早期的沉默权与现代沉默权比起来自然是不够完善的。从对李尔本案的介绍我们可以看到,普通法上所确立的沉默权规则似乎只是保证:只有在有足够的理由怀疑某个特定的人犯有罪行时,才允许要求该特定的人回答可能导致自我归罪的问题。在17世纪末期,普通法上所确立的沉默权仅仅是一项有限的权利,这种权利在法律规定的特定情况下可能不得主张。现代的反对自我归罪的特免权包括对任何可能导致自我归罪的问题在任何情况下都可以拒绝回答或者保持沉默。但是在17世纪,情况显然不是这样。

另外,尽管沉默权已经在普通法上得到确立,由于种种原因,人们行使沉默权的频率显然不够普遍。而这是由于与沉默权相关的制度还没有建立起来。如果对英国普通法所适用的刑事诉讼程序进行仔细的考察,我们将会发现,在当时的情况下,被告人要在诉讼程序中有效地主张沉默权几乎是不可能的,因为当时的普通法并不允许被告人会见律师,同时也对沉默权的行使附加了一些限制。而在没有专业人士帮助的情况下,被告人除了自己为自己辩护外别无出路。来自法官的“帮助”只是偶尔发生,而且这种帮助也不足以保护那些被指控犯有一般重罪(相对于叛逆罪)的人。所以,当我们考察17、18世纪英国刑事诉讼的历史时,我们经常发现被告人几乎总是开口说话,他们的陈述可以是未经宣誓的(其他证人则不行),当时他们仍然被允许代表自己的利益发表广泛的意见,而且几乎所有的人都这样做了——其中一些还确实具有相当的辩护的力度。但是,如果他们什么也不说,就没有人为他们说话。在这样的环境下,主张不回答可能导致自我归罪的问题的权利实际上是在放弃从实质上进行辩护的权利。没有活跃的辩护律师的参与,“无人有义务揭露他自己”就仅仅是一句在理论上值得尊重的格言,它在实践中的运用则受到严格的限制。只有在律师的

---

〔6〕 Levy, *supra* note 2, at 321.

充分参与、或者有人能代替被告人自己进行辩护的时候,反对自我归罪的特免权才能成为普通法中保护被告人权利的有效规则。

尽管如此,我们也无法否认沉默权在17世纪即已得到确立的事实。即使法律规定被告人无资格在自己的案件中提供证据,被告人仍然有权说话。所不同的是:在现代的刑事诉讼程序中,被告人如果选择作证,亦即放弃沉默权,则其陈述可以作为证据采纳;而在16—19世纪的英国,被告人虽然可以选择说话,但是他说的话不能作为证据采纳。郎本的观点,实际上忽视了普通法允许人们保持沉默的事实,也没有认识到一项道德权利在上升为法律权利之后,并不总是能够立即实现为现实权利。在很多情况下,法律所规定的权利仅仅是人们所追求的一个目标,这个目标能否得到实现还有待于权利主体的努力和体制本身的完善。

对于沉默权而言,在17世纪到18世纪,尽管已经得到人们的普遍认同,但是由于诉讼程序规则以及证据规则本身的不完善,沉默权实际上很少为人们所主张。对嫌疑人行使沉默权构成障碍的程序规则以及证据规则主要包括三个方面。兹分述如下。

一、“被告人说话”的诉讼模式以及由此决定的禁止律师介入的诉讼规则

在刑事审判中,“被告人说话”模式和“辩护律师检验起诉”模式是在不同的时期先后出现的两种审判模式,也是两种不同的审判理论。其中,出现在前的是“被告人说话”模式,这种模式的特征在于:

第一,它依赖于被告人在法庭上如实地回答对他提出的所有问题。被告人实际上是作为口头证据的来源。在1721年,一个叫霍金斯(William Hawkins)的人发表了一篇非常有影响的论文。在这篇论文中,霍金斯认为:

> 被告人不需要律师,因为,如果他是无辜的,他会比任何律师都要有效(地为自己进行辩护)——“任何一个具有一般理解能

力的人都能够适当地陈述事实，如同最好的律师所做的那样”；然而，如果被告人是有罪的，那么，他的陈述、他的手势、他的表情，以及他的所有其他的辩护行为，当他们试图为自己开脱时，经常会有助于揭露事实真相，而这些事实真相在由别人来代替他们进行经过修饰的辩护时，就不一定能揭露得那么充分。[7]

第二，审判法庭被认为就是充当刑事被告人的律师的角色。在16世纪的普通刑事案件中，既没有起诉律师，也没有辩护律师。因此，法官就有义务帮助起诉人支持起诉，也有义务（在一个特定的、严格限定的意义上）为被告人进行辩护。约翰·彼特（John Beattie）认为，法院作为被告人的律师意味着“法官必须保护被告人不受非法程序、错误告发等诸如此类的侵害。它并不意味着法官要帮助被告人进行辩护或以他们的支持者的身份来行动”。[8]

实际上，把法官看做律师的做法完整地表达了这样的观点，即：从某种特定的意义上说，被告人其实不需要律师。这种观点在实践上所导致的结果就是：被告人必须自己替自己说话，自己进行辩护，必须回应对他提出的起诉和反对的证据，而且在作出这种回应时，他们还必须表现得好像他们是第一次听说有这种事情、第一次听说有这种证据，以使得法官相信他们的无辜。所以，如果他们自己不替自己进行辩护，就将没有人替他们辩护。

第三，法官在讯问被告人时，有时候也会采取不偏不倚的态度，以显示自己的公正。正是由于法官经常以正义和中立的裁判者自居，所以，他们往往也就认为，给予被告人说话的机会，实际上就是赋予其进行自我辩护的机会。而如果被告人在这种情况下拒绝进行自我辩护而保持沉默，那么，一方面，法官会认为这是放弃辩护的机会，另一方面，法官还会进一步认为，被告人之所以放弃辩护的机会是因

---

[7] John H. Langbein, *supra* note 1, at 86.

[8] John H. Langbein, *supra* note 1, at 85.

为他本身就是有罪的，因而在他内心充满了罪责感，所以他无须辩护。[9]

只要这种审判理论及其指导下的审判方式不改变，被告人拒绝就反对他的证据作出回答的做法无异于自杀。没有律师的介入，被告人的口头陈述和辩护功能将不可避免地混合在一起，因而，拒绝说话必将导致所有辩护手段的放弃。资料表明，刑事被告人实际上并未主张任何类似这样的自我毁灭性的权利。直到18世纪末，对几乎所有的刑事被告人来说，辩护就意味着对所有的指控证据及其细节作出回答；只有在辩护律师有了相当的实力以后，“辩护律师检验起诉”的审判模式才得以发展，反对回答可能导致自我归罪的问题作为一项特殊的权利也才在普通法的刑事诉讼程序中成为可能。

二、因利害关系取消被告人作证资格的证据规则

1689年革命后最重要的成果毫无疑问包括在刑事审判方面的日趋公正的强有力的改革。政治审判在各类案件中已经越来越少了。革命之后，刑事审判已经变得体面和高贵起来，也日益变得人道起来。它的启动和进行主要依赖于私人的推动，对于指控而言，法官实际上是漠不关心。所以，需要主张反对自我归罪的权利的环境从实质上说已经消失了。与此同时，另外一个重要的规则在法律中成熟起来，这就是因利害关系而取消作证资格的原则。它首先出现于民事诉讼当中，后来逐渐延伸到刑事案件，它使得被告人在自己的案件中无资格为自己作证。任何一个与审判结果有利害关系的个人都被认为有一种作伪证的不可抵御的倾向，因而他们的证言也就是不值得相信的。在所有的这些人当中，被告人与审判结果的利害关系又是最为明显的。所以，尽管他可以代表自己的利益说话，可以提供未经宣誓的证

---

〔9〕 John H. Langbein, *supra* note 1, at 83.

言，但是却不能在宣誓的情况下作证。[10] 被告人的宣誓证言即使不是完全代表自己的利益，至少也是对他自己有利的。所以，在17世纪末期，宣誓作证的规则被取消作证资格的规则所代替，被告人作为证人的身份在审判中必须绝对排除。从此以后，一直到1898年，在英格兰的刑事诉讼中，被告人都没有资格为自己提供宣誓证言。他被取消作证资格的规则的时间，正好是他的反对自我归罪的权利得到加强的时间。它与这样一种观念混合在一起：他必须受到免遭交叉讯问的保护，因为这种讯问可能会引出自我归罪的结果。这两个原则尽管源自不同的目的，但是却导致共同的结局：保护被告人免遭讯问，以避免其回答导致其遭受刑事定罪的危险。[11]

被告人在刑事案件中不允许作证是因为他与诉讼结果有利害关系，但是还有更深层的原因存在于一个被不合逻辑地加以运用的格言当中：*nemo tenetur prodere seipsum* ——没有人有义务背叛他自己（No one should be obliged to give himself away）。这一规则扎根于证人的反对自我归罪的特免权。第一眼看起来，它看上去是很奇怪的，一个反对自我归罪的特免权居然通过禁止所有的被告人代表他们自己的利益提供宣誓证言而不得不与自我开脱相冲突。但是有一个历史性的原因可以解释这个问题。星座法院强迫所有被带到它面前的被告人宣誓回答所有的问题，这种实践构成星座法院并不广泛的裁判机制的一部分，它对加在被告人身上的问题的性质及其回答的效果并没有一个正当的观念。这里要引用格兰维尔·威廉姆斯博士（Dr. Glanville Williams）的一段话：星座法院被取消以后，人们坚持认为，强求被告人宣誓的程序与神法和自然法是相矛盾的，它也是仅存于人们记忆中那些邪恶的日子。[12]

---

〔10〕 Levy, *supra* note 2, at 324.

〔11〕 Levy, *supra* note 2, at 324.

〔12〕 D. M. Byrne QC & J. D. Heydon, *Cross On Evidence*, third Australian Edition, at 310-311.

三、纠问式的审前程序

证明16—18世纪普通法院诉讼程序中的审前程序具有纠问式特征的主要证据是1555年的《马利安监禁条例》(Marian Committal Statute of 1555),它要求治安法官在被告人被逮捕后立即对其进行讯问。治安法官必须记下被告人说过的任何词句,这些词句将是证明重罪的材料。《马利安监禁条例》指示治安法官将这一记载被告人口供的文件移送给法庭,在这里,它将被用来作为反对被告人的证据使用。《马利安监禁条例》还要求治安法官约束被害人和其他起诉证人以保证他们出席法庭证明被告人有罪。

《马利安监禁条例》中的治安法官不是经过训练的专业法官,他们不像欧洲大陆的法官那样能够做到不偏不倚地收集证据。实际上,《马利安监禁条例》也没有要求他们这么做,它仅仅要求他们收集控诉证据。[13]

在这个审前程序中,没有人警告被告人说:"你无须回答问题;你所说的话都将在法庭上作为反对你的证据使用。"相反,在审前程序当中,对被告人进行讯问的法官经常是指控被告人的最主要的证人,而且其指控就经常建立在他对被告人进行审前讯问的记录基础上,或者将这一记录作为控诉证据来宣读。直到1848年——那时候已经是现代律师在刑事诉讼程序中占据统治地位的时代——的《杰维斯法案》(John Jervis's Act)出台前——都还没有这样的警告。直到那时,被告人仍然被希望回答治安法官提出的问题,

所以,16世纪、17世纪、18世纪的审前程序都被设计成让被告人担任提供反对他自己的证言的角色。在审前程序中已经削弱了自己力量的被告人将会发现,任何理论上的反对自我归罪的特免权在审判

---

〔13〕 John H. Langbein, *supra* note 1, at 91.

程序中都没有什么价值。因为,“如果他拒绝在法庭上作证,或者他收回他在审前程序中所作的陈述,他的陈述仍然将被作为反对他的证据使用”。[14]

实际上,莱昂纳德·利维已经充分意识到了马利安审前程序的特征。他说:“18 世纪早期,反对自我归罪的权利在刑事诉讼中占绝对的优势,但是有一个致命的例外,那就是,在审前程序中,嫌疑人无权保持沉默;在讯问当中,治安法官既是起诉人,又是警察,还是法官;他从嫌疑人身上所获得的任何供述都将在法庭上被用作反对他的证据;他签名的口供实际上相当于有罪答辩;如果他在法庭上拒绝承认他的口供或否认他的口供,治安法院的两名治安法官或两名证人将作证,证明那就是他作出的供述,这就足以对他定罪。”[15] 利维得出结论说:“出于所有的实用目的的考虑,嫌疑人反对自我归罪的特免权在刑事诉讼的审前程序中实际上很少存在。”[16]

值得一提的是:尽管郎本和利维都认为 17、18 世纪的被告人在审前程序中无权保持沉默[17],但是他们都没有举出在审前程序中要求被告人必须回答问题的证据。郎本反复提到的《马利安监禁条例》也只是规定治安法官必须进行讯问,而没有规定嫌疑人必须回答讯问。恰恰相反,“实际上,任何拒绝回答问题的行为,不管是出于他自己的愿望还是出于接受别人的建议,都将被治安法官记录下来并在法庭上宣读”。[18] 可见,《马利安监禁条例》并未赋予嫌疑人在审前程序中必须回答的义务,也没有赋予治安法官强迫嫌疑人回答讯问的手段。事实上,作为强迫回答最有效的手段——拷打,在普通法中一

---

〔14〕 John H. Langbein, *supra* note 1, at 92.

〔15〕 Levy, *supra* note 2, at 325.

〔16〕 Levy, *supra* note 2, at 325; John H. Langbein, *supra* note 1, at 92.

〔17〕 Levy, *supra* note 2; John H. Langbein, *supra* note 1.

〔18〕 John H. Langbein, *supra* note 1, at 92.

直是被禁止的。[19] 所以,笼统地说17、18世纪的审前程序不存在沉默权,这种说法很难让人信服。但是,治安法官有义务讯问嫌疑人的规定,以及无义务告知嫌疑人享有沉默权的实践,的确在很大程度上妨碍了沉默权的实现。这一弊端被公认为在1848年《杰维斯法案》中得以消除。该法案规定,当开始对刑事被告人发问时,必须问他是不是希望进行陈述,并警告他,如果他选择作出陈述,他所说的话都将被记录下来并在将来的法庭上作为证据出示。[20] 这一法律规定的效果是,被告人在审前程序和审判程序的讯问中都受到严格的保护。这也是法律第一次要求在侦讯时警告被告人他有权保持沉默。治安法官直接告诉被告人他无须作出任何陈述,如果他作出陈述,它将在后来的法庭上被用来作为反对他的证据。郎本认为:"这一制定法可以认为是正式结束了马利安审前程序中治安法官审讯被告人的做法。"[21]

但是,*R. v. Green and Others*(1832)案清楚地表明,在1848年的制定法以前,在治安法官面前,被告人实际上就已经享有沉默权了。[22] 另外,阿克伯德(Archbold)于1840年出版的《治安法官》(*Justice of the*

---

〔19〕"1640年以后,拷打在英国已经消失。只要是存在反对自我归罪的权利的地方,就存在着反对拷打的必要。反对自我归罪的权利并不仅仅是在反对拷问的滥用的基础上发展起来的,但是,导致沉默权产生的力量同样导致了拷问的结束。"Levy, *supra* note 2, at 326. 1641年的自由法案(Body of Liberties)第45条规定:"任何人都不得被以拷打这种方式强迫承认自己犯有罪行,也不得被以其他方式强迫这样做,除非在一些重大案件中,他首先已经被清晰的和足够的证据证明为有罪;如果是出于自然本性上的原因,即很明显存在着其他共谋分子或者他的同盟,那么他可以被拷打,但是这种拷打不能是野蛮的或者不人道的。"Eben Moglen, "The Privilege in British North America: The Colonial Period to the Fifth Amendment", R. H. Helmholz, *supra* note 1, at 119-120. 与拷打有关的首要问题是,拷打的运用是根据国王的命令进行的,它是内在地不合法的,因为它不由法律来控制。第45条就是为了解决这种由于运用"依身份宣誓"程序而带来的痛苦。

〔20〕See Henry E. Smith, "The Modern Privilege: Its Nineteenth-Century Origins", R. H. Helmholz, *supra* note 1, at 169.

〔21〕See Henry E. Smith, *supra* note 20, at 147.

〔22〕Christopher Allen, *The Law of Evidence in Victorian England*, Cambridge University Press, 1997, at 126.

Peace)一书也提到：

> 当治安法官问被告人他是否有什么需要为自己进行辩护的时候，他必须以公正的态度，并告知他不要从自己的供述当中获得任何好处，而且他所作的任何陈述都将被记录下来并在法庭上作为证据宣读；同时，如果在此以前被告人遭受过任何威胁，治安法官都要告知他不要受这些威胁的影响；在这以后，他是否作出陈述将完全由他自己作出决定；他不会被强迫作出供述，也不会被说服作出供述。[23]

这些事实说明，嫌疑人在审前程序中享有沉默权本来就是普通法规则的一个重要组成部分，1848年《杰维斯法案》并非对《马利安监禁条例》的否定，而是对该条例的修正，同时也是普通法规则的延续。从历史的角度而言，实在不能对该法案给予过高的评价。

第二节 刑事诉讼由“被告人说话”模式向“辩护律师检验起诉”模式的转变

一、律师帮助权的确立与扩张

不允许由律师代替被告人进行辩护的规则从1696年到1837年间开始松动。最开始是在叛逆案件中，然后是在重罪案件中。尽管被指控犯有一般重罪者在17世纪30年代就可以聘请律师，但是直到17世纪80年代，辩护律师才从其数量上显示出其重要性。[24]

但是，获得律师帮助的权利是逐步确立起来的，并且遇到了一些

---

〔23〕 Christopher Allen, *supra* note 22, at 126.

〔24〕 John H. Langbein, *supra* note 1, at 82-83. 有一组数字可以说明律师数量上的变化：开业的大律师(Barrister)数在1785年为379人，1790年为424人，1800年为577人，1810年为708人，1820年为840人，1830年为1129人，1840年为1835人。Christopher Allen, *supra* note 22, at 149.

阻力。在1649年,大法官巴尔斯托德·怀特洛克(Bulstrode Whitlock)曾经指出:“被告人应当有一个律师代替他进行法律答辩,但是法律却没有赋予他们这样的权利,我认为,出于正义的考虑,应当对这样的制度进行改革,应当赋予人们这样的权利。”〔25〕而当时的法律理论却认为,法庭将会就与法律有关的问题向被告人提出建议;与之相矛盾的一种理论认为,在法律产生疑问的地方,法庭会允许被告人获得律师的帮助。〔26〕 在实践当中,不管被告人对法律有多么无知,也不管他是多么的无助,他都只能进行自我辩护。〔27〕

就在有些学者极力推动辩护律师参与刑事诉讼的同时,也有的学者极力反对律师在刑事诉讼中发挥作用。杰弗里斯(Jeffreys)就是强烈反对推行律师规则的人之一。他公开声称律师的介入实际上起着阻碍诉讼的作用。他说:“我认为,对于一个两便士的官司而要求这个人必须获得律师的帮助,这是非常困难的事情;而在偷盗、谋杀或重罪、叛逆等案件中,他又不能拥有律师,也不能提供宣誓证人:就我所知,实践中的法律就是如此,并且实践就是法律。”〔28〕

如前所述,霍金斯也曾经激烈地反对辩护律师介入刑事诉讼。霍金斯认为:“任何一个具有一般理解能力的人都能够适当地陈述事实,如同最好的律师所做的那样。”〔29〕霍金斯的观点给人的感觉是,被告人开口说话是值得想往的,不论他是洗清自己,还是吊死自己;允许律师搅和到发现案件事实真相的程序中来将会损害审判的基本目的:听被告人说话,而不是听其他人的经过加工的辩护。

这样的论点当然不是没有人反对。约翰·彼特就对那些没有能力进行自我辩护的被告人在法庭上的可怜的行为进行了描述:

---

〔25〕 Levy, *supra* note 2, at 322.

〔26〕 Levy, *supra* note 2, at 321.

〔27〕 Levy, *supra* note 2, at 321.

〔28〕 Levy, *supra* note 2, at 321.

〔29〕 John H. Langbein, *supra* note 1, at 87.

那些不习惯在公共场合说话的人们突然发现自己在一个不熟悉的环境里成为公众注目的焦点——这些人也是人类当中衣衫肮脏、营养不良、并且毫无疑问经常生病的那一部分——他们并不经常精神饱满地进行质证或抗议摆在他面前的对他不利的证据。当然,并非所有的刑事被告人在法庭上都是毫无准备或者张口结舌,但是,色雷区巡回法院印制的有关审判的报告表明,能够在陪审团面前就控方证据提出尖锐的问题、或者能够有效地维护自己利益的被告人,仅仅是一个例外。[30]

反对律师辩护的规则的目的(这一目的明白说来就是希望通过被告人的陈述获得口头证据以及证据的线索)必然会在相反的方向上导致反对沉默权规则的目的(尊重被告人的选择自由)。因此,反对自我归罪的特免权在一定程度上可以说是辩护律师的创造。在“被告人说话”的审判程序中,被告人提供口头证据的功能混合了辩护的功能,所以,“当没有其他人为你说话时,保持沉默的权利就纯粹是切割你的喉咙的权利”。[31]

禁止辩护律师介入刑事诉讼规则的首次松动是在1696年的叛逆法当中。在1690年代,人们开始认识到,在斯图亚特王朝统治的后期,其对叛逆犯罪的审判程序是不公正的。特别是在1670年到1688年的革命这段时期,有许多在政治上非常显耀的人物,由于不具备对无根据的指控进行自我辩护的能力而遭受定罪和以叛徒的罪名被判处死刑。当时的人们普遍认为,在叛逆案件中,王座法院的法官经常带有偏向性,他们总是向着国王。而在一般重罪案件中,法官不会这样。

因此,1696年的《叛逆法》(the Treason Act of 1696)在序言中宣布,被指控为叛徒的人应当被允许“在这样的案件中赋予其正义的和

---

〔30〕 See John H. Langbein, *supra* note 1, at 86.

〔31〕 John H. Langbein, *supra* note 1, at 87.

平等的手段以为其无辜进行辩护"。[32]这一法律允许被告人在审判5日前获得告发书的副本;它允许被告人就告发书的问题接受律师的建议,它还规定了在审判阶段可以由律师行使充分的完整的辩护的权利——这意味着辩护律师将不仅可以进行直接询问和交叉询问,而且还可以就被告人的利益在陪审团面前发表陈词。这一法案还规定被告人有权提供辩护证人出庭听证,也有权要求这样的证人进行宣誓作证,还有权要求法官对他们签发出庭作证的传票。据说,这样规定目的就是为了实现控辩双方力量的平衡。[33]

辩护律师进入普通刑事案件审判程序是在1730年代,但不是通过立法达到这样的结果,而是通过法官的自由裁量而达到这样的结果。如前所述,叛逆案件的审判程序所依据的基本原理是"控辩平衡",而这种原理既然能够在叛逆案件中得到体现,那么它也就自然能够体现到对一般重罪案件进行审判的程序当中去。从1710年代到1720年代,在法庭上使用起诉律师的数量在谨慎地增长,而它所造成的结果上的不平等影响到法官放松了禁止辩护律师介入审判的禁令。但是使用辩护律师的数字在接下来的半个世纪里仍然是相当稀少的,一直到1780年代:

> 在1777年,一个审判法官在老贝利对当时的一个被告人说:"你的律师没有陈述任何事实的权利;他们被允许询问你的证人。在此他们可以陈述任何有关法律的事实;但是如果辩护的内容来自事实方面,你必须自己向陪审团进行陈述。"20年以前老贝利的两个案件中,当法官传唤被告人就起诉证据得出的结论发表自己的意见时,被告人说:"我的律师会代我说话。"律师马上纠正他:"我不能替你说话;你必须自己替自己说话。"在1789年,老贝利审判了一个谋杀案件,首席大法官巴朗·埃尔告诉被告人,由

---

〔32〕 John H. Langbein, *supra* note 1, at 97.

〔33〕 John H. Langbein, *supra* note 1, at 97.

> 于起诉方的主张已经为一个证据链所证实，而这将对其非常不利，因此，他希望被告人“能够对此有个交代。（因此）现在轮到你来为自己辩护；你可以尽你自己的能力为自己辩护，我们将洗耳恭听”。这时候被告人的辩护律师插话说：“我没有权利为你做这件事情。”[34]

由此可见，到18世纪中期，法官对禁止律师介入的规则虽然已经有所松动，但他们也对律师的作用进行了限制，其目的仍然是给被告人以压力，迫使其在法庭上说话。法官允许辩护律师质询和反质询证人，但是不允许其在陪审团面前发表演说，直到1836年法律赋予他们这样的权利。

在1836年，允许拥有代理人的权利延伸至所有案件。从此以后，被告人提供未宣誓证言的历史开始了，即使在他有代理人的情况下也允许他这样做。[35]

二、辩护律师检验起诉模式的形成

但是，即使在1836年法律赋予律师这样的权利之后，其在法庭上所起的作用也仍然是有限的。所以，即使在有辩护律师的场合，英国的法律也会告诉刑事被告人：“你必须自己为自己辩护。”[36]这种将被告人作为口头证据来源的企图是完全可以理解的。毕竟，被告人是最有效的证人。不管是有罪还是无辜，他都与被指控的事实有着最接近的关系。甚至在现代，欧洲大陆的法律制度仍然保留了将被告人作为口头证据的核心来源来对待的传统。

辩护律师在法庭上作用的加强得益于新的刑事审判目的观念。18世纪末期，关于刑事审判的目的方面出现了一种完全不同的新观

〔34〕 John H. Langbein, *supra* note 1, at 88.

〔35〕 D. M. Byrne QC & J. D. Heydon, *supra* note 12, at 560.

〔36〕 John H. Langbein, *supra* note 1, at 88.

点,这种新观点在19世纪占了上风。这种观点认为,刑事审判是为辩护律师检验起诉方起诉的案件提供的机会。反对自我归罪的特免权作为重建审判秩序的一个意义深远的部分,与排除一切合理怀疑的证明标准和现代刑事证据法中的排除规则一道,进入普通法的诉讼程序。[37]

反对自我归罪的特免权能够从一项富有争议的法律权利转变为现实当中客观存在的权利,可以说纯粹是对抗式刑事诉讼程序的产物。只有当现代的"检验起诉"的审判理论取代了"被告人说话"的理论以后,被告人才享有有效的拒绝回答指控的权利。这一新型刑事诉讼模式的历史担当者就是辩护律师,"他们悄悄地进入到刑事审判程序中,甚至没有引起太多的注意,然后进行了一场在今天的英美刑事司法程序仍然是意义深远的程序性革命"。[38]

在这段时间里,要求被告人自己进行辩护的希望消失了,辩护律师的介入使得被告人惊人的沉默变得可能,而这一现象曾经使得欧洲大陆的评论家们非常惊讶。早在1820年代,一个叫库突(Cottu)的法国官方观察家在给他的政府写的报告中提到:"在英国的刑事诉讼中,起诉律师被禁止询问被告人……在英格兰,被告人不是诉讼的任何一方。"[39]

恰如彼特(Beattie)所言,辩护律师"开始从根本上改变了将注意力集中在被告人身上的做法,而这种改变是通过质疑起诉所指控的案件事实的方式实现的,所以,控诉方越来越需要证实其主张"。[40] 这种"辩护律师检验起诉"审判模式的发展主要是由于律师职业的发展。这些发展及其所带来的刑事诉讼程序的变化主要体现在以下几个方面:

---

[37] John H. Langbein, *supra* note 1, at 83.

[38] John H. Langbein, *supra* note 1, at 96.

[39] John H. Langbein, *supra* note 1, at 98.

[40] John H. Langbein, *supra* note 1, at 98.

第一是律师职业化。对辩护律师的有效使用数量的增加引起了更多的对起诉律师的使用。从1770年代到1780年代,为重罪案件之起诉而形成的私人团体大量增加。这些复杂的组织提供多种功能的服务,但是他们的中心目标是被害人支付讯问的费用和在一个特定阶层的财产犯罪案件中担任起诉人。这些组织出现的浪潮是为了迎合当时更好地准备起诉的需要,而这种需要又是为了应付出现在法庭上的咄咄逼人的辩护律师"检验起诉"的危险。[41]

第二是辩护律师取代了法官的角色。随着律师担任起诉人和辩护人的工作——对证人进行直接询问和交叉询问——法官的重要性开始黯淡下来。法国的观察家库突在1820年写的文章中认为,起诉律师和辩护律师的使用在省级巡回法庭的审判中非常典型,但是在伦敦则并非如此。他发现:"法官们……对于正在发生的事情仍然十分惊奇"。[42]

第三是(证据)出示义务和举证责任规则的成长。英国的无罪推定原则和排除合理怀疑的证据规则是到18世纪的最后10年才建立起来的。[43] 而在此之前,如果在法庭上能对刑事被告人作出什么假定的话,这种假定也不是:任何人在被排除合理怀疑地证明有罪以前应当被视为无罪的假定。而是:如果他是无辜的,那么,他应当能够通过回应起诉方的证据作出有质量的回答来证明这一点。这一理论将被告人放在积极性角色位置上。他的地位是证明起诉是错误的。所以,当起诉方出示了证据后,法官转头问被告人:"你已经听到了所有

---

〔41〕 据考证,在威斯敏斯特宫,在1819年以后的15年时间里,大律师的数量一下子增加了1倍,以致几乎没有哪一个法庭能够提供足够的供律师使用的席位。而那些年轻的大律师又是那么急切地希望进行工作,在民事方面不能提供足够的案件时,刑事案件就是一个十分诱人的市场。Christopher Allen, *supra* note 22, at 149-150.

〔42〕 John H. Langbein, *supra* note 1, at 99.

〔43〕 "排除合理怀疑的证明标准才在英国法律中有明确的表述。" See John H. Langbein, *supra* note 1, at 89.

的证言，现在，你会为自己说些什么呢？"法官的问题所暗含的意义是十分明确的。当一个人仅仅回答"我不是贼"时，法官就会说："证明这一点。"[44]这时，他已经陷进去了。

到18世纪末期，控诉方和被告方的交锋代替了原先存在的"自然的争论"。辩护律师所起的作用日益加强，控诉方和被告方交锋的概念也日益发展——这意味着，控诉方必须出示它所有的证据，而且，在被告人出现在有争议的证据面前之前，控诉方还要遭受辩护律师提出的动议的直接裁决。同时，建立在无罪推定基础上的排除合理怀疑的证明标准形成了。与控诉方的证据出示义务一道，排除合理怀疑的证明标准起到了鼓励辩护律师建议被告人保持沉默的效果，他们坚决认为控诉方所指控的事实应当通过其他途径而不是被告人的供述得到证实。

第四是对陪审团的指示。发生在这一时期的控制陪审团的实践方面的变化以《福克斯诽谤法》(Fox's Libel Act of 1792)最为显著。该法案实际上是对法官在控制陪审团作用方面的重要性下降的反映。律师的增长控制了法庭的行为方式，而这与传统的控制陪审团的方式——以法官和陪审团之间随意的亲密关系为先决条件——具有非正式的性质——是不相一致的。[45]

随着抗辩式诉讼程序的逐渐展开，辩护律师在18世纪的后半期常常出于策略上的考虑而让被告人保持沉默。律师们非常欢迎这个往旧瓶子里添加新酒的机会，乐于将 *Nemo tenetur prodere seipsum*——无人有义务指控他自己——这一格言解释为是反对自我归罪之特免权的权威来源。

---

〔44〕 John H. Langbein, *supra* note 1, at 89.

〔45〕 John H. Langbein, *supra* note 1, at 98-99.

第三节　“取消作证资格”规则的废除

在19世纪的证据规则中,被告人被取消作证资格的规则被认为是与反对自我归罪的特免权直接相冲突的。在这一规则之下,被告人及其配偶保持沉默不是出于自愿,而是出于强迫。被告人和他的妻子无资格作证的规则被爱德华·克拉克(Edward Clarke)爵士描述为“我所见到的法官造法中最糟糕的例子”;他认为这是一个对无辜的被告人非常不利而对有罪的被告人一般都会有利的规则。[46] 郎本认为:“与沉默的权利相去甚远,取消作证资格完全是当事人的一种负担。”[47]但是这一规则被坚持的理由据说是因为取消这一规则将导致对被告人不公正的对待。因为,一旦他被允许提供证据,他将面对严酷的两难选择:要么保持沉默并面对由此引起的相反的推论;要么面对交叉询问的残酷考验,这种考验可以使一个完全无辜的人处于非常黑暗的境地。[48]也有学者认为,禁止被告人以自己的名义提供宣誓证言的规则对有罪被告人而言是有益的,因为它会给陪审团成员留下这样的印象:他本来完全有能力为自己进行辩护,但是却不幸地被这样的规则阻碍了他真实的本性。[49]

仔细地对这一规则进行思考的话,从另外一个角度来看,取消被告人作证资格的规则并不否定保持沉默的权利。[50] 因为在那个时代,具有作证资格,就意味着可以被强行传唤出庭作证。[51] 所以,从

---

〔46〕 D. M. Byrne QC & J. D. Heydon, *supra* note 12, at 561.

〔47〕 See Henry E. Smith, *supra* note 20, at 147.

〔48〕 D. M. Byrne QC & J. D, Heydon, *supra* note 12, at 561.

〔49〕 D. M. Byrne QC & J. D, Heydon, *supra* note 12, at 311.

〔50〕 它对被告人的不利之处不在于它剥夺了被告人保持沉默的权利,而在于它剥夺了被告人提供证据的权利。所以,如果以这一规则的存在而否定沉默权的存在,理由显然是不充分的。

〔51〕 此论断可见于 Christopher Allen, *supra* note 22, at 109.

这个角度而言,取消被告人作证资格的规则确实是反对自我归罪的特免权规则的一部分。而且,这一观点也确实得到一些学者的认同。例如,在1883年,斯蒂芬就将无作证资格的规则看做是无义务起诉自己(Nemo tenetur)的政策的补充,而不是将它作为与反对自我归罪的特免权相冲突的一个规则而存在。[52] 当时的很多学者不赞成废除被告人无资格作证这一规则,就是因为担心它会对沉默权的行使带来负面的影响。[53] 就像博丹斯基指出的那样,那些反对废除无作证资格规则的人认为,废除这一规则将导致对被告人行使反对自我归罪的特免权的损害。[54] 评论者们承认废除这一规则确实存在这样的风险。

但是,充分的沉默权应当包括提供证据的权利。沉默权应当是在保持沉默与作出陈述之间进行选择的权利。如果被告人仅仅可以保持沉默,而不能够为自己作证,或者说自己的陈述不能被认定事实的法官作为证据来考虑,那么,这样的沉默权仍然是不完整的。所以,取消被告人作证资格的规则与反对自我归罪的特免权既存在着一致的地方,也存在互相冲突的地方。当时的一个学者格林利夫也意识到,在证人特免权规则(主要是取消作证资格的规则)与口供规则(主要是沉默权规则)之间存在着不协调的地方。他试图寻求将对待证人的方式解释为在口供规则之下的对待刑事被告人的方式。[55] 格林利夫将 *Nemo tenetur* 与取消作证资格的规则联系起来的做法的确是新颖

---

〔52〕 Henry E. Smith, *supra* note 20, at 178.

〔53〕 也有学者主张废除取消作证资格的规则,例如边沁。但是,边沁的着眼点不是要在确认沉默权的基础上废除取消作证资格,而是要将沉默权连同取消作证资格以及所有的证据规则一并废除。他认为证据是应当由法官自由判断的,即使被告人或证人提供虚假证据,该项证据也是有价值的,不需要法律预先规定对这样的证据必须予以排除。边沁尤其痛恨沉默权这样的证据规则。他认为这一规则纯粹是妇人之见。很显然,边沁的出发点与其同时代学者的出发点是不一样的。关于其观点的论述,详见 William Twining, *Theories of Bentham and Wigmore*, chapter 2; or R. H. Helmholz, *The Privilege Against self-incrimination: Its Origins and Development*, chapter 1.

〔54〕 See Henry E. Smith, *supra* note 20, at 179.

〔55〕 Henry E. Smith, *supra* note 20, at 151.

的。将取消作证资格描写为特免权而不是义务在这一新颖的背景中对 *Nemo tenetur* 这一格言确实是比较适应的。由于它本身就没有确定的含义,就像一个魔咒一样在任何沉默成为问题的场合都可以引用。更广泛地说,格林利夫应当被看做与沉默权有关的法律方面的革新家。但是,尽管有这些论著者们的努力,无资格作证规则仍然还是没有被认为与特免权完全协调一致。讨论的特点是,它始终以特免权作为补充。无作证资格并不是特免权本身,它仅仅在有时候阻碍了特免权的行使,而特免权则始终被认为是讨论的目的。[56]

与理论相反,立法上的做法不是努力调和取消作证资格与反对自我归罪的特免权之间的矛盾,而是废除取消作证资格的规则。现代的反对自我归罪的特免权在英格兰的最后一个插曲是废除因利害关系而取消作证资格的规则。这一规则的废除经历了长期的众多的争论。在关于是否以及怎样废除无作证资格规则的讨论中,反对自我归罪的特免权被反复地引用。这一过程发生于三个阶段:首先是对于有污点的非当事人;其次是对民事当事人的配偶;最后才是刑事被告人。一旦它被废除,反对自我归罪的特免权也就得以独立存在,被告人的沉默也才得以建立在强有力的特免权自身的基础上。

一、因定罪而取消作证资格(incompetency from infamy)规则的废除

直到19世纪,如果一个人因为不名誉的罪行被定罪处刑,他将没有资格在他的余生中成为证人。但是这一规则很快受到了挑战。在1828年《犯罪的公民权利法案》中,曾经允许他们在服刑以后可以作证,除非他们曾经被判伪证罪。1842年,丹曼勋爵(Lord Denman)提出了一个草案,该草案在序言中承认了因定罪而取消作证资格这一规则的不合理性,并规定:"任何人都不能以曾被定罪或存在利害关系为由

[56] Henry E. Smith, *supra* note 20, at 179.

被拒绝作证。"[57] 这一草案在下院获得了三读，但是由于碰巧与另外一个立法相冲突而未获通过。1843年，丹曼勋爵又提出了一个个人草案，该草案于同年8月17日在议会讨论，弗里德里希·波洛克(Sir Frederick Pollock)对该草案给予支持，草案在下院获得通过并得到国王的同意。《克罗斯论证据》(*Cross On Evidence*)一书中提到："1843年英国证据法已经规定，任何人都不得以被判罪而无作证资格为由而在任何程序中被拒绝提供证据。"[58] 所指的大概就是这一法律。

二、当事人的配偶在民事案件中获得作证资格

关于当事人的作证资格，早在1828年，布劳汉姆勋爵(Lord Brougham)就曾经呼吁要允许对当事人进行交叉询问；1845年5月19日，布劳汉姆又在下院发表了一通长长的演说，强烈谴责取消当事人作证资格的规则。[59] 他提出了一个在民事审判中允许对当事人进行交叉询问的草案，不幸的是没有获得通过。1851年，泰勒(J. Pitt Taylor)提出一个草案，建议在高级普通法院(superior courts of common law)赋予当事人作证资格。这一提案遭到丹曼勋爵的反对，但是由于健康原因，丹曼没有能够在议会讨论该草案时发表他的反对意见，不过他在一封发表在《法律评论》的信中表达了自己的观点。[60] 议会里也还有其他一些议员不同意草案第3条赋予当事人作证资格的规定，但是这一草案导致议会同意了对该草案第3条提出的修正案，该修正

〔57〕 Christopher Allen, *supra* note 22, at 101.

〔58〕 D. M. Byrne QC & J. D. Heydon, *supra* note 12, at 309.

〔59〕 Christopher Allen, *supra* note 22, at 101.

〔60〕 从这件事情可以看出，尽管Denman赞成赋予曾经被定罪的人以作证资格，但是不赞成赋予当事人作证的资格。实际上，他在1828年时就明确表示他不赞成将作证资格延伸到当事人身上。不过他的这一保守立场后来发生了改变。在同年《法律评论》发表的另外一篇文章中，他表示：1851年的法案"所作的清晰的和决定性的改革是有益的，或者，与其说对于发现真相、实现正义来说是必要的，不如说它对于防止伪证、并最终消除不正义的诉讼是有利的"。在写给Brougham的一封私人信件中，他再一次加强了自己的这一观念上的转变。Christopher Allen, *supra* note 22, at 110.

案赋予丈夫或妻子在民事诉讼中的作证资格，但是在刑事案件中，两者都不允许提供反对或支持对方的证据。[61] 尽管如此，该草案还是遭到了反对，最后不得不放弃关于赋予当事人作证资格的规定。然后，该草案获得通过，并于 1851 年 11 月 1 日生效实施。但是由于它没有能够赋予当事人作证资格和接受交叉询问的义务，该法案招致了广泛的批评。[62]

1853 年的《证据修正法案》(the Evidence Amendment Act 1853)终于接受了这些批评，其第 1 条规定：在任何案件中，当事人的丈夫或妻子都有资格并且有义务出庭作证。第 2 条规定，前条规定不适用于任何刑事案件和通奸案件。第 3 条规定，任何人都不得被强迫揭露自己在婚姻关系存续期间与配偶交流的内容。[63] 这样，英国证据法终于赋予了当事人的配偶在民事案件中为对方作证的资格。

三、被告人在刑事案件中获得作证资格

尽管在民事诉讼中，与案件存在利害关系的非当事人和当事人都先后被赋予为自己作证的资格，同时也承担接受交叉询问的义务——在其选择作证的情况下，但是，在刑事案件中，一直到 1858 年，关于被告人应当有资格在自己案件中作证的话题才开始在议会中得到讨论。通过对 1851 年法案批评意见的考察，布劳汉姆发现，反对这一法案的主要理由是，赋予当事人作证资格的规则将会引起无穷的伪证现象。布劳汉姆提醒议会注意，他早就已经对这种看法进行了反驳，而且后来的实践结果也证明他的观点是正确的。所以他建议，在刑事案件中，应当允许被告人提供宣誓证言——如果他选择这样做的话；并且，如果他这样选择了，他就必须接受交叉询问，尽管这有可能会使他招

---

[61] Christopher Allen, *supra* note 22, at 103.

[62] Christopher Allen, *supra* note 22, at 104.

[63] Christopher Allen, *supra* note 22, at 104.

致自我归罪的后果。[64] 他为此提出了一个草案,但是出于对王座法院首席大法官坎培尔勋爵(Lord Campbell)的尊敬,该草案被搁置了,议会认为必须由职业界和公众在议会休会期间进行充分的讨论。在此情况下,布劳汉姆又于1859年提出一个具有相同目的的草案。该草案在议会进行了一读,并获得部分法官的赞同。但是由于时间的缘故,进一步的程序没有进行。一年后,布劳汉姆第三次就此问题提出草案,这一次他在草案中同意,只有在轻罪案件中才允许被告人作证。[65] 遗憾的是,由于与上次一样的原因,法案再次搁浅。

1865年至1878年间,陆续有几个议案在下院提出,目的都在于解决被告人的作证资格问题,但都是有始无终。1879年,史蒂芬(J. F. Stephen)被授权起草一个刑事法典。该法典第368条规定,在控方结束指控后,法庭应当告知被告人他有权针对指控作出任何陈述,而如果他这样做了,他也将接受交叉询问;但是,他不必进行宣誓。[66] 该法典经皇家委员会修改后,其第523条规定,被告人及其配偶可以为辩护之目的在法庭作证。[67] 但是,这一法典在本届议会的会期内未获通过。

此后,总检察长霍尔克(Holker)与另一总检察长亨利·詹姆斯(Henry James)分别于1880年和1882年提出了两个包含1879年法典第523条之内容的法案,但是最终还是遭致了与1879年法典相同的命运。无论是1879年法典,还是1880年和1882年的议案,都试图通过一个完整的刑事法典的形式来解决被告人的作证资格问题,但这些努力都以失败而告终。

1888年,政府又提出一个议案,其第1条规定:

---

〔64〕 Christopher Allen, *supra* note 22, at 133.

〔65〕 Christopher Allen, *supra* note 22, at 133.

〔66〕 Christopher Allen, *supra* note 22, at 136.

〔67〕 Christopher Allen, *supra* note 22, at 136.

若某人被指控单独犯有某种罪行或与他人共同犯有某种罪行，则被指控者之丈夫或妻子（如果在该案中存在），可以在（其他）证人能被传唤作证之任何诉讼阶段，被作为证人而受到传唤，而不仅仅是在大陪审团面前接受审讯。[68]

并规定：

（1）未经被指控人同意，不得传唤其作证；（2）未经其本人同意，被指控人之丈夫或妻子不得被传唤作证，除非按照本法通过以前之法律规定，该丈夫或妻子可以在某一案件被强制作证；（3）按照本法所规定之目的而被传唤作证之人，不得被问及、或者即使问及、也不得被要求回答任何可能导致认定被指控人实施过某种罪行或曾因某种罪行而被定罪之问题，而不论该种罪行是否将引起对该被指控人之起诉，除非：（a）证明该被指控人所实施之其他罪行或被定罪之其他罪名之证据对于表明他被起诉的事实有罪之点而言为可采；或（b）被指控人曾经提供证明自己品格善良之证据。[69]

该议案在1888年2月21日进行了一读。一读之后总检察长理查德·韦伯斯特（Sir Richard Webster）建议必须进行二读。此时，最大的阻碍在于，来自爱尔兰的委员反对将这一立法适用于他们的祖国。这些委员的反对最终使这一议案归于破产。但是，任何力量都阻挡不住历史前进的车轮。1898年2月，上议院议长、首席大法官再次提出议案，该议案于3月10日在没有任何反对意见的情况下在上院通过二读。3月14日，该议案在下院通过一读。最后，以230票对80票通过二读。[70] 1898年8月12日，国王签署了这一法案。[71] 就这样，被

〔68〕 Christopher Allen, *supra* note 22, at 143.

〔69〕 Christopher Allen, *supra* note 22, at 143.

〔70〕 Christopher Allen, *supra* note 22, at 144.

〔71〕 Christopher Allen, *supra* note 22, at 144.

告人无作证资格的规则被废除,同时他被赋予不受审前交叉询问的保护。他从被告人席参与审判的权利变为提供未宣誓证言的形式。他的选择权在实践中得以实现,控诉方和法官都不得对他保持沉默的行为发表评论。不久,"这一立法很快被所有的普通法国家所采纳"。[72]

英格兰在 1898 年废除无作证资格规则的做法最终导致在制定法上确立了沉默权。如果对这一规则的废除没有伴随着制定法上对特免权的承认,那么制定法上的沉默就将像拒绝特免权一样拒绝无作证资格规则。因此,1898 年《刑事证据法》(Criminal Evidence Act)补充规定:"为适用本法,除非根据他自己的申请,否则(一个)(被指控犯罪的)人不能被传唤作为证人。"从而 1898 年法案在法典上确立了特免权,明确规定了非强迫性规则和刑事被告人的作证资格(能力)。[73]

四、被告人被赋予作证资格的原因

被告人被赋予作证资格的规则经历了这样漫长的辩论,提出了无数个议案,最终才在 19 世纪末得以确立。从 1688 年沉默权在普通法中得到广泛的承认到 1898 年英国议会以立法的形式对该项权利加以保障,其间经历了长达 210 年的时间。这段历史既是沉默权从法律权利上升为现实权利的历史,同时也是刑事诉讼证据规则从杂乱无章的普通法规则到有章可循的制定法规则的历史。在这个过程中,沉默权不仅从普通法规则脱颖而出,成为一项具有实际内容的现实权利,而且其内容也得到了丰富和充实。被告人不仅可以保持沉默,而且可以像其他证人一样提供宣誓证言。普通法关于被告人不能作证的规则终于成为历史。在这个历史发展过程中,被告人被赋予作证资格主要是基于以下几个方面的原因:

---

〔72〕 D. M. Byrne QC & J. D. Heydon, *supra* note 12, at 561.

〔73〕 Henry E. Smith, *supra* note 20, at 179.

(一)被告人的作证资格是对抗式诉讼程序的一个组成部分

“在19世纪的最初10年,抗辩式诉讼程序已经成为普遍的诉讼程序。”[74]在这样的程序中,被告人虽然可以在陪审团面前进行自我辩护,却不能就案件事实作出具有证据能力的陈述。这种规则也许的确有利于保障被告人充分地享受保持沉默给他带来的利益,但它的弊端也是十分明显的:首先,它在逻辑上难以自圆其说,以致后世的研究者面对这样的规则不能不感到困惑;其次,它名义上是为了保护被告人,但实际上,对被告人而言,自己的陈述不能作为证据得到陪审团的考虑,这是一种莫大的损失。因此,它实际上削弱了被告人进行自我防御的力量,从根本上不利于实现控辩双方的力量平衡。允许被告人提供证言的规则对对抗式程序进行了调整,使得控辩双方趋于平衡。

(二)对被告人应予以保护的诉讼观念正在逐渐为人们所认识

这一观念起到了鼓励被告人保持沉默的效果,并且后来又延伸到一般证人的身上。但是,这一观念是在与相反观点作斗争的过程中逐渐占据统治地位的。1877年,史蒂芬表达了这样的观点:在每一个案件中,被告人都必须被传唤来讲述他们自己的事情,并且必须接受讯问以促使其说出真相。[75] 这不是要保障被告人的沉默权,而是要取消被告人的沉默权。为此,史蒂芬在《19世纪》上写了一篇文章,主张被告人必须像证人一样接受交叉询问,因为:如果被告人是无辜的,那么,法庭应当给他一个通过对那些明显的怀疑作出说明以证明自己无辜的机会;如果他们是有罪的,这一规则也通过他们不能提供这样的解释而证明他们是有罪的。[76] 正是基于这样的目的,史蒂芬在1880

---

〔74〕 John H. Langbein, *supra* note 1, at 100.

〔75〕 Christopher Allen, *supra* note 22, at 158.

〔76〕 Christopher Allen, *supra* note 22, at 160.

年的个人提案中,规定了被告人必须接受强制性讯问的规则。

好在这种规则没有机会得到认可。但是的确有人担心赋予被告人提供证据的资格后会起到强迫其提供证据的效果,因为在这样的规则下,保持沉默会被推出相反的结论。而且,也的确有一些改革者认为,从保持沉默的行为中推出相反的结论是符合理性的。1858年,布劳汉姆就曾经说:在被告人选择保持沉默的大部分案件中,沉默的原因都是被告人在良心上感觉到自己无法抵抗交叉询问的检验,而且在这样的案件中,他将看到,对他作出相反的推论并不特别困难。[77] 几年以后,泰勒也试图将保持沉默的行为解释为证明他有罪的证据。[78]

正是由于存在着这样的理论,所以就不乏有人担心,在被告人保持沉默的场合下,将会出现对他实行有罪推定的结果。坎培尔勋爵在1859年就曾发表过这样的观点。[79] 其他一些人则认为二者之间的妥协是可以实现的。他们认为可以参照美国的实践,警告陪审团:不能从被告人未能提供证据(保持沉默)这一事实推导出任何结论。[80]

在关于将作证资格延伸至被告人身上的讨论中,最好的建议是发表在1864年《出庭律师杂志与报告》(*Solicitor's Journal and Reporter*)第9期上的一篇文章。该文指出,对与被告人无罪有关的任何假定,都必须由控方承担证明其不能成立的责任;所以,除非存在被告人作伪证的情形,否则,控方的证据必须与被告人的陈述完全一致。[81] 可以说,这篇文章的影响是相当深远的。对被告人沉默权的保障,始终与控方所承担的举证责任密不可分地联系在一起。

---

〔77〕 Christopher Allen, *supra* note 22, at 159.

〔78〕 Christopher Allen, *supra* note 22, at 159.

〔79〕 Christopher Allen, *supra* note 22, at 159.

〔80〕 Christopher Allen, *supra* note 22, at 160.

〔81〕 Christopher Allen, *supra* note 22, at 160.

（三）对伪证数量增加的担心逐渐消失

传统理论认为，赋予当事人作证的资格将增加伪证的数量。但是这种观点在立法时并不占上风。在1843年的草案中，赋予作证资格的规则并未在法律界引起众多的反对。在1851年的草案中也是如此。但是在1861年的立法中，中殿律师学院的一个律师写了一本小册子，反对将作证资格扩大到被告人身上。[82] 1876年，议会也在讨论伪证的问题。有的议员认为伪证是一个很严肃的问题，它是一种比所被指控的罪行更为严重的罪行。但是到1897年，反对的观点又遭到了削弱，这一方面是因为那时政府已经明确而迅速地改变了自己的立场，另一方面是因为，允许被告人提供未经宣誓的证言，并且这种证言可以不接受交叉询问就直接对陪审团的内心确信发生影响，这种规则无论如何都是不能接受的。

另外，虽然人们曾经担心这种规则会导致伪证数量的增加，但是随着民事诉讼当中允许有利害关系的当事人提供证据的做法的出现和普遍，这种担心已经逐渐消失，并且在讨论废除取消作证资格规则的时候，这种担心已经基本上不复存在了。

（四）赋予被告人作证资格被认为是发现真相的需要

1858年，布劳汉姆在其提出的立法草案序言中写道："为了更好地进行刑事案件的司法程序，有两个因素是最重要的：一个是有罪的人被判处刑罚，一个是无辜的人被宣告无罪。"[83] 赋予被告人作证资格规则将促使认定事实的法官对被告人陈述这一证据予以充分的注意，从而避免偏听控诉方的一面之词，以致作出错误的判断。

在此必须提到边沁的理论。边沁是当事人无资格作证规则的天

---

〔82〕 Christopher Allen, *supra* note 22, at 169.

〔83〕 Christopher Allen, *supra* note 22, at 161.

敌,也是反对自我归罪的特免权的世仇。他认为刑事诉讼程序最根本的目标是获得一个在事实上正确的裁判,所有的程序规则和证据规则都只能为实现这一目标而进行设置。[84] 关于沉默权,边沁的格言是:"无辜者主张的是说话的权利,正如有罪者主张的是保持沉默的权利。"[85] 在废除被告人无作证资格的规则过程中,边沁的理论也许起到了一定的作用,但是即使有,他的作用也是很独特的。现代学者几乎都不愿意承认被告人无作证资格规则的取消是边沁的功劳。他们甚至全盘否定边沁在这一变革中曾经发挥过一丝作用。克里斯托弗·阿兰(Christopher Allen)在其论著中写道:"到1898年取消作证资格被废除时,边沁所极力批判的被告人的沉默权不仅得到了保留,而且得到了加强。"[86]

(五) 被告人有资格作证是消除证据规则之间的矛盾的需要

1858年,布劳汉姆指出,在99%的案件中,以个人名义起诉的起诉人要接受交叉询问,而被告人则被要求保持沉默;在暴力侵犯、共谋、诈骗等犯罪案件中,被告人又被允许提供证据;但是在破产案件中,不管被告人是否愿意,即使有可能导致自我归罪,他也必须接受交叉询问。[87] 1876年,鲁瑟尔·格尼(Russell Gurney)——南安普敦的保守党党员以及伦敦地方法院的法官(Conservative member for Southampton and recorder of London)——指出:凭他个人的经验,被告人的妻子经常是唯一能够证明被告人无辜的人,尤其是当被告人被指控的罪行发生在夜间的时候,然而,她却不能提供证据,她的声音被排除在

---

〔84〕 关于边沁的证据学思想,详见 Christopher Allen, *The Law of Evidence in Victorian England* 以及 William Twining, *Theories of Bentham and Wigmore* 两书;另外,在 R. H. Helmholz 所著之 *The Privilege Against self-incrimination: Its Origins and Development* 一书第一章,亦可找到相关论述。

〔85〕 Christopher Allen, *supra* note 22, at 164.

〔86〕 Christopher Allen, *supra* note 22, at 144-145.

〔87〕 Christopher Allen, *supra* note 22, at 165.

法庭之外；与此相矛盾的是，他的情妇（mistress）却可以作证。[88]鲁瑟尔·格尼的文章发表后，法律在实践中允许被告人的妻子为他提供经过宣誓的证明他不在现场的证据。[89] 此外，根据1885年《刑法修正案》（the Criminal Law Amendment Act）的规定，在针对妇女的性侵犯案件中，被告人被允许为自己作证；而在普通法所规定的强奸案件中，被告人又没有资格为自己作证。[90] 这些事实都说明，19世纪英国的证据规则很不成体系，规则与规则之间存在着大量的、不可忽视的矛盾。其中，被告人被取消作证资格与其所享有的反对自我归罪的特免权之间也存在着难以调和的矛盾。在这种情况下，要么废除被告人无资格作证这一规则，要么将这一规则解释为反对自我归罪的特免权规则的一部分。在理论上，学者们采取了后一种方法；而在立法上，则选择了前一种方法。

（六）个人责任观念的加强是赋予被告人作证资格的深层原因

19世纪的大部分政治理论都将其重点置于个人责任这一问题之上。人们之所以准备接受被告人也有资格作证的规则始终是与个人责任原理相一致的。[91] 格林（T. H. Green，维多利亚时代英格兰的哲学权威）认为，自由是公民个人身体之力量的一部分，它使得一个人能够最大化地成为他最好的自己。[92] 作证资格向被告人的延伸与以个人责任为基石的政治理论完全吻合：被告人是一个理性的、负责的主体；如果刑事诉讼程序被作为这样一种程序来对待，而不是仅仅将它作为一个获得有关事实方面的正确裁决的工具来对待的话，那么，被告人就应当享有听证的机会，必须允许他发表自己的意见，否则，法庭

---

〔88〕 Christopher Allen, *supra* note 22, at 167.

〔89〕 Christopher Allen, *supra* note 22, at 167.

〔90〕 Christopher Allen, *supra* note 22, at 166.

〔91〕 Christopher Allen, *supra* note 22, at 173.

〔92〕 Christopher Allen, *supra* note 22, at 174.

就不会承认他作为一个理性参加者的诉讼地位。[93] 简而言之，被告人既应当享有权利，也应当承担义务。其义务也应当包括提供证据和接受交叉询问的内容。

第四节 沉默权在北美殖民地的继承

一、早期北美殖民地刑事审判的特征

从1607年詹姆斯镇殖民地的建立到1730年佐治亚州的形成，不列颠北美的法律制度产生的过程经历了一百多年的时间。定居点环境的多样性——包括宗教信仰、民族构成、社会经济结构——都使得将“殖民地美国的法律”视为一个整体是不可能的。

虽然，几乎所有的不列颠北美殖民地都宣称他们希望自己的刑事诉讼程序能够与英格兰的刑事诉讼程序保持一致，但是这并不意味着他们准备全盘接受英格兰的刑事法律。这主要是基于以下三点考虑：第一，有些英国人希望北美的生活在某些方面能够不同于他们曾经居住过但是现在已经离开了的国度；第二，并非所有在政治上一致的社区的司法制度都是英国式的；第三，生存的物质环境和可能获得的社会资源在整个北美存在着深刻的差异，就像它们在英国也存在着深刻的差异一样。

但是，我们仍将看到，“被告人说话”的审判方式作为英国刑事诉讼程序的核心在美国最初的一百年当中得到了很好的继承。在整个程序中，被告人都被剥夺了获得律师帮助的权利，被限制了由他自己传唤证人的能力，同时，也不允许他在法庭上提供相反证据。在审前程序中，被告人在未经宣誓的情况下由一个治安法官进行讯问，这个治安法官将记录下来所有反对被告人的证据，包括（如果可能的话）被

[93] Christopher Allen, *supra* note 22, at 175.

告人的口供——在将来的法庭上会被法庭采用;在审判程序中,他面对的起诉方也不受明确的承担“排除合理怀疑”的证明标准义务的约束。这种审判的实践结果就是将被告人投进这样一个坑里:他必须自己反对起诉方的证据——其中包括他自己的未经宣誓的供述——他必须解释它,如果他能够的话;否则,他将以自己在陪审团和法官面前幼稚的行为方式使自己越陷越深。

如同英国一样,殖民地美国的审判模式也经历了一个转变的过程。在比较自由的罗德岛,在1669年,通过了殖民地最早的刑事诉讼方面的制定法,该法规定,在被告人获得告发书之后允许律师介入。[94] 但它还是对自己的这一法律进行了限制,没有按照普通法宣称律师有权就任何法律问题进行答辩。弗吉尼亚州在1735年允许在重罪案件中聘请律师,然而律师的介入并不普遍。纽约州从来没有哪部制定法授权律师可以在重罪案件中出席法庭。纽约州明显地模仿普通法允许律师进入轻罪案件是在1686年,但是由于行政管理原因以及经济上的原因,在18世纪末叶以前,律师都很少出现在轻罪案件中。[95]

以上所有的资料都表明:第一,在审前程序中,被告人在未经宣誓的情况下被讯问;第二,他的陈述将以非常正式的形式记录下来;第三,他的供述在将来的法庭上将作为反对他的证据使用。[96] 在纽约,对被告人的证言进行质询即使不是根本,也被认为是一个非常重要的因素——对于刑事陈述而言,这种陈述是检察长或他的代理人形成告发书的基础。所以,莱昂纳德·利维关于反对自我归罪的权利在英国的审前程序很少存在的结论,在英属北美也是同样正确的。

1642年,拉尔夫·帕特莱希(Ralph Partrich)曾说:

---

〔94〕 Eben Moglen, *supra* note 19, at 113.

〔95〕 Eben Moglen, *supra* note 19, at 113.

〔96〕 Eben Moglen, *supra* note 19, at 117.

> 我认为，一个治安法官的职责是，对各种可能性和环境因素进行仔细的考察，并筛选出被告人，并以强有力的手段促使他说出真相；但是他不能通过暴力手段强迫被告人承认严重的罪行，不管这种暴力是不是强迫他承担宣誓义务，也不管这种暴力是不是实施惩罚或者以实施惩罚相威胁，因为这种方法会使得无辜的被告人也由于害怕而承认犯罪；如果他有罪，他就会在没有人能够控告他时，被迫成为他自己的控告者——这是有违正义的原则的。[97]

约翰·温斯罗普（John Winthrop）对帕特莱希的观点表示赞同。他说：

> 无论在什么地方发生这样的事情，一个证人或者强烈的怀疑指向这个实施者的时候，法官就应当严厉地讯问他，而他亦有义务直接地回答，尽管这可能会危及到他的生命。但是如果只有轻微的怀疑，那么，法官就不能够压迫他回答，他也不能被剥夺法律利益，但是他有权保持沉默，并传唤他的指控者。但是如果在刑事诉讼程序中采用宣誓或者拷打，则一般都被认为是违法的。[98]

概括起来说，我们可以对开始有人定居的美洲殖民地开始几十年形成的刑事司法程序得出以下两点结论：第一，17 世纪晚期，关于英国的传统形式达成的广泛共识已经在不列颠北美殖民地的刑事诉讼程序中弥漫。一般的因素不仅包括大小陪审团和其他一些关于自由的智慧，而且包括审前程序中的讯问、排除律师的规则，以及其他一些发源于英国传统和本地政府以及无声无息地发挥影响的《马利安监禁条例》等早期现代刑事诉讼程序的构成部分。殖民地美国的刑事司法程序在实践上依赖于被告人提供自我归罪的证据，因为这一制度的基本

---

〔97〕 Eben Moglen, *supra* note 19, at 120.

〔98〕 Eben Moglen, *supra* note 19, at 121.

设计就是假定它必须如此。第二,美国的记载也揭示了一系列强有力的观念,即通过肉体的或精神的方法取得犯罪证据是不合适的。在这里,“无人有义务揭露他自己”(*Nemo tenetur prodere seipsum*)并不是一个没有任何意义的标签。它表达了怎样对待证人和被告人的古老的思想,它在讨论肉体强迫等问题上发挥了重要作用。但是无论如何,它所起的作用也都只是外围性质的。因为这个制度的中心是刑事被告人,他孤独无助、亲朋走避——面对决定他命运的证据,只要他还处在这样的境况,任何反对自我归罪的特免权就都是幻想。

二、美国宪法第五修正案中的反对强迫自证其罪条款

殖民地的立法从18世纪开始改变被告人的这种状况。由曼森(Manson)起草并于1776年6月12日通过的《弗吉尼亚宣言》宣称:“在所有严厉的指控或刑事指控中,每个人都有权得知他被指控的原因和性质,有权与他的指控者和证人进行对质,有权传唤有利于他的证人,有权获得迅速的、由他的无偏私的12名邻居组成的陪审团进行的审判,在没有他们一致同意的情况下,他不能被判决有罪;他也不能被迫提供反对他自己的证据……”[99]

曼森的语言囊括了宪法历史上从1215年《大宪章》到1696年《叛逆法》关于陪审团审判的所有权利。突出的是,它不包括律师在陪审团审判过程中出席辩护的权利。

《弗吉尼亚宣言》在费城的报纸上刊登。它传遍其他所有的州,并成为大西洋沿岸各州的宪法样板。同年9月末,宾夕法尼亚州议会起草了一个宪法,该宪法以权利宣言作为他的序言,它的第九章重复了曼森的第八章,但是增加了一句:“在所有的刑事起诉中,每个人都有权获得他亲自进行和由他的律师进行的听证。”[100] 宾夕法尼亚州在

---

〔99〕 Eben Moglen, *supra* note 19, at 134.

〔100〕 Eben Moglen, *supra* note 19, at 135.

1701 年即已经承认了被告人获得律师帮助的权利。尽管各州的宪法在文本上与《弗吉尼亚宣言》是有区别的，但他们并不认为自己的权利比起曼森的权利宣言来有什么不同。

在宾夕法尼亚宪法完成以前，特拉华州就已经采用了一个权利法案，它也是以曼森的权利宣言为基础的。特拉华州的宪法委员会将宾夕法尼亚州宪法第九章的条款分割成两条，在其第十五部分规定："在普通法发源中，没有人应当被强迫提供反对自己的证据。"马里兰州宪法对特拉华州宪法的立场进行了调整，它规定："没有人应当被强迫提供反对他自己的证据，不管是在普通法法院，还是在任何其他法院，但是在本州经常实践的案件中，或者在由此规定的制定法中除外。"[101]

并非所有的州都采用了曼森的《弗吉尼亚宣言》。南卡罗来纳、佐治亚、新泽西、纽约等州的宪法都包括了获得陪审团审判的条款，但是这些州宪法都没有特别地引用 *Nemo tenetur* 的概念。曼森的表述"nor be compelled to give evidence against himself"后来被 Thomas Jefferson 的表述"compelled self-incrimination by a ban on the use of judicial torture"所取代。[102]

1781 年 10 月 19 日，康华利勋爵和他所统帅的军队投降，美国独立战争结束。1783 年 9 月 3 日，大不列颠与美利坚合众国签订和约。但是，1787 年的宪法并不包括公民权利的内容。当时的联邦党人认为立宪代表无权也无能力侵犯个人自由，因而不需要制定权利法案。但是在批准宪法的过程中，民众关于权利法案的呼声高涨，立宪代表们不能不有所表示；而且，在 1788 年的纽约批准大会（批准 1787 年宪法的大会）上，有一半以上的州建议通过宪法修正案，其中弗吉尼亚、纽约、北卡罗来纳、罗德岛四个州还提出了完整的建议案，这些建议案中亦包括了《弗吉尼亚宣言》第 8 条所规定的反对自我归罪的特免权的

---

[101] Eben Moglen, *supra* note 19, at 135.

[102] Eben Moglen, *supra* note 19, at 135.

条款。[103] 1789年,第一届国会迅速提出十条修正案,其中,詹姆斯·麦迪逊(James Madison)提出的权利法案的建议与许多州议会提出的任何建议都不相同。詹姆斯·麦迪逊建议的一个条款围绕陪审团审判规定了一系列的权利,另一个一般性的条款则关注于司法程序,但是不局限于刑事案件中的陪审团审判程序。它规定:"除非在弹劾案件中,任何人都不得因同一犯罪行为遭受两次惩罚或两次审判;任何人都不得被迫成为反对他自己的证人;非经法律的正当程序,任何人都不得被剥夺生命、自由和财产;除非给予均等的赔偿,任何人不得被迫为了公共的用途放弃自己的财产。"[104] 这一条款被作为修正案之一条,在全体一致同意的情况下获得通过。1791年,权利法案获得批准。

艾伯特·埃舒勒(Albert W. Alschuler)认为:"第五修正案的特免权禁止:1. 在被告人宣誓后进行归罪讯问;2. 拷打;3. 可能存在的其他形式的强迫性讯问,例如以将来的惩罚相威胁,或承诺以某种利益等。除此而外,这一修正案并不禁止其他任何东西,至少这些资料并不包含任何其他东西。自我归罪条款既不意味着弹劾式诉讼程序,也不提供被告人有保持沉默的权利。它所关注的仅仅是通过不正当手段从刑事嫌疑人身上获得信息。"[105] 尽管如此,由于缺乏律师代理的缘故,被告人在美国遭受了与在英国一样的命运:他们不得不自己替自己辩护。就在美国提出包含反对自我归罪的特免权条款的宪法修正那一年,在英国老贝利(Old Bailey)地方法院,只有20%的被告人有律师代理[106];在美国,这个比例还要少得多。1776年,也就是弗吉尼亚州宣布独立并提出了一个包含被告人反对自我归罪的特免权条款的那一年,整个纽约州只有2%的被告人有律师代理;同时,整个英属

[103] Levy, *supra* note 2, at 418-421.

[104] Eben Moglen, *supra* note 19, at 137; Levy, *supra* note 2, at 422.

[105] Albert W. Alschuler, "A Peculiar Privilege in Historical Perspective", see R. H. Helmholz, *supra* note 1, at 192.

[106] Albert W. Alschuler, *supra* note 105, at 195.

北美殖民地只有180名居民是在法院受过培训的律师。[107]

另外,在美国的审前程序中,也是到了19世纪30—40年代,治安法官才开始履行被告人沉默权的告知义务。在英国,1838年的观点宣称:"刑事被告人不得被引诱作任何供述",而且,治安法官在被告人作出供述之前必须告知:"任何他认为适合说出的事实都将被记录下来并在法庭上作为反对他的证据使用。"[108] 10年以后,在《杰维斯法案》中,一个更加明确的原则承认了保持沉默的权利。这一法案规定,在审前程序的盘问之前,必须警告被告人,他不需要回答任何问题;并且,如果他作出了回答,他的回答将被用来在法庭上反对他。在美国纽约州,治安法官从1835年开始例行公事地进行这样的警告。[109] 这样,在审前程序中拒绝回答问题的被告人才逐渐地多起来。

比治安法官的警告更加重要的一项原则的发展是废除取消作证资格规则。在18世纪的两个案件中,法官对被告人的宣誓陈述偶予排除。在其中一个案件中,法官注释说:"如果对他的盘问是在宣誓的情况下进行的,它就是不能被阅读的,因为人们不能被要求宣誓来反对他自己;所有的盘问都必须自由和自愿地进行,而不是在宣誓的情况下进行,这样我们才能阅读它。"一本小册子对另外一个案件解释说:"供述是作出了;但是它是在宣誓的情况下作出的,它不能被采纳。如果它是在自愿的情况下作出的,那么我们可以将它作为一个非常好的证据采纳;但是法律假定宣誓就是一种强迫;因而任何人都不得被迫在可能影响他自己生活的案件中宣誓反对他自己。"[110] 英国的詹姆斯·史蒂芬写道:"在(宣誓)这样的压力下说出真相是不符合人类的自然本性的,而且,建立这样一个将在任何场合都会导致伪证的制度

---

[107] Albert W. Alschuler, *supra* note 105, at 195.

[108] Albert W. Alschuler, *supra* note 105, at 198.

[109] Albert W. Alschuler, *supra* note 105, at 198.

[110] Albert W. Alschuler, *supra* note 105, at 196.

决不是一件微不足道的事情。"[111]在1864年，麦那成为美国司法辖区内第一个在刑事案件中允许被告人提供宣誓证言的省份，并且其他各州也迅速跟上。而不列颠议会作为后来者，直到1898年才在立法上规定这一原则。到19世纪末期，佐治亚州已经成为美国最后一个保留普通法上的取消作证资格规则的州。这个州允许被告人提供宣誓证言是在1962年。如今，地狱之火已经熄灭，宣誓已经失去其恐吓力量乃至其意义。但是，特免权仍然是防止拷打和其他形式的强迫讯问的保障。1966年，宣誓证言和未宣誓证言之间的区别彻底消失，而是否宣誓曾经是立法者们作为是否受到强迫提供证据的核心问题。

还有一点必须提及的是，联邦宪法第五修正案在一开始是通过第十四修正案"正当程序"条款的运用而适用于各州的。联邦最高法院也曾反对通过第十四修正案将反对自我归罪的特免权适用于各州[112]，但在马洛伊诉霍根案中，最高法院又重申了这一特免权适用于各州的立场。[113]

从米兰达案件后，美国人似乎对它的弹劾式节奏越来越迷恋。但在里根时期，司法部曾经建议抛弃米兰达规则，但是它的建议甚至在警察管理部门都引起了审慎的批评。[114]

---

[111] Albert W. Alschuler, *supra* note 105, at 199.

[112] *Twing v. New Jersey*, 211 U.S. 78(1908).

[113] *Malloy v. Hogan*, 378 U.S. 1(1964).

[114] Albert W. Alschuler, *supra* note 105, at 200.

中篇 | 理念

第五修正案反映了他们关于自由社会的判断，它以对人的尊重为基础；它认为，必须通过一个公正的程序，一个不需要被告人为自己的定罪作出贡献的程序来决定其是有罪还是无辜；这个程序比惩罚犯罪更为重要。

——Leonard Levy

第三章　沉默权的价值取向

通过对沉默权的起源及其发展历史的考察,我们可以看到,沉默权在从起源到实现的过程中经历了从道德权利到法律权利、然后又从法律权利到现实权利的转变过程。在法律没有规定沉默权的情况下,人们行使该项权利的行为,在本质上并非法律行为,而仅仅是一种道德行为。只有当沉默权上升为法律权利时,行使沉默权的行为才是一种法律行为,其效果在于将法律上的权利实现为现实上的权利。

就道德权利与法律权利的关系而言,一方面,法律权利必须以道德权利为基础;另一方面,道德权利必须上升为国家意志,也就是必须得到立法者的认可,人们才能够在一个现行的司法体制中有效地主张。而人们为了主张一项尚未得到现行法律认可的权利,则往往到已经得到人们认可的道德原则中去寻找。中世纪欧洲遭受迫害的人们之所以主张沉默权存在于基督教的教义中,宣称“上帝从未要求任何人向人们公开自己的罪行,而只要求他向上帝忏悔自己的罪孽”,并不表明沉默权一定起源于基督教教义,而只是表明那时候基督教所宣扬的观点能为人们广泛地接受。他们在人们能够广泛接受的道德伦理中找出与沉默权内容相同或相近的观点,从而证明沉默权与人们心目中的道德规范的一致性,也就是证明沉默权的合理性。从本质上说,他们是在用自己的方式证明:沉默权是一项基本的道德权利,法律不仅不能剥夺该项权利,而且应该确认并保护该项权利。

就法律权利与现实权利的关系而言,通常只要法律规定了某项权利,这项权利就应当是现实权利;但由于立法技术以及执法力度的原因,实际上造成法律规定的很多权利不能实现为现实权利。

在西方,沉默权已经经历了从道德权利到法律权利再到现实权利的历程。然而在理论上,沉默权也不是从一开始就得到众多学者的拥护。恰恰相反,沉默权从它成为英美法律中有效力的一部分那一天起就是一个富于争议的话题。那么,支持沉默权存在的理由究竟是什么?在沉默权炫目的光芒背后,究竟是什么理论在发挥作用?这些都是人们迫切需要了解的内容,也是我们在进行法律移植过程中不能不考虑的因素。因此,沉默权的理论基础决不能忽视。我认为,沉默权规则主要体现了三项基本原则:一是保障人权原则;二是自由优先原则;三是主体性原则。本章试图对有关沉默权的理论进行论述,并试图对沉默权规则背后所凸现出来的上述三项法理原则作出阐释。

第一节 保障人权原则

一、功利主义对沉默权的否定

在西方,首先对沉默权发难的是功利主义法学家的鼻祖边沁。[1] 1827年,边沁发表了对关于沉默权的整个主题的毫不留情的考查意见。边沁的结论是:反对自我归罪的特免权是非理性之偏见的产物,

---

〔1〕 培根(Bacon)、哈特莱(Hartley)、洛克(Locke)、帕里(Paley)和休谟(Hume)等经验主义哲学家都至少为边沁的认识论和哲学观提供了一个起点;有充分的证据表明他与贝克莱(Beccaria)、孟德斯鸠(Montesquieu)、伏尔泰(Voltaire)有亲密的关系;另外,边沁还曾经学习过古典诗词。尽管他的罗马法知识也许并非十分深刻,但他对 Heineccius、Justinian、Gaius 等罗马法作家却非常熟悉。与其他英国法律家不同的是,他对其他地区的法律表现出了浓厚的兴趣。William Twining, *Theories Of Evidence: Betham And Wigmore*, Stanford University Press, 1985, at 26.

从特免权规则不会引导出任何具有说服力的判断;特免权不可避免地导致排除证明真相最可信赖的证据——这种证据的唯一来源就是被告人——它必然导致对传闻证据和其他更低层次的证据给予更高的证明力;实际上,沉默权仅仅对有罪者有利,对无辜者则没有任何意义。[2] 边沁声称:“无辜者主张说话的权利,正如有罪者主张保持沉默的权利。”[3]

边沁还认为,推导出特免权的理由不是来自任何审慎的思考而只能是来自最肤浅的观察。他认为,要求被控犯罪者回答问题会导致帮助对其定罪的程序对那些处于忧虑和困境中的人是一个不适当的压力,这种观点纯粹是一种错位的情绪,它以其脆弱的感觉主义为其最卓越的原则,而这完全是妇人之见。[4] 对于要求被告人回答这样的提问会给予起诉方不公平的帮助这一点,边沁嘲笑其对公平表现出了猎狐者般的过度热心。[5] 它使得追求真相的运动变得不合逻辑。对于特免权可以保护人们免受司法拷问和主观专横的迫害这种看法,边沁把它看做是来自于历史的荒谬观点。因为,这一特免权在过去的若干个世纪里也许发挥了它在这方面的作用,但在19世纪的环境中它却完全没有存在的必要。从1800年以来,英国法就已经将拷问和鞭笞予以废除。法律中也有另外一些更少害处但却更有效率的方法保障思想和信仰的自由。所以,对边沁而言,这样一种必然导致妨碍法

---

〔2〕 R. H. Helmholz et al, *The Privilege Against Self-Incrimination: Its Origins and Development*, Introduction, the University of Chicago Press, 1997, at 3.

〔3〕 Christopher Allen, *The Law of Evidence in Victorian England*, Cambridge University Press, 1997, at 164.

〔4〕 R. H. Helmholz, *supra* note 2, at 3. 或曰:“老妪之见。”Christopher Allen, *supra* note 3, at 129.

〔5〕 R. H. Helmholz, *supra* note 2, at 3. 边沁认为,“剿狐”的理论被引入法律程序,主张所谓的“公平竞争”,这是政治家的观念,而不是法律家的观念。边沁承认,出于公正的观念,必须让狐狸先跑一段距离,然后猎人才可以开始追击,但是不允许使用猎枪。边沁同时认为,这样的理论仅仅适用于运动和娱乐,而不适用于诉讼。Christopher Allen, *supra* note 3, at 129.

院发现真相的特免权，不可能是任何理性的法律的组成部分。这一规则既是不必要的，又是不明智的——它之所以不朽仅仅是故作镇静而又骄傲自满的英国法律家和其他被这些法律家们欺骗和腐蚀了的人在起作用。[6]

边沁关于沉默权的批评直接渊源于他自己的功利主义法学理论。

边沁将法律分为两大类：一类是实体性的法律，其目的是实现最大多数人的最大幸福[7]；另一类是附属性的或曰程序性的法律，证据法是它的一部分。证据法的特殊功能就在于获得"一个正确的判决"；换句话说，获得事实以使实体法的规定能得到实现。为了获得事实，一个司法程序的体系需要追求两个目标：一是只要司法的目的有需要，就要使所有存在的证据能够得到出示；二是必须保证证据的出示以尽可能值得相信的形式进行。[8]

关于诉讼程序，边沁的观点可以概括为以下几点：第一，程序的直接目的是正确的判决，亦即将实体法正确应用于真实的事实。次一级目的（间接目的）是避免烦恼[9]、耗费和拖延。直接目的和间接目的之间的冲突将参照功利主义原则加以解决。第二，对于推进程序的目的而言，最合适的诉讼制度就是自然的制度，也就是没有人为的规则，也没有技术性程序中的技术性装置的制度。这些装置与其说是对理解力不如说是对意志力产生影响。第三，为发现事实真相，（事实裁判者）应当听取任何人的意见，采纳任何事物作为证据，除非：① 不具有相关性；或者② 不必要（多余）；或者③ 其结果将导致过多的烦恼、耗费或拖延。[10] 既然任何证据都不能被排除，那么，被告人不仅有资格

---

〔6〕 R. H. Helmholz, *supra* note 2, at 3.

〔7〕 Christopher Allen, *supra* note 3, at 8.

〔8〕 Christopher Allen, *supra* note 3, at 127.

〔9〕 所谓过度的痛苦是指法律在非直接故意的情况下产生的任何邪恶。边沁将"痛苦"与惩罚相比较，后者是由法律直接、有意地设定的。Christopher Allen, *supra* note 3, at 9.

〔10〕 William Twining, *supra* note 1, at 26.

作证，而且可以被强迫作证。[11]

边沁对沉默权的观点无论是对于立法还是司法都几乎没有产生任何影响，但他的理论决非空山鸟语，而是有着众多的追随者。边沁之后，他最学识渊博的追随者威格默曾经呼吁无条件地取消沉默权规则。后来（大约是在经过更为审慎的思考之后），威格默又呼吁将沉默权严格限定在符合第五修正案的语言所限定的范围内。[12] 而且，在这一问题上，威格默并不孤单。即便是沉默权的拥护者有时也不得不承认，沉默权的传统理由听起来与其说是理智的判断，倒不如说更像是空洞的虚饰。[13] 因此，对沉默权的批评与对它的赞美几乎是同样经常地发生。在美国，最高法院在 1908 年的判例中还反对通过宪法第十四修正案将沉默权适用于各州，因为沉默权并不属于"基本的和不可剥夺的人权"。[14] 直到 1937 年，法院还认为反对强迫自证有罪的特免权不属于基础性权利的范畴，并宣称："这一特免权必须予以抛弃，即使被告人承担回答问题的义务，正义仍将得到实现。"[15] 到今天，仍然有众多的西方学者认为沉默权对犯罪嫌疑人和被告人给予了过多的保护。[16]

二、沉默权以人权保障原理为理论根基

然而，绝大多数西方学者都承认沉默权的合理性及其重要性。汉

---

[11] Christopher Allen, *supra* note 3, at 128.

[12] R. H. Helmholz, *supra* note 2, at 3.

[13] R. H. Helmholz, *supra* note 2, at 4.

[14] *Twining v. New Jersey*, 211 U. S. 78(1908).

[15] Leonard W. Levy, "Preface to the Second Edition", *Origins of the Fifth Amendment*, Macmillan Publishing Company, 1986, at 13.

[16] 例如，牛津大学 Adrian A. S. Zuckerman 认为，与普通法紧密相连的三种权利（免受肉体或精神上的虐待或污辱的权利、无辜者不被定罪处刑的权利以及反对自我归罪的特免权）当中，只有前两项权利是毫无疑问的，而反对自我归罪的特免权则是有疑问的——他认为，无论从理论上还是从实践上都没有理由继续保留沉默权。参见 Adrian A. S. Zuckerman, "The Right Against Self-Incrimination: An Obstacle to the Supervision of Interrogation", *The Law Quarterly Review*, Jan. 1986, Vol. 102, at 43-44.

姆赫兹在其新著《反对自我归罪的特权:起源与发展》一书的开篇就指出,沉默权是"英美法律建立的砖基"[17];格列高利·W.瑞里也说:"在很大程度上,弹劾式诉讼程序的生命力以及该模式产生的好处均来自于对嫌疑人沉默权的保护。"[18]美国联邦最高法院在1964年的一个案件中指出:"第五修正案中的反对自我归罪条款反映了我们的许多基本价值和最高尚的精神",这些价值和精神包括"我们不愿意让那些尚未确认有罪的人屈从于自我控告、伪证或不体面的三难选择的痛苦所带来的折磨"。[19] 在米兰达案件的判决书中,赞成米兰达规则的法官[20]在书写其判决理由时亦写道:"作为一项已经超越了它的起源的高贵的原则,这一特免权已经被承认为公民个人的本质权利的一部分,被承认为一项包括公民个人进行私生活的权利。这一权利是我们的民主制度的支柱。"[21]马克·伯格在其《第五修正案》一书中也写道:"问题并不在于我们究竟是应当保持还是放弃这一特免权,而是在于这一特免权究竟应当在什么样的范围内有效。"[22]到今天,沉默权在西方已经作为一项基本人权得到普遍的认可。

与功利主义法学家的论调不同,赞成沉默权规则的学者强调的不是发现真实而是保障人权。西方学者在论述或主张沉默权的合理性时,往往把沉默权与保障隐私权联系起来。"人们广泛地认为,反对自我归罪的特免权的中心目标是保护个人隐私权。众多评论者认为这

---

〔17〕 R. H. Helmholz, *supra* note 2, at 1.

〔18〕 See Gregory W. O' Reilly, "England Limits the Right to Silence and Moves Towards An Inquisitorial System of Justice", *The Journal of Criminal Law & Criminology*, Vol. 85, No. 2, 1994, at 419.

〔19〕 *Murphy v. Waterfront Commission of New York*, 378 U. S. 52(1964).

〔20〕 与赞成沉默权规则的法官并非同一概念,在该案中,其他法官不赞成多数派的观点,但这决不意味着他们不赞成沉默权;大法官们在该案中的分歧并不是要不要沉默权规则的分歧,而是要什么样的沉默权规则的分歧。

〔21〕 *Miranda v. Arisona*, 384 U. S. 436(1966).

〔22〕 Mark Berger, *Taking the Fifth*, at 227.

是这一规则的真正原理。"[23]中世纪的一句法律格言似乎也表明，反对自我归罪的特免权的确与隐私权有关："无论是基督教徒还是世俗人，都不得被检查自己内心深处的秘密思想及其秘密观点；除非有证据表明他曾经说过或做过某件事情。"[24]

然而，弗兰德雷大法官却发现隐私权基础的观点是缺乏说服力的。沉默权防止揭露的证据所证明的很大一部分事实几乎不可能与所谓的隐私有任何联系。同时，现代法律也确实需要披露那些在本质上就是属于隐私范围的事实。并且，在任何场合，在现行的法律制度之下，没有人怀疑政府会侵犯个人的隐私权——如果要求其作证，却又只给予他在将来免遭起诉的豁免权的话。即使一个人承认广泛的隐私权有其可取之处，弗兰德雷大法官也认为反对自我归罪的特免权也不可能达到保护隐私权的效果。[25]

但是，不管沉默权的规则是否可以达到保护隐私权的效果，它在保障人权方面的作用却是无论如何也不能否定的。这也是沉默权存在的最根本的理由，也是主张或赞成沉默权规则的最有力的依据。赞成沉默权的人们认为，在刑事诉讼中，真实诚可贵，人权价更高；发现真实并非刑事诉讼的唯一目的，发现真实必须以保障人权为根本前提。

另外，对于沉默权规则妨碍了发现真实的说法，赞成沉默权的人们一方面通过诉讼价值理论指出沉默权的可贵，另一方面也通过实证研究以证明沉默权规则并未妨碍真实的发现。例如，美国学者瑞里曾引用一个调查报告的数据说，尽管法律赋予犯罪嫌疑人、被告人保持沉默的权利，但是，这一权利从总体上并未导致妨碍真相的发现，因而

---

〔23〕 R. H. Helmholz, *supra* note 2, at 4.

〔24〕 Charles M. Gray, "Self-Incrimination in Interjurisdictional Law: The Sixteenth and Seventeenth Centuries", see R. H. Helmholz, *supra* note 2, at 63.

〔25〕 R. H. Helmholz, *supra* note 2, at 4.

也没有放纵犯罪分子：第一，嫌疑人行使沉默权的现象并不普遍[26]；第二，在嫌疑人行使沉默权的案件中，由于沉默权而使警察撤销案件的数量并不多见[27]；第三，很少有嫌疑人、被告人因为依赖于保持沉默的权利而获得撤销控诉或无罪释放的结果。[28]

尽管如此，沉默权不会阻碍发现事实真相的说法仍然是难以令人信服的。哪怕只有1%的嫌疑人、被告人因为保持沉默而逃脱了刑事追究，就可以说沉默权阻碍了事实真相的发现，从而也影响了刑事诉讼追究犯罪的效率。因此，我认为，说沉默权并未阻碍发现事实真相的观点，实际上是对人们渴望社会安宁的一种安慰。它在本质上所倡导的，还是要保障人权。

---

〔26〕 See Gregory W. O' Reilly, *supra* note 18, at 433. 瑞里列举了几个调查报告，其中，1978年的调查报告显示，只有4.3%的嫌疑人行使了沉默权；1979年的调查报告显示，在老贝利，只有大约4%的嫌疑人行使了沉默权；在这些行使沉默权的人当中，有9%的人被判有罪。1980年的调查报告显示，在伯明翰刑事法院，只有3.8%的被告人行使了沉默权；在伦敦，则有6.5%的被告人行使了沉默权。1989年的一份调查报告显示，大约2.8%的嫌疑人保持沉默，5.3%的嫌疑人否认卷入犯罪，并没有进行任何辩解；28%的嫌疑人否认犯罪但进行了辩解；54%的嫌疑人承认自己犯罪。另外，1987年的一个调查报告（受调查者为1 558人）显示：在被调查者中，只有6%的嫌疑人拒绝回答任何问题；6%的嫌疑人拒绝回答与犯罪有关的问题；还有11%的人拒绝回答某些特定的问题。结论是，有23%的嫌疑人不同程度地行使了保持沉默的权利。另一份调查结果（调查时间为1988年，受调查者有3 095人）显示：2.3%的嫌疑人不回答任何问题；2.8%的嫌疑人不回答与犯罪有关的问题；7.3%的人没有成功地回答与犯罪有关的问题。结论是，12.3%的嫌疑人不同程度地行使了沉默权。但是，瑞里认为这两个调查结果由于其方法存在着问题因而不可信。

〔27〕 例如，在受调查的全部268个警察不再采取任何进一步调查行为的案件中，大约有62%的案件，警察对调查结果是满意的；因为，在这62%的案件中，有114件（约占总数的43%）警察相信嫌疑人是无罪的；有24件（9%）是出于政策上的考虑；在警察不情愿地撤销的案件中，只有9个案件（4%）的被告人保持沉默，但是在这9个案件中，有4个案件并非由于缺乏证据而被撤销。换句话说，在这268个案件中，被撤销的原因可以归结为嫌疑人保持沉默的只有5件（占总数的2%）。Gregory W. O' Reilly, *supra* note 18, at 437.

〔28〕 在受调查的490名嫌疑人中，有54名（11%）被撤销控诉，25名被陪审团裁决无罪。在撤销控诉的54个案件中，有12人是由于政策上的原因被撤销指控；有8个案件是由于技术上的原因（由于警察或检察官的错误而导致程序无法继续进行）而撤销控诉；有33个案件的撤销是由于缺乏证据，而在这33个案件中，嫌疑人保持沉默的只有5人。在陪审团裁决无罪的25个案件中，有17人在警察局时就为自己进行了辩护；另有3人在法庭上为自己进行了辩护；真正保持沉默的只有5人。Gregory W. O' Reilly, *supra* note 18, at 438.

第二节 自由优先原则

在刑事诉讼中,为什么要将保障人权作为其首选的价值目标呢?我认为,这主要是基于以下原理:第一,自由优先于秩序;第二,个人优先于国家;第三,人性本恶;第四,被告人人权优于被害人人权。兹分述之。

一、自由与秩序

有学者言:"世界刑事诉讼发展史上每一项激动人心的变革,往往都意味着诉讼的权利保障制度又有了长足的进步。"〔29〕"法治概念的最高层次是一种信念,相信一切法律的基础,应该是对人的价值的尊敬。"〔30〕而对人的价值的尊敬,又应当首先体现在对个人自由的尊敬方面。

尽管我们必须承认,个人在某些时候必须作出牺牲,但是我们并不能就此认为,社会和国家的整体利益天然地在一切场合都高于个人利益。我们也不能认为,大多数人的利益一定高于少数人的利益。恰恰相反,我们必须认识到,个人的权利和自由是整个社会和国家利益的基础。每个个人的自由是所有人享有自由的前提条件。"自由赋予了文明以一种创造力,是它赋予了社会以进步的能力。"〔31〕因此,对于秩序与自由之间的关系问题,是能否确立沉默权规则必须解决的首要伦理问题。可以说,在当今中国,很多人认为,沉默权的确立必将导致许多在没有沉默权规则的情况下可以侦破的案件得不到侦破,或者说,沉默权的确立必将导致破案率的下降。姑且假定这一论断是正确的,那么,我们是不是就因为追求秩序的缘故,而强迫所有的人放弃他

〔29〕 陈光中主编:《刑事诉讼法修正实务全书》,中国检察出版社 1997 年版,第 617 页。

〔30〕 同上书,第 620 页。

〔31〕〔英〕哈耶克:《自由秩序原理》,邓正来译,三联书店 1997 年版,第 26 页。

们理应享有的保持沉默的自然权利？

在哲学命题上，从来都只有永恒的问题，决没有永恒的答案。早在20世纪初期，法国历史学家基佐就明确地提出了这样的问题：

> 构成文明的这个事实的两种发展中，即一方面社会的发展，另一方面人性的发展，这两者之中，哪一种发展是目的，哪一种发展是手段？人发展自己，发展自己的才能、感情、思想和自己的整个存在是不是为了改进自己的社会环境，改善自己在世上的生活？——或者，更准确地说，社会环境的改进、社会的发展，社会本身难道不是个人发展的舞台、契机和动力吗？总之，社会是服务于个人而设的，还是个人是为服务于社会而存在的？[32]

基佐没有对此问题给出正面的回答，但是他引用了鲁瓦耶·科拉尔的一句话：

> 人类社会是在地球上诞生、生活和死亡的，它们的命运是在那里完成的。……但它们不包容整个的人。人将自己许给社会之后，他还留有他最高贵的部分，一种高超的能力，凭借这一能力他升高到上帝那里，升高到未来一个看不见的世界里的未知的幸福之中。……我们，这些个别而相同的人，是真正赋有不朽性的生命。我们有不同于国家命运的命运。[33]

从这段话看来，基佐显然是赞成在秩序与自由之间选择自由而不是选择秩序。因为他认为，对于究竟是社会服务于个人还是个人服务于社会，取决于对下列问题的回答：人的命运是否纯粹是社会性的？是否社会足以汲尽、消耗人的一切？或者是否人的内心深处有着某种来自身外的东西——某种比他在世上活着更崇高的志趣？[34]

---

〔32〕 参见〔法〕基佐：《欧洲文明史》，程洪逵、沅芷译，商务印书馆1998年版，第15页。
〔33〕 同上书，第16页。
〔34〕 同上书，第15页。

美国法学家博登海默认为：尽管规则（秩序）的存在有助于在处理人际关系中消灭任性与偏见的极端形式，但它在内容与作用方面仍然可能表现为苛刻的、非理性的、无人道的，其本身并不足以保障社会秩序中的正义。[35]

我国著名学者舒国滢则明确指出：秩序是必要的，因为它是以人为本的，是建立在“事物的性质”和人的本性基础之上的，是一个服务于人的手段；但它又不是充分的，因为它决不是一个独立自存的目的；或者说，人不是为了秩序而存在，而是秩序为了人存在；而且，秩序的欲望本身也潜藏着某种暴烈和专横的性质，包含着人们对服从于情绪和情感力量的自发的、即兴的生活方式的压制。[36] 舒国滢还指出，在一个国家之内，秩序的产生和维护并不是一件特别困难的事情，通过纯粹的暴力（包括通过专横的法律统治）就可以轻而易举地达到所要追求的目的；但真正的困难在于寻找秩序实现的合法性及正当性；特别是在今天这样一个法治和民主昌明的时代，寻求秩序的正当性基础就显得更加重要和迫切了。[37] 所以，国家只有在为了实现个体的生存和发展而提供条件方面才有存在的必要。因为国家本来就是为了实现个人的生存和发展才建立起来的。[38]

沉默权规则恰恰为保障自由的原则提供了诉讼中的保障机制。对此，汉姆赫兹曾说：“反对自我归罪的特免权使人们不能被合法地要求回答可能帮助对他自己定罪的问题。这项特免权被广泛地认为既

---

〔35〕 参见〔美〕博登海默：《法理学：法律哲学与法律方法》，邓正来等译，中国政法大学出版社 1999 年版，第 229 页。

〔36〕 参见舒国滢：《人本的秩序》，载《工人日报》2000 年 3 月 11 日，第 3 版。

〔37〕 同上注。

〔38〕 马克思主义认为，国家是阶级斗争不可调和的产物，是一个阶级统治另外一个阶级的工具。但必须指出，马克思所作的这一论断是在实然而不是应然的意义上作出的论断。换句话说，这是一个事实判断而不是一个价值判断。马克思是在对阶级社会进行历史的分析以后对他之前所存在的国家作出的一种经验总结。很显然，马克思痛恨这样的社会，马克思希望的是一个无阶级的社会。马克思认为，国家不应当是一个阶级压迫另一个阶级的工具——未来的国家应当是“所有自由人的联合”。

是人类自由的基础，也是公民权利发展的历史中最具纪念意义的部分。"[39]沉默权从它起源的那一天起，就成了"保障人类自由的历史发展过程中集中的呼唤，成了英美法律建立的砖基，成了发展法律制度的一个新起点"。[40] 莱昂纳德·利维在其《第五修正案的起源》一书的末尾也说道："权利法案以刑事司法的面貌出现是有深刻原因的。它的缔造者们深知，如果没有一个公平的、受控制的程序保护刑事被告人，这个国家将不会有自由。他们知道，从有记载的人类历史以来，专制者的第一步，就是运用刑事法律压迫他的对手。"[41] 又说："第五修正案反映了他们关于自由社会的判断，它以对人的尊重为基础；它认为，必须通过一个公正的程序，一个不需要被告人自己为自己的定罪作出贡献的程序来决定其是有罪还是无辜。这个程序比惩罚犯罪本身更为重要。"[42]

二、个人与国家

法国1789年《人权宣言》第2条规定："所有政治组织的目的都是保护个人天赋的、不可剥夺的权利。"1793年《人权宣言》第1条则写道："社会的目的是共同福利。政府是保障个人享有其天赋的、不可剥夺的权利这一目的而成立的。"

在谈到1789年《人权宣言》时，保罗·雅内说道："这部法案不是来自于孟德斯鸠，而是来自于让·雅克·卢梭。"[43]另一个孟德斯鸠和卢梭的研究者彻诺夫也认为，《人权宣言》体现的哲学理念来自卢

---

〔39〕 R.H. Helmholz, *supra* note 2, at 1.

〔40〕 R.H. Helmholz, *supra* note 2, at 1.

〔41〕 Levy, *supra* note 15, at 431.

〔42〕 Levy, *supra* note 15, at 432.

〔43〕 转引自〔法〕狄骥：《法律与国家》，郑戈、冷静译，辽海出版社、春风文艺出版社1999年版，第247页。

梭。[44] 也许，支持这种观点最有力的论据，莫过于卢梭在《社会契约论》中说过的一段话："我们承认，每个人由于社会契约而转让出来的自己权力、财富、自由，仅仅是全部之中其用途对于集体有重要关系的那部分；但是也必须承认，唯有主权者才是这种重要性的裁判人。凡是一个公民能为国家所做的任何服务，一经主权者要求，就应该立即去做；可是主权者这方面，却决不能给臣民加以任何一种对于集体是毫无用处的约束；他甚至于不可以有这种意图，因为在理性的法则之下，恰如在自然的法则之下一样，任何事情决不能是毫无理由的。"[45]

应当说，卢梭的有些观点，例如，人是生而自由与平等的、国家只能是人民自由协议的产物、国家的主权在于人民、最好的整体应该是民主共和国等，都是正确的。另外，卢梭还认为："人性的首要法则，是要维护自身的生存，人性的首要关怀，是对于其自身所应有的关怀。"[46] 这一观点无疑也获得了绝大多数人的好感。但是，按照狄骥的说法，卢梭并不是一个真正的自由主义者，而是一个专制主义者。[47] 其主要论据之一，也是上面提到的一句话："必须承认，唯有主权者才是这种重要性的裁判人。"这样，只要主权者认为一种约束对于集体而言是有用的，他就可以将这种约束强加于他的臣民。狄骥认为，卢梭的学说与其说是有益的，不如说是有害的；康德和黑格尔都深受卢梭学说的影响，其国家哲学与法律学说都与卢梭的社会契约论一脉相传。他指出：与黑格尔一样，康德尽管提出了绝对命令的概念，尽管他梦想永久和平，他仍然是建构 20 世纪上半期德国专制主义和帝国主义大厦的最伟大工匠之一。[48] 而作为卢梭故乡的法国之所以没

---

〔44〕 转引自〔法〕狄骥：《法律与国家》，郑戈、冷静译，辽海出版社、春风文艺出版社 1999 年版，第 247 页。

〔45〕 〔法〕卢梭：《社会契约论》，何兆武译，商务印书馆 1980 年第 2 版，第 42 页。

〔46〕 同上注，第 9 页。

〔47〕 参见前引〔法〕狄骥著，《法律与国家》，第 253 页。

〔48〕 同上书，第 276 页。

有走向专制主义和帝国主义（除了历史上很短的一段时间以外），乃是因为法学家的努力阻碍了卢梭的学说发生过多影响的缘故。狄骥写道：

> 由于其雄辩有力的文风，《社会契约论》的学说已经散布到整个世界，并且对政治思想产生了深刻的影响。值得自豪的是，除了在其历史上的很短一段时间以外，法国并没有将这种学说付诸实施。这应当归功于法国的大多数法学家，他们总是持续不断地批驳卢梭所提出的专制主义结论。毫无疑问的是，我们经常会援引这位日内瓦公民的权威，但在这样做的时候，我们往往是在将并不属于他的思想归功于他。我们把受社会人保护并因此对国家权力构成限制的天赋人权思想归于他的权威之下。但是我们已经看到，这从来都不是他的信念。我们将这一观点归功于他时，本是抱着真诚的信念的。〔49〕

且不论卢梭究竟是一个个人主义者还是一个专制主义者〔50〕，他在《社会契约论》中提出的个人必须无条件地服从公意的观点，的确是大可疑问的。按照卢梭的观点，为了使社会公约不至于成为一纸空文，它就默契地包含着这样一种规定：

> 任何人拒不服从公意的，全体就要迫使他服从公意。这恰好就是说，人们要迫使他自由；因为这就是使每一个公民都有祖国从而保证他免于一切人身依附的条件，这就是造成政治机器灵活运转的条件，并且也唯有它才是使社会规约成其为合法的条件；没有这一条件，社会规约便会是荒谬的、暴政的，并且会遭到最严重的滥用。〔51〕

---

〔49〕 参见前引〔法〕狄骥著，《法律与国家》，第261页。

〔50〕 事实上，狄骥对卢梭的评价本身就是自相矛盾的：一方面，他认为卢梭本人是一个坚定的个人主义者。参见前引〔法〕狄骥著，《法律与国家》，第248页；另一方面，他又指责卢梭的言论不像是一个真正的自由主义者的言论。同前注，第253页。

〔51〕 参见前引〔法〕卢梭著，《社会契约论》，第29页。

按照这种观点，个人应当服从公意，而公意又无非是多数人的意志。卢梭曾说："如果一个与我相左的观点获胜，那么这就非常清楚地证明是我错了，并且我所主张的并不是公意所主张的；强迫我服从多数人只是强迫我自由。"〔52〕这样的论点是很成问题的。尽管卢梭认为公意应当永远是正确的——他说公意并不等于众意，只有正确的着眼于公共利益的众意，才能叫做公意〔53〕——然而，如何判断众意是否着眼于公共利益，这本身是一个必须解决的问题。卢梭的观点，归根结底还是少数人的意志必须要服从多数人的意志，而且，为了所谓的公共利益，甚至可以要求个人放弃其生命："谁要依靠别人来保全自己的生命，在必要时（何时为'必要时'，按照卢梭的解释，只能由主权者来决定）就应当也为别人献出自己的生命。"〔54〕如果一个人可以被要求献出自己的生命，那还有什么可以不被要求献出的呢？〔55〕当公共利益在为了控制犯罪而要求所有被怀疑的人都必须如实陈述时，个人还有什么可以拒绝的呢？

要让被告人如实陈述的理论基础在于，当一个人被怀疑犯有某种罪行时，他为了公共利益的需要，有必要说出他所了解的事实真相。这样的理论是很有疑问的。如果公共利益本身并不代表正义的要求，那么它并不能强迫个人为这个所谓的公共利益作出牺牲。在莫泊桑的《羊脂球》这篇短篇小说中，实际上就是体现了这个问题。一开始，大家都看不起羊脂球，因为她是个妓女；可是后来这个团体的旅行出了点问题，原因是一个军官看上了羊脂球，要求她必须答应他的性要求，才能放他们走。羊脂球虽然是个妓女，可是她并不愿意与这个军

---

〔52〕　参见前引〔法〕卢梭著，《社会契约论》，第140页。

〔53〕　参见前引〔法〕卢梭著，《社会契约论》，第三章"公意是否可能错误"。

〔54〕　同上书，第46页。

〔55〕　必须注意的是，卢梭在这里是在阐述一种对个人具有约束力的学说。按照这种理论，一个人一旦进入社会，成为他所进入的社会的一分子，那么，由于他在社会中所享受到的一切，他同时也就失去了自己的一切。

官发生关系。在滞留了几天以后,大家一致决定,羊脂球必须为了大家的利益放弃自己顽固的做法,她必须与军官发生关系。——从这个例子我们可以看出,为了多数人的利益而必须让少数人作出牺牲乃是天经地义的事情这样的理论是多么的有问题!

其实,人类的历史就是一群人在旅途中长途跋涉的历史。在这个历史的长河中,谁也没有权利声称某一部分人有必要为了大家的利益而放弃自己的利益,谁也没有权利声称为了所谓大多数人的利益而使其中一部分人贡献自己的贞操。

正是在这个意义上,本雅明·贡斯当对卢梭的理论给予了这样的批判:

> 多数人同意并不足以在任何情况下都使这样的命令性行为合法化。有些事项是任何主体都不能进行认可的。无论是何种权威实施了这样的行为,产生这一权威的来源都是无足轻重的;无论它被称作个人,还是被称作一个国家,都是毫无价值的;即使它是来自于整个国家——不包括那些由此而受到压迫的公民,它也不可能再具有合法性。卢梭未能认识到这一事实,他的错误使得如此经常被用来支持个人自由的社会契约论变成每一类专制主义的罪恶帮凶。[56]

当代政治学家罗尔斯也指出:

> 正义是社会制度的首要价值,正像真理是思想体系的首要价值一样。……某些法律和制度,不管它们如何有效率和有条理,只要它们不正义,就必须加以改造或废除。每个人都拥有一种基于正义的不可侵犯性,这种不可侵犯性即使以社会整体利益之名

---

〔56〕 转引自〔法〕狄骥:《法律与国家》,郑戈、冷静译,辽海出版社、春风文艺出版社1999年版,第344页。狄骥对这一批判的评论是:真是说得太精彩了!如果本雅明·贡斯当再多活60年,那么他就会看到他的预言被德国的所有专制主义学说——卢梭是真正的启蒙者,中间又经过了康德和黑格尔的传承——所证实。同前注,第345页。

也不能逾越。因此，正义否认为了一些人分享更大利益而剥夺另一些人的自由是正当的，不承认为了许多人享受的较大利益能绰绰有余地补偿强加于少数人的牺牲。所以，在一个正义的社会里，平等的公民自由是确定不移的，由正义所保障的权利决不受制于政治的交易或社会利益的权衡。[57]

三、人性本恶与人性本善

英国哲学家休谟指出："一切科学对于人性总是或多或少地有些关系，任何学科不论似乎与人性离得多远，它们总是会通过这样或那样的途径回到人性。"[58]应该说，人性问题可以包含两个方面：一是事实方面；二是价值方面。从本体的角度或者说从认识的角度，我们可以对人的一些共同的情感、喜恶进行描述；从价值的角度，我们可以对人的这些共同特征进行价值判断，区分哪些行为在何种条件下符合善的要求，哪些行为在何种条件下符合恶的构成。

在中国，孟子提出了性善的学说，这一学说使孟子赢得了极高的声望。与孟子相对立的儒家另一个代表荀子提出了人性恶的学说，汉代以后的中国统治者虽然表面上不相信他，但是他的理论在治国的方略中却经常得到运用。秦朝的两个非常著名的人物李斯与韩非，都是荀子的学生，并且秉承了荀子关于人性恶的学说[59]，并依据该学说创

---

〔57〕 参见〔美〕罗尔斯：《正义论》，何怀宏等译，社会科学出版社 1988 年版，第 78 页。

〔58〕 〔英〕大卫·休谟：《人性论》，关文运译，商务印书馆 1980 年版，第 6 页。

〔59〕 但是他们又与荀子存在一定的区别。荀子主张"人性恶，其善者伪也"，这只是一方面。另一方面，他又主张"化性起伪"，认为只要经过修炼，人人都可以达到圣人的境界，即所谓"涂之人可以为禹"。而且他也希望每个人都将它作为人生追求的最高目标。在这一点上，荀子与孟子是没有区别的，因为孟子也主张"人皆可以为尧舜"。荀子与孟子的区别在于，荀子认为，人的本性是恶的，所以，达到圣人的境界必须要改变或去除自己的恶性；而孟子则认为，人的本性是善，所以要达到圣人的境界，只需要充分发展他的"善端"就可以了。而法家的代表人物不仅认为人性本来是恶的，而且人不应该改变自己的本性，并且只有在人不改变自己本性的情况下，他们那一套"法治"理论才能够充分地发挥其效用。

立了“法治”的治国方略。秦的立法,为汉所仿效。汉代名臣萧何在《秦律》六编的基础上,增加“户”“兴”“厩”三编,制定了汉朝《九章律》。此后,中国历代法典,无不以汉律为基础制定而成。

在西方,关于人性的讨论从古希腊和古罗马就已经开始。对于中西方哲学关于人性论的区别,陈兴良教授曾说:“中国哲学主要是从伦理学的角度界定人性。而在西方哲学中,性之善恶虽然是一个与人性有关的问题,但人性研究主要集中在理性与经验之争。”[60] 这样的看法自然有一定的道理,但是并不全面。实际上,西方哲学家不仅对人性究竟是理性的还是经验的感兴趣,而且对人性善恶问题的探讨也不亚于中国的哲学家;而中国哲学家对于人性究竟是理性的还是经验的也多有阐述,只是他们不用“理性”或“经验”这样的词汇罢了。从大体上来看,所谓“理性”或者“经验”,无非均是从认识论也就是本体论上加以考察,而善恶的讨论则是从价值论上加以考察。并且,无论是中国哲学家还是西方哲学家,他们关于人性善恶的价值论判断都是建立在他们对人性之表现的本体论考察基础上作出的。没有本体论的考察,就不会有价值论的判断。在这一点上,古今中外都是相同的。在西方,柏拉图、亚里士多德、奥古斯丁等都曾就人性善恶的问题发表过自己的高见。在近代,英国的大卫·休谟在其名著《人性论》一书中写道:“我们承认人们有某种程度的自私;因为我们知道,自私和人性是不可分离的,并且是我们的组织和结构中所固有的。”[61] 但是,平心而论,尽管每一个哲学家都提出了自己关于人性的理论,但是在对立各派当中,可以说谁也说服不了对方。

其实,从事实判断的角度来看,人性的善恶是一个永远无法证实的东西。但是,我们可以对人在特定场合下表现出来的行为做道德上的判断,并且可以对人在特定场合下会表现出什么样的行为进行预

---

〔60〕 陈兴良:《刑法的人性基础》,中国方正出版社 1996 年版,第 1 页。

〔61〕 〔英〕休谟:《人性论》,关文运译,商务印书馆 1980 年版,第 625 页。

测。从这个意义上讲,每个人都天然具有一种作恶的可能性。因为,只要没有外在的约束,每个人总想伸张自己的意志。陈兴良教授在其《刑法的人性基础》一书中断言:“人性是善还是恶这是一个难以实证的问题。但与其假定人性善,不如假定人性恶。”〔62〕实际上就是说,在立法时,我们宁愿相信,每个人都具有作恶的可能性。本书正是在这个意义上,使用“人性恶”的概念。汉密尔顿在《联邦党人文集》中曾经说:“如果每个人都是天使,那我们也就不需要宪法了。”美国自然法哲学家威尔逊认为,必须通过法治把制衡控制制度引入政府制度之中;依据这一制度,“即使坏人当政,人们也能迫使他为公益效力”。〔63〕在西方甚至有学者声称:“除非假定人的劣根性比野兽好不了多少,并针对这种情况作出规定,以防范人的外部行动,使它们不致妨碍所以要组成社会的公共福利,除非法律做到这种地步,它们便是不完美的。”〔64〕也就是说,只有假定人性恶的法律,才可能是一部科学的法律。也许正是在这个意义上,黑格尔才说:“人们以为当他们说人性本善时是说出了一种伟大的思想,但他们忘记了,当他们说人性本恶时是说出了一种伟大得多的思想。”〔65〕

既然如此,那么,一切诉讼制度尤其是刑事诉讼制度也必须建立在对人性的理解基础之上。刑事诉讼程序之所以被设计为一种保障公民个人自由不受国家不合理侵犯的程序,就是基于对人可能作恶这一本性的基本假设。事实上,诉讼这一事实本身,就体现了人性当中自私的一面。关于诉讼之起源,荀子曾说:“人生而有欲,欲而不得,则不能无求;求而无度量分界,则不能不争。”〔66〕可见,诉讼实因欲望而引起,因权利义务而发生。正是基于这样的理论,我们认为为了防止

---

〔62〕 陈兴良:《刑法的人性基础》,中国方正出版社 1996 年版,第 562 页。

〔63〕 前引〔美〕博登海默著,《法理学:法律哲学与法律方法》,第 58 页。

〔64〕 〔英〕洛克:《政府论》(下篇),叶启芳、瞿菊农译,商务印书馆 1964 年版,第 84 页。

〔65〕 转引自王沪宁、俞吾金主编:《狮城舌战》,复旦大学出版社 1993 年版,第 333 页。

〔66〕 《荀子·礼论》。

警察对公民个人权利的侵犯,必须赋予公民针对警察的讯问保持沉默的权利。而且,从历史上看,古今中外的专制统治者对人民和政敌的压迫都是通过刑事诉讼程序实现的。赋予嫌疑人、被告人沉默权,目的就在于对抗政府可能发生的侵犯公民个人自由的行为。如果公民没有被赋予这种对抗的手段,那么他的自由将是岌岌可危的。对此,丹宁勋爵曾精辟地指出:

> 人身自由必定与社会安全是相辅相成的……倘若一个正直的人可以受到杀人犯或盗贼的侵害,那么他的人身自由就分文不值了。每一社会均须有保护本身不受犯罪分子危害的手段。社会必须有权逮捕、搜查、监禁那些不法分子。只要这种权力运用适当,这些手段都是自由的保卫者。但是这种权力也可能被滥用。而假如它被人滥用,那么任何暴政都要甘拜下风。[67]

有一种观点认为,沉默权没有保护无辜者,无辜者的利益可以通过回答警察的提问获得最好的保护。[68] 我认为,说无辜者的利益可以通过回答警察的提问获得最好的保护,实际上是在充分相信警察会完全遵守法律程序的基础上进行的一种制度设想,这种设想是基于对警察人格的理想假设。而实际上警察完全可能不按照法律程序办事。要求犯罪嫌疑人如实回答讯问,就是要求犯罪嫌疑人的回答与事实相符合。那么回答是否符合事实的标准在哪里呢?在侦查阶段,这个标准只能由警察来掌握。如果警察不相信犯罪嫌疑人的回答是事实,他就完全可能采取一些非法的措施使犯罪嫌疑人说出警察心目中的"事实"。实际上,刑讯逼供正是这样产生的。要求嫌疑人、被告人如实回答的规则反映了办案人员对口供的依赖性。而按照瑞里的观点,"一个有赖于口供的制度,最终将会变得更不可靠,而且,相比一个依赖于

---

〔67〕 参见前引陈光中主编,《刑事诉讼法修正实务全书》,第 625 页。

〔68〕 Gregory W. O' Reilly, *supra* note 18, at 424-425.

外来的通过熟练的侦查独立地获得证据的制度而言,它也更有可能导致对嫌疑人、被告人的虐待。"[69]我们的程序在设计上不能以个人的品格高超为基础,而应当考虑到每个人都具有实施恶的行为的可能性。[70]

四、被告人人权与"被害人人权"

如果说刑事诉讼法是一部保障公民个人自由的法律,那么,作为公民个人之一分子的犯罪被害人的权利是否也应当予以保障?对此问题,我的观点是,被害人的权利当然也要予以保障,但是当被告人与被害人的利益发生冲突时,对于被告人的权利应当优先考虑[71];在沉默权问题上,也是如此。对于这一观点,我给出以下几个理由:

第一,从刑事诉讼法的历史发展来看,一部刑事诉讼制度史,就是一部人权保障的历史。而在这个历史发展过程中,被告人的人权保障始终居于核心地位。在纠问式刑事诉讼中,被告人被剥夺了一切正常人所应当享有的权利,在有罪推定的原则下接受的是血与火的考验。他既没有辩护人为其提供辩护,也没有权利为自己开脱;他唯一能够做的就是证明自己有罪。所以,刑事诉讼在很长一段时期内是根本不注意保护被告人人权的,不管是在国家作为原告的案件中,还是在私

---

〔69〕 Gregory W. O' Reilly, *supra* note 18, at 423.

〔70〕 有一点必须说明的是,正如有些学者所指出的那样,沉默权并不是防止刑讯逼供的唯一途径。我也承认,刑讯逼供可以通过其他一些途径而得到有效的扼制,比如说,设立讯问时的律师在场制度,允许被羁押的嫌疑人与其亲属会见,决定羁押的人员与申请羁押的机关相分离,执行羁押的机关与申请羁押的机关相分离等,均可以在很大程度上达到抑制刑讯逼供现象的效果。但是,正是由于抑制刑讯逼供并不是确立沉默权的唯一理由,而且也不是确立沉默权规则最重要的理由,甚至可以说,抑制刑讯逼供仅仅是沉默权规则的一个外在的功能,而不是它赖以确立的内在根据,所以,不能以其他手段可以达到抑制刑讯逼供的效果而否定沉默权规则的内在合理性。

〔71〕 早在古罗马时代,盖尤斯就曾经指出:"被告比原告更应该受到照顾。"参见〔意〕桑德罗·斯奇巴尼选编:《司法管辖权·审判·诉讼》,中国政法大学出版社 1992 年版。这说明,被告人权利优先原则有着悠久的历史传统和深刻的思想渊源。

人作为原告的案件中,被告人都仅仅是查明案件事实真相的手段。只有在西方启蒙思想逐渐传播开来以后,刑事诉讼才开始从野蛮走向开化,从暴力走向文明。刑事诉讼在历史上的一切变革,都与保护被告人权利的要求息息相关。相应地,只有当被告人的人权有了长足的进步的时候,整个社会的人权状况也才有了明显的改观。[72]

第二,保护被告人人权的思想,是保护人权思想的集中体现。西方有一句名言:"程序是否发达,是判断一个国家法治发达程度的一个重要标志。"那么,判断一个国家刑事诉讼程序是否发达的标志又是什么呢?我认为,就是被告人人权的保障程度。被告人人权的保障程度是一个国家刑事诉讼程序是否正当、是否民主的一个重要标准。在一个刑事诉讼程序中,如果被告人的人权不能够得到保障,那么被害人的权利也不可能得到真正的保障。这是因为:在刑事诉讼中,最容易受到国家权力侵犯的是被告人的权利而不是被害人的权利;尽管被害人的权利也可能由于侦查或指控不力等原因而照顾不周,但从总体上看,被告人总是处在与国家对抗的地位,如果对被告人不能赋予其必要的权利以武装他自己,使之能够与代表政府一方的公诉人对抗,那么被告人将处于任人宰割的悲惨境地。所以,保障被告人人权的思想是保障人权思想的集中体现,如果被告人的人权没有得到充分重视,实际上表明整个国家在保障人权方面都没有受到重视。中国古代在对被告人进行刑讯之后,如果"拷满不承",就要"反拷告人"[73]的规定,非常有力地论证了这一观点。所以,在一个被告人的人权不能得到保障的刑事诉讼程序中,被害人的人权也不可能得到真正的

---

〔72〕 最近便的例子就是"文化大革命"以后的刑事立法。立法机关感觉到,在被告人权利没有任何保障的情况下,这个国家将不可能有真正的自由;任何人随时都有可能沦为阶下之囚,而且不必经过法律的正当程序就可以对一个人定罪处刑,这样的制度决不是一个民主的制度;因此,1979年《刑事诉讼法》同时也是我国的第一部刑事诉讼法规定了一系列保障被告人人权的措施。虽然以现在的眼光来看,它并非十分完善,但它对于我国的人权状况的改善的确做出过不可磨灭的贡献。

〔73〕 (清)薛允升:《唐明律合编》(卷29),"拷囚限满不首"条。

保障。

第三,保障被告人人权是保障被害人权利的一个重要方面。保障人权既然有它自身内在的逻辑,因此与发现真实难免存在冲突,但它也并非总是与发现真实相对立。在很多情况下,它与发现真实是相互辉映的。如果由于侵犯被告人人权——例如严刑拷打等——而导致被告人作出了虚假的供认,并导致法院最后判决一名无辜者有罪,那么它实际上造成了双重的危害:一方面,它使被告人遭受了冤屈,被告人所要求的正义没有得到实现;另一方面,在有被害人的案件中,特别是在杀人、强奸、抢劫、绑架勒索等暴力侵害案件中,由于错误地对无辜者定罪而导致真正的犯罪者被放纵,所以,对于被害人而言,他的权利实际上并没有得到很好的保护。所以,从这个角度而言,说为了保护被害人的人权而可以侵犯被告人的人权,这种观点显然是荒谬的。

第四,就被害人而言,他所遭受的侵犯是来自个人或某个团体;在这个个人或团体面前,被害人也许会显得很弱小;但是,他的这种弱小在进入刑事诉讼以后,就立即为国家力量的强大所取代。而被告人在刑事诉讼中,无论如何都处于弱者的地位。被害人的权利遭受犯罪人的侵犯后,如果国家疏于管理,不履行职责,被害人至少还可以拿起武器,凭借自己的力量或联合一部分人的力量,与犯罪分子展开斗争——或者说:报复。但是,如果被告人的权利遭受国家的侵犯,他将呼天天不应,叫地地不灵。如果他准备反抗,那么毫无疑问,他将会招致更为不利的后果。

综上所述,在刑事诉讼中,被告人的权利应当优先保护,其目的在于防止以“保障被害人人权”之名,行“侵犯被告人人权”以及“侵犯任何公民人权”之实。

第三节 主体性原则

哈耶克有一句名言:“我们可能是自由的,但同时也有可能是悲苦的。自由并不意味着一切善物,甚或亦不永意味着一切弊端或恶行之不存在。”[74]既然如此,那么我们为什么还要追求自由、并且甘愿为了自由而献出自己的生命,而且为了实现自由的原则,要求国家在宪法和刑事诉讼法中规定一系列保障自由的条款呢?这是因为,对自由的尊重,体现了对人的尊严的尊重,体现了主体性原则的思想。[75]

一、主体性原则的基本内涵

西方近代哲学的一个重要特点就是明确建立主(主体)客(客体)二分式以主体性为哲学的指导原则。[76] 从笛卡尔到黑格尔的西方近代哲学史在此基础上形成了一个所谓“主体形而上学”的传统,黑格尔是这一传统的顶峰。所谓主体,就是自主地意识到自己的存在及其价值,并且能够自主地决定自己的行为和言论的个体。所谓主体性原则,按西方传统哲学的原文原意,其实质是强调、赞扬自我、主体,主张自我的价值,反对把人与作为客体的物同等对待。主体不为客体所决定,亦不为别的主体所决定。其存在的意义,就在于主体自身。康德

---

〔74〕〔英〕哈耶克:《自由秩序原理》,邓正来译,三联书店1997年版,第13页。

〔75〕从这个意义上说,自由也许并不是人类所追求的最崇高的价值目标,它也仅仅是体现人作为人的尊严的手段。自由并不保证个人一定能获得幸福,而强制也不一定导致个人的不幸福。举例言之:包办婚姻是一种强制,自由恋爱是一种自由,但是自由恋爱结成的婚姻获得幸福的比率不一定高于包办婚姻获得幸福的比率。美国是世界上恋爱婚姻最多的国家,同时也是世界上离婚率最高的国家。但是,恋爱自由、婚姻自由的意义并不在于给婚姻的当事人带来幸福,而在于赋予婚姻当事人以做人的尊严。

〔76〕此论断参见张世英:《天人之际》,人民出版社1995年版,第三章“长期以主客二分为主导的西方哲学史”和第四章“西方哲学史上的主体性原则与中国哲学史上关于人的理论”。

在其《道德形而上学的基本原则》一书中明确提出："我认为：人以及一般的任何理性存在物都作为自身的目的存在着，而不仅仅是这个或那个意志任意使用的手段。在他的一切行动中，不管它们涉及自己还是其他理性存在物，都必须总是同时被当做目的。"〔77〕关于主体与客体之间的区分，康德说道："其存在不依赖于我们的意志而依赖于自然的意志的存在物，如果他们是非理性存在物，就只具有作为手段的相对价值，因而叫做事物；相反，理性存在物叫做人格，因为他们的本性指出了他们本身就是目的，是不能只被当做手段使用的东西。"〔78〕根据这样的精神原则，康德得出了关于实践的最高命令："在行动中，要把不管是你自身的还是任何其他人的人性都永远当做目的，永远不能只当做手段。"〔79〕

另一位伟大的哲学家黑格尔也认为，理性的基本要求之一是必须尊重他人的权利和人格，法律是设计用来加强和保证这种尊重的主要手段之一。〔80〕黑格尔指出："人格的要义在于，我作为这个人，在一切方面（在内部任性、冲动和情欲方面，以及在直接外部的定在方面）都完全是被规定了的和有限的……因此我是在有限性中知道自己是某种无限的、普遍的、自由的东西。"〔81〕意大利新康德主义者德尔·韦基奥也对人的主体性进行了论述。他认为，尊重人的个性的自治是正义的基础，每个人都可以要求其同胞不应仅仅把他当做一种工具或物体来对待。〔82〕

---

〔77〕〔德〕康德：《道德形而上学的基本原则》，载郑保华主编：《康德文集》，刘克苏等译，改革出版社 1997 年版，第 91 页。

〔78〕同上注。

〔79〕同上书，第 92 页。

〔80〕参见〔德〕黑格尔：《法哲学原理》，范扬、张企泰译，商务印书馆 1961 年版，第 46 页。其原文为："……所以法的命令是：'成为一个人，并尊敬他人为人。'"

〔81〕〔德〕黑格尔：《法哲学原理》，范扬、张企泰译，商务印书馆 1961 年版，第 45 页。

〔82〕参见前引〔美〕博登海默著，《法理学：法律哲学与法律方法》，第 157—159 页。

二、主体性原则与沉默权规则

主体性原则要求法律必须尊重每个人的自由和尊严。“法律应实践出这个人文理想:每一个人都应该受到尊重和关怀,无论他是谁,无论他做过什么,不分种族、肤色……和其他特点。一个人应受到尊重,不为什么,只因为他是一个人,有独特的历史、性别和机构,以保障每个人的权益,防止他受到政府或其他人的侵犯,使每个人都有机会过一种合乎人的尊严的生活。”〔83〕

主体性原则作为一项思想原则体现到诉讼中,就是要求将被指控犯有罪行的人作为有着其自身目的的主体来对待,而不是将他作为惩罚的对象和获得证据的工具。对此,黑格尔指出:“不是把罪犯看成是单纯的客体,即司法的奴隶,而是把罪犯提高到一个自由的、自我决定的地位。”〔84〕这一论断正是基于对封建专制之下黑暗腐败的司法制度的一种鞭挞。在欧洲中世纪的纠问式诉讼中,被告人处于几乎没有任何诉讼权利的纠问客体地位。纠问程序对国家官吏发动职权追究案件真相给予充分的信任,而对被告人则只是作为一种发现真实的手段。在这种诉讼模式之下,被告人无权提出有利于自己的证据,也难以进行有效的辩解,因为他不是拥有诉讼权利的独立主体;诉讼过程中对被告人实施刑讯逼供等非人道的取证手段、强迫他作出非自愿的自白,被认为是合理合法的事情。中国古代的审判模式是否属于纠问式审判模式,在理论界固有争论,然而刑讯逼供是中国古代司法实践中一种司空见惯的现象这一事实却无可否认。所有这些,都是因为人们在观念上忽视甚至否定人的主体性的缘故。道德上缺乏对人的主体性原则的认同,诉讼上也就缺乏程序主体性的理论,自然也就难以避免侵犯人权的弊端。这种状况直至16世纪文艺复兴时期西方启蒙

---

〔83〕 前引陈光中主编,《刑事诉讼法修正实务全书》,第620页。

〔84〕 转引自《马克思恩格斯全集》(第8集),人民出版社1972年版,第578页。

思想家高扬起人的主体性原则以后才有所改善。沉默权也正是在这样的理论背景下才得以在英国首先确立。沉默权的确立，被认为是"人类在通向文明的斗争中最重要的里程碑之一"。[85] 它所体现的文明的内容就是它体现了对人的尊严的尊重。对此，日本学者指出："沉默权源于人的尊严。"[86]沉默权为犯罪嫌疑人和被告人提供了一种在保持沉默与作出供述之间进行选择的自由，这种自由去除了如实回答义务加在嫌疑人、被告人身上的强制。哈耶克曾经说："强制之所以是一种恶，完全是因为它据此把人视作一种无力思想和不能评估之人，实际上是把人彻底沦为了实现他人目标的工具。"[87]所以，在沉默权进一步发展也就是被告人被取消作证资格的规则被废除的过程中，主张废除这一规则的学者曾经提到："被告人是一个理性的、负责的主体。如果刑事诉讼程序将被告人看做是理性的刑事诉讼主体来对待，而不是仅仅将它作为一个获得有关事实方面的正确裁决的工具来对待的话，那么，被告人就应当享有听证的机会，必须允许他发表自己的意见，否则，法庭就不会承认他作为一个理性参加者的诉讼地位。"[88]日本学者铃木茂嗣在其《日本刑事诉讼法的特色及解释上的诸问题》一书中也明确地宣称："沉默权的保障，可以说是不把犯罪嫌疑人、被告人作为审讯的客体，而是作为诉讼主体来对待的直截了当的表现。"[89]

一直到现在，国内外一些学者主张取消沉默权，其主要理由之一还是因为它阻碍了发现案件真相；沉默权限制了警察从犯罪嫌疑人那里获得收集其他证据的线索；在侦查程序中对犯罪嫌疑人的讯问对于

---

〔85〕 转引自 R. H. Helmholz, "Orighins of the Privilege Against Self-Incrimination: The Role of the European *Ius Commune*", *New York University Law Review*, Vol. 65, No. 4, Oct. 1990, at 962.

〔86〕 〔日〕田口守一：《刑事诉讼法》，刘迪等译，法律出版社 2000 年版，第 88 页。

〔87〕 参见〔英〕哈耶克：《自由秩序原理》，邓正来译，三联书店 1997 年版，第 17 页。

〔88〕 Christopher Allen, *supra* note 3, at 175.

〔89〕 转引自〔日〕西原春夫主编：《日本刑事法的形成与特色》，李海东等译，法律出版社、成文堂 1997 年版，第 48 页。

有效追究犯罪来说仍是最重要的手段。[90] 这种观点正是程序工具主义的一种体现,他们不仅认为程序是为实体服务的工具,而且认为犯罪嫌疑人、被告人也只是刑事诉讼程序中查明案件真相的一种手段,是获得证据或证据线索的一种途径。它显然违反了人的主体性原则,是对人的基本人格、基本尊严的侵犯。康德说:"践踏人们权利的人企图把他人的人格只用作手段,没有考虑到他们作为理性存在物,应该总是也被作为目的受尊重,也就是说,作为必须能够在自身中包含每个相同的目的的存在物来尊重。"[91] 在刑事诉讼程序中如果如实陈述不是犯罪嫌疑人、被告人的权利而是他的义务,就剥夺了他在如实陈述和保持沉默之间进行选择的权利,这就好像对着狗举起杖来,吆喝着:你说也得说,不说也得说!——这不是对人的尊严和自由予以应有的重视,而是像对待狗一样对待他。因此,这种程序工具主义的观点显然应当予以抛弃。

还有一种观点认为,从心理学的角度看,如果犯罪嫌疑人、被告人在事实上是有罪的,如实陈述的义务有助于其认罪伏法;在此情形下规定沉默权实质上是对有罪者进行保护;如果犯罪嫌疑人是无辜的,

---

〔90〕 转引自熊秋红:《反对自我归罪的特免权与如实陈述义务之辨析》,载《外国法译评》1997 年第 3 期,第 60 页。有些时候,被告人行使沉默权的行为也许确实阻碍了发现案件事实真相,但是,有些学者在论证这一观点时所举出的例证却使人难以信服。例如,有的学者举了一个极端的例子,并向主张赋予犯罪嫌疑人、被告人沉默权的学者发问说:在行贿案件中,只有行贿人、受贿人,或者再加一个介绍贿赂人,如果行贿人保持沉默、受贿人保持沉默、介绍贿赂人也保持沉默,这个案件怎样侦破?——这确实是一个很极端的"案件"。但使我迷惑的是,如果本案没有其他证据(这是举例者假设的前提条件,因为如果还有其他证据的话,就不存在如何破案的问题),侦查人员如何知道发生了这样一个案件?根据我国《刑事诉讼法》的规定,立案的条件是:第一,认为有犯罪事实发生;第二,需要追究刑事责任。现在的前提是所有了解案情的当事人都保持沉默,则检察官根据什么认为这个被告人收受贿赂?如果仅仅是因为这个人拥有数额较大的财产而对他产生怀疑,我们完全可以以"巨额财产来源不明罪"对他定罪处罚,不存在无法定案的问题。所以,这些学者所举的例子实际上并不存在。但是,他们举的这个例子正好从一个侧面反映了他们潜意识里存在的思维方式:有罪推定——我怀疑你,你就是有罪的;只不过,我拿不出证明你有罪的证据来;为了证明你有罪,请开口说话,帮我们一把。

〔91〕 郑保华主编:《康德文集》,刘克苏等译,改革出版社 1997 年版,第 92 页。

他的自然反应往往是尽可能对其行为提供解释,对指控提出疑问、回答提问或否定对他的指控。[92] 与之相似的一种观点认为,要求犯罪嫌疑人如实陈述的程序是正义的,因为无辜者没有什么需要隐瞒,说出真相也不会伤害他们;只有真正有罪的人才会拒绝回答提问。[93] 这种观点同样是违反主体性原则的,因为持这种观点的人实际上在代替犯罪嫌疑人、被告人进行选择。我认为,即使犯罪嫌疑人在事实上是有罪的,赋予其沉默权也是必要的,因为程序先于事实。在程序开始以前,任何事实都是不确定的。如果在程序开始的时候就要求犯罪嫌疑人、被告人如实陈述,实际上是对他们作出了有罪的假定;因为按照无罪推定原则的要求,犯罪嫌疑人无须证明自己有罪,并且按照自然道德的要求,犯罪嫌疑人也不应证明自己有罪。另外,即使是根据心理学的原理,有罪的犯罪嫌疑人、被告人也几乎总是想方设法掩盖自己的罪行,撒谎是他们惯用的伎俩,如实陈述义务并不能有效地促使他们说出全部事实真相,而只能使他们为了掩盖自己的罪行又犯下新的罪孽(撒谎)。在犯罪嫌疑人无罪的情形下,更应当赋予其沉默权,因为:既然根据心理学原理,无罪的犯罪嫌疑人总是对其行为作出解释,对指控提出疑问、回答提问或自动辩解,那么再强加其以如实陈述的义务就委实没有必要;同时,无罪的犯罪嫌疑人也并非总是对其行为作出解释;作出解释应该是他的权利而不是他的义务;当他认为有可能越解释越糟糕时,就应当允许其保持沉默。此外,无辜者是否没有什么需要隐瞒,说出真相是否会对他们构成伤害,这要靠无辜者自己的良心和理性来决定,而无须立法者替他们作出决定。至少在目前还没有证据表明,立法者比刑事诉讼中的无辜者更懂得如何维护他们在诉讼中的权利和利益,也没有证据表明前者比后者更精于算计。事实上,行动的自由之所以被赋予个人,并不是因为自由可以给予个

---

〔92〕 转引自 Adrian A. S. Zuckerman, *supra* note 16, p. 65.

〔93〕 See Gregory W. O' Reilly, *supra* note 18, at 417.

人以更大的满足,而是因为如果他允许按自己的方式行事,那么一般来讲,他将比他按照我们所知的任何命令方式去行事,能更好地服务于他人。[94]同时,赋予犯罪嫌疑人在作出陈述与保持沉默之间进行选择的权利,也并不意味着我们认为一个人永远是其自身利益的最佳判断者,而只是意味着我们永远不可能确知谁比行动者本人能更好地知道他的利益,还意味着我们希望所有的人都能够充分发挥他们的能力。而强制则意味着一个人实现的是他人的目的而不是他自己的目的。"尽管被强制者在任何时候仍会为了自己的利益而竭尽努力,但是在强制的情况下,他的行动所必须符合的唯一的综合设计却出于另一个人的心智,而非他自己的意志。"[95]

退一步说,即使这些心理学家的观点是正确的,也就是说,对于那些无罪的犯罪嫌疑人、被告人来说,不用强制就会自动地如实陈述;既然如此,那为什么我们还要在不需要强制的地方实行强制呢?要知道,程序并非一种从外部强加给社会的压力,而是一种从内部建立起来的平衡。[96] 季卫东认为,程序必须具备吸收不满的功能。[97] 在可以吸收不满的地方,在我们完全可以对犯罪嫌疑人、被告人表现得仁慈一点的地方,为什么非要咄咄逼人,给社会一种被放大了的压抑感呢?

---

〔94〕 参见〔英〕哈耶克:《自由秩序原理》,邓正来译,三联书店1997年版,第1页。

〔95〕 同上书,第165页。

〔96〕 同上书,第183页。

〔97〕 参见季卫东:《程序比较论》,载《比较法研究》1993年第7卷第1期。

第四章　沉默权的制度功能

如前所述,沉默权的确立及维持系基于诉讼价值的取舍乃至哲学观念的选择。但这些观念可以说只具有抽象的指导意义。沉默权的存在除了这些抽象的原理以外,还因为它在制度上发挥着一定的功能。这些功能可以归结为:第一,体现程序正义之理念;第二,实现诉讼经济之原则;第三,提供检验证言之标准;第四,贯彻无罪推定之精神。兹对这些功能分述如下。

第一节　体现程序正义之理念

一、程序正义的观念起源

程序正义的观念发达于英国,其思想最早可追溯到 1215 年制定的《大宪章》。它规定:"凡自由民除经与其地位相等之人依法判决或遵照内国法律之规定外,不得加以扣留、监禁、没收其财产、褫夺其法律保护权,或加以放逐、伤害、搜索或逮捕。"后来的人们实际上就是根据这一条来主张沉默权或对沉默权的主张加以论证的。而且,《大宪章》经历了多次修改。1352 年修订的英格兰《自由大宪章》规定:"除非通过善良的或合法的在发生事件之地点居住的人民的告发书以正当的形式告发,或通过起源于普通法的令状,任何人都不得被剥夺自由、财产或被监禁。"[1]这也是第一次在重述《大宪章》时将"自由人"(free man)替换为"任何人"(all man)。但是,正当程序概念的出现则是在1354年。这一年,扩大了的《大宪章》引人注目地出现了"通过正当法律程序"(by due law process)这一术语,并与第一个《大宪章》的第39条联系起来:在未经正当程序予以答辩的情况下,任何人都不得被逐出其土地或房屋,或被没收土地或房屋,或被监禁,或被剥夺继承权,或被判处死刑。

日本学者谷口安平在分析程序正义原则在英美法中得到发展的原因时指出:陪审团裁判以及作为其前提的当事人主义诉讼结构、先例拘束原则和衡平法的发展是正当程序观念发生和发达的最主要因素。[2] 首先,陪审团裁判的一个重要特征在于,陪审团对事实作出的裁决不需要给出任何理由,他的性质就像神的声音那样拥有绝对的权威。在这样的制度下,结果是否符合客观真实无法证验,只能由程序的正当性来支持结果的可接受性。其次,先例拘束原则的核心是相同的情况必须给予相同的对待,但是事实上从来都不存在所谓完全相同的先例,所以"辩论的技术和程序就具有了重要的意义"。[3] 最后,衡平法的功能仅仅在于对确定的事实提供救济,但是保证认定事实的结果正确的仍然是正当程序。所以,在这些因素的影响下,程序的结果是否正确并没有客观的标准来加以衡量,而充实和重视程序本身以保证结果能够得到接受则是其共同的精神实质。在这里,只要严格遵守正当程序,结果就被视为是合乎正义的。

随着世界政治经济形势的发展,诉讼公正已成为一种深入人心的诉讼观念。美国联邦最高法院大法官杰克逊认为:程序的公正和合理

---

〔1〕 Leonard Levy, *Origins of the Fifth Amendment*, Macmillan Publishing Company, 1986, at 52.

〔2〕 参见〔日〕谷口安平:《程序的正义与诉讼》,王亚新、刘荣军译,中国政法大学出版社1996年版,第4页。

〔3〕 同上书,第5页。

是自由的内在本质；如果可能的话，人们宁愿选择通过公正的程序实施一项暴厉的实体法，也不愿选择通过不公正的程序实施一项较为宽容的实体法。而之所以要坚持程序的公正，美国学者戈尔丁认为：一是因为程序公正能够促进争端的真正解决，而不是简单了结；二是因为程序公正可确保诉讼各方对整个司法审判制度产生信任。〔4〕季卫东认为，任何程序所作出的决定都不可能实现皆大欢喜的效果，因而需要吸收部分甚至全体当事人的不满，程序要件的满足可以使决定变得容易为失望者所接受；程序要件不充分的决定，即使其目的是正当的，也容易引起争论，从而造成贯彻执行上的阻碍；如果要强行实施之，就会给社会以一种被放大了的压抑感；而如果试图解释说服，就只能是事倍功半。〔5〕根据季卫东提出的有关程序的制度化标准，所谓程序要件的充足实际上就是要实现程序的公正。他说，公正的程序在相当程度上强化了法律的内在化、社会化效果。〔6〕西方有一句格言说："正义是国家的基础；即使世界消亡，也要实现正义。"〔7〕所以，在刑事诉讼中，正义应当是它的首要价值。

二、沉默权在程序正义方面的价值体现

程序正义的原则包含了一系列保障被告人人权的程序性规则。保证诉讼双方的公平竞争是程序正义的内在要求，也是程序正义的重要内容。本节仅在诉讼公平的意义上论证沉默权对于程序正义的意义。利维认为，主张沉默权的现象出现于这样的历史环境当中：整个刑事诉讼程序的目标是要保证被告人获得一个公平竞争的机会。〔8〕它还体现了社会对刑事诉讼的这样一种要求：不能依靠被告人作出非

---

〔4〕　参见〔美〕戈尔丁：《法律哲学》，齐海滨译，三联书店 1987 年版，第 240—241 页。

〔5〕　参见季卫东：《程序比较论》，载《比较法研究》1993 年第 7 卷第 1 期。

〔6〕　同上注，第 10 页。

〔7〕　拉丁格言。摘自张明楷：《刑法格言的展开》，法律出版社 1999 年版，第 228 页。

〔8〕　Leonard Levy, *supra* note 1, at 331.

自愿供述以帮助对其定罪。[9] 它与这样的刑事诉讼原则是和谐一致的,那就是:被告人是无罪的,除非他被证明为有罪;并且,证明其有罪的责任应当由起诉方承担。[10] 同时,它又与这样的信仰密切相关:以拷打或任何其他形式的残暴行为揭露被告人的罪行都是不公正的,也是不合法的。[11] 另外,它与被告人获得律师帮助的权利和以自己名义传唤证人的权利也存在着非直接的联系。在李尔本案中,沉默权的主张实际上已经同诉讼公正的要求联系起来。当法庭命令李尔本就指控的罪名作出答辩时,李尔本愤怒地指责这是为他设下的陷阱。他要求"按照英格兰的法律进行公平竞争"。纠缠了很长一段时间之后,李尔本同意,只要法庭愿意给他提供律师的帮助或者承诺不因为他对法律的无知而开罪于他,他可以作出答辩。于是,主审法官答应"给他一个公平竞争的机会,并且不会由于他对法律的无知而从他身上获得利益"。[12] 实际上,李尔本提出沉默权的主张一直都是与"公平竞争""公正审判"甚至"法律的正当程序"等观念结合起来进行论证的。[13]

总而言之,沉默权是关于程序正义的一系列思想的集中体现,这些思想既是沉默权的基础与力量的源泉,又与沉默权的规则相伴而生,而沉默权的确立又反过来加强了这些程序正义的思想。

沉默权确保诉讼公平的作用主要体现在以下几个方面:

(一)沉默权有助于抑制并消除警察暴力

在现代社会,几乎每个人都会赞成,嫌疑人、被告人、犯罪分子应当享有不受肉体虐待的权利。侦查过程中暴力的使用不仅被刑事诉讼法明确禁止,而且在刑事实体法中也有相关条文予以制裁。所有的法律制度,包括那些实际上具有压迫性质的法律制度,都承认,对法庭

---

〔9〕 Leonard Levy, *supra* note 1, at 332.

〔10〕 Leonard Levy, *supra* note 1, at 331.

〔11〕 Leonard Levy, *supra* note 1, at 331.

〔12〕 Leonard Levy, *supra* note 1, at 304.

〔13〕 Leonard Levy, *supra* note 1, at 302.

权威的服从必须建立在程序公平的基础之上。在刑事诉讼中，由于国家是作为公民个人的对立面而出现的，而公民的命运、他的自由、他的声誉都将因这一程序而受到威胁，所以，公正的概念尤其需要引起重视。在这个程序中，为实现定罪之结果而采用的手段的道德性是至高无上的。如果一个定罪的结果是通过对嫌疑人、被告人实施肉体暴力而获得的，那么这个结果本身缺乏道德性的事实也就是确凿无疑的。因为就人类诉讼的产生和发展来看，通过诉讼来解决争端这一事实本身就反映了人类文明的进步。完全可以设想，在初民的社会，人们在发生纠纷之后，解决纠纷的手段决不仅仅诉讼一种，而且诉讼恐怕还是用得最少的一种。绝大多数纠纷，都是通过武力解决的。氏族与氏族之间，部落与部落之间，人与人之间，通过暴力解决纠纷的方式可以说是最为普遍的一种方式。这种方式不仅在原始社会中存在，而且在人类进化到阶级社会中仍然存在了相当长的一段时间。例如，中国古代允许亲属复仇的制度，一直延续到汉代。〔14〕 而且，一直占据中国思想界之统治地位的儒家，也赞成复仇的方法。〔15〕 但是，随着文明的发展，这种野蛮的方式已经逐渐不为人们所赞同。而诉讼程序正好提供了一个通过和平的方式解决纠纷的机制。可以说，诉讼的和平性是诉讼所具有的本质特征之一，同时它也是诉讼这种解决纠纷的手段符合道德的前提条件。所以，对于一个司法制度而言，它决不能仅仅强调它的国家暴力的性质，而是应当强调它的和平性。〔16〕 国家暴力应当

---

〔14〕 汉代桓谭在建武初年上疏说："今人相杀伤，虽已伏法，而私仇怨结，子孙相报，后忿深前，至于灭户殄业……今且申明旧令……"参见《桓谭传》。

〔15〕 孟子曾说："吾今而后知杀人亲之重也。杀人之父者人亦杀其父，杀人之兄者人亦杀其兄。然则非自杀之也，一间耳。"参见《孟子・尽心上》。

〔16〕 对此，不是法学家的林语堂先生曾经说过一段十分精辟的话："天使完全以说话去解决争端；禽兽完全以肌肉和爪牙解决争端；唯有人类拿拳脚和说话去解决争端（这句话的意思是人一边依赖于强权，一边又要别人承认他依赖的是真理）。天使绝对相信公理，禽兽绝对相信强权，只有人类以为强权就是公理。两者比较起来，谈论本能或辩白是非的努力当然是比较高尚一些。我们相信终会有一天人类将完全以谈论方式去解决争端。到那时候，人类才是真的得救了。"参见林语堂：《生活的艺术》，中国戏剧出版社 1995 年版，第 52 页。

仅仅是作为最后一种手段,而且是万不得已的一种手段。司法的权威不是以暴力为基础,而是以理性为基础。[17]

因此,作为一个国家司法制度之重要组成部分的侦查讯问制度,也应当摒除暴力这种不文明的方式,而以文明之态度与方式对待被审讯的公民个人。如果在刑事诉讼中滥用武力,对嫌疑人、被告人实施刑讯逼供,或者进行人格上的污辱等手段,它首先就违背了诉讼制度所赖以存在的道德基础,同时也破坏了国家司法机关的威信,另外也给整个司法程序带来了消极的影响。所以,美国学者认为,对嫌疑人进行人格上的贬斥或精神上的污辱,将葬送刑事司法程序的正统性与合法性。[18] 在很多国家,通过使用暴力获得的证据不能在法庭上作为反对被告人的证据使用,不是因为他们不具有真实性,而是因为他们不具有合法性;是因为采纳这样的证据作为对被告人定罪的根据,将使定罪的程序失去其道德上的正当性,并且导致对整个诉讼程序的公正性质的破坏。[19] 20 世纪 30 年代,美国的一个公民权利委员会就曾经指出:“结果的正当并不足以使方法的不正当变得合乎正义。第三级方法(the third degree method)[20]不仅包括执法官员的罪恶昭彰的违法行为,而且包括了导致虚假供述的可能性,并且也降低了警察

---

〔17〕 恰如中国古时正训典狱之文所说:“典狱非讫于威,惟讫于富。”参见《尚书·吕刑》。徐朝阳对这一精辟论述的解释是:“传曰言尧时主狱有威,有德,有恕,非绝于威,惟绝于富,世治货贿行。王氏引之谓讫,竟也,终也;富,读曰福,威福相对为文,言非终于作威,惟终于作福也。王说精澈,较《传》以货贿释富者,陈义为高,盖即刑期无刑之本义,不徒以报复威吓为治,与近世文明国,立法本旨相同。”参见徐朝阳:《中国古代诉讼法·中国诉讼法溯源》,吴宏耀、童友美点校,中国政法大学出版社 2012 年版,第 16 页。

〔18〕 Adrian A. S. Zuckerman, “The Right Against Self-Incrimination: An Obstacle to the Supervision of Interrogation”, *The Law Quarterly Review*, Vol. 102, Jan. 1986, at 44.

〔19〕 英国 1984 年的《警察与刑事证据法》第 76(2)(A)“通过强迫手段取得的供述不得被采纳”的规定,实际上就与该口供的可靠性无关。《欧洲人权公约》第 3 条、北爱尔兰《紧急措施法案》第 8 条的规定也体现了相同的哲学背景。参见 Adrian A. S. Zuckerman, *supra* note 18, at 45.

〔20〕 第三级讯问就是目的在于引诱被讯问者作出供述并以此对他定罪的讯问方法。Levy, *supra* note 1, p. 184.

和起诉官员寻求实物证据的积极性。它对于警察的懒惰和缺乏进取心是一条捷径。或者按照一位官员所引用的一句话所说的那样：'如果你运用了你的拳头，你就不会运用你的大脑。'……（所以）第三级讯问方法野蛮了警察，强化了被告人的反社会情绪，降低了司法行政制度在大众心目中的尊严。"[21]

从历史上看，沉默权的主张自古以来就是与反对刑讯的主张紧密地联系在一起的。对此，莱昂纳德·利维曾经说过：在17世纪，人们在争取沉默权的同时，在另一方面，审前程序的诉讼阶段又发展出两个与反对自我归罪的权利直接相关的十分重要的规则：一个是禁止运用拷打的规则，另一个是口供必须出于自愿的规则；拷打在英格兰的运用在1640年以后就消失了。[22] 他还说："只要是存在反对自我归罪的权利的地方，就存在反对拷打的权利。反对自我归罪的权利并不仅仅是对为了获得口供而滥用拷打的反应。正确的说法应当是：是与结束拷打的力量相同的一种力量导致了反对自我归罪的权利。"[23] 因此，在人们争取沉默权的斗争取得决定性胜利的阶段，也就是1696年的法律规定，口供必须是在自愿的、没有暴力的、公开的法庭上作出的；对被告人威胁要使用拷打的现象从那时起就已经消失了。[24]

作为沉默权规则之典型代表的米兰达案件的裁决，在一定程度上就是反对警察使用肉体暴力的产物。美国在20世纪的早期以至五六十年代，仍然广泛存在着刑讯逼供的现象。美国公民权利委员会在1961年发现："许多证据表明一些警察仍然诉诸肉体暴力以获取口供。不幸的是，这种肉体上的兽行和侵害从来都没有、在任何地方都没有消失过。就是在最近，在津郡、纽约，警察还在进行讯问的过程中用粗暴的殴打、脚踢、烟头烫等方式对待证人，以期获得对第三人归罪

---

〔21〕 *Miranda v. Arizona*, 384 U. S. 436(1966).

〔22〕 Leonard Levy, *supra* note 1, at 327.

〔23〕 Leonard Levy, *supra* note 1, at 327.

〔24〕 Leonard Levy, *supra* note 1, at 327.

的陈述。"[25]所以,审理米兰达案的大法官们认为:"除非一个对被羁押嫌疑人进行讯问的限制性规则产生,否则我们将不能保证这种性质的司法实践在可预见的将来能够得到根除。"[26]

(二)沉默权可以加强犯罪嫌疑人、被告人的防御力量

诉讼公正的一个基本要求,就是诉讼双方地位平等、力量平衡。法国哲学家皮埃尔·勒鲁曾说:"平等创造了司法和构成了司法。"[27]中国古代诉讼中的两造审理主义,也是诉讼公正观念的体现。[28] 然而在实际的刑事诉讼中,诉讼的双方却是不平等的,双方所拥有的进攻和防御的力量也是不平衡的。控诉方拥有强大的国家强制力作后盾,已经享有优于辩护方的地位。沉默权的存在虽然不能从根本上改变双方力量不平衡这一事实,但如果要求犯罪嫌疑人、被告人承担如实陈述的义务,则势必使辩护方的防御手段更加稀少,使其辩护力量受到削弱,从而使控辩双方的不平衡状态更加严重,也就破坏了诉讼公正的程序效果。因此,相对于如实陈述的义务而言,沉默权确实加强了被告方的防御力量,使其在辩护的策略和技巧上多了一个选择的余地,从而也增强了其与控诉方相抗衡的能力。另外,在一个公正的程序当中,当事人应当拥有自己的武装,他没有义务去帮助对手获得用以反对自己的武器。让一个人自己反对自己在逻辑上是自相矛盾的,在道德上是扼杀人性的。正如贝卡里亚所言:"要求一个人既是控

---

〔25〕 *Miranda v. Arizona*, 384 U. S. 436(1966).

〔26〕 *Miranda v. Arizona*, 384 U. S. 436(1966).

〔27〕 〔法〕皮埃尔·勒鲁:《论平等》,王允道译,商务印书馆1988年版,第22页。

〔28〕 如《尚书·吕刑》云:"两造具备,师听五辞。"又云:"民之观,罔不中听狱之两辞。"对此,徐朝阳解释道:"民之所以观,由典狱之不以中正,听狱之两辞,弃虚从实,刑狱清则民治。(《郑注》)夫一造审理,当事者一方之陈述,必各偏其见,各执其,是,各掩其非,人之常情,无足为怪。若两造具备,则狱有两辞矣;即其两者之辞,而折之以中道则狱清而民治。学者以两造审理,适于保裁判之公平,盖有以也。"参见前引徐朝阳著,《中国古代诉讼法·中国诉讼法溯源》,第20页。

告者,同时也是被告人,这就是想混淆一切关系。"[29] 所以,如果说剥夺犯罪嫌疑人、被告人沉默权的做法削弱了犯罪嫌疑人、被告人的防御力量的话,赋予犯罪嫌疑人、被告人沉默权的规则正好加强了他们的防御力量。正是在诉讼力量平衡的基础上,奥瑞里说道:"在很大程度上,弹劾式的生命力以及该模式产生的好处均来自于对嫌疑人沉默权的保护。"[30]

关于这一点,不论是理论界还是实践界,都没有分歧意见。有些侦查人员之所以不能接受沉默权规则,其中一个最重要的原因就是因为他们早就已经认识到,沉默权规则会加强犯罪嫌疑人、被告人的防御力量,并削弱侦查机关的指控力量。所以,关键的问题已经不在于是否承认沉默权规则有助于提高犯罪嫌疑人、被告人的防御能力,而在于我们在制度建构的过程中是否愿意提高犯罪嫌疑人、被告人的防御能力,是否愿意给他们一个接受公正的侦查、公正的起诉、公平的审判的权利。

(三) 沉默权加强了控方的举证责任

在一个正义的刑事诉讼程序中,证明被告人有罪的举证责任应当由控诉方承担。在刑事公诉案件中,也就是由政府一方承担。这一举证责任负担的规则本身就是诉讼公正的重要体现。首先,政府比嫌疑人更有能力收集和保存证据,从而也就更有能力承担举证责任和说服中立的裁判者裁决被告人有罪的责任。其次,法律规定了公安机关和检察机关的职权,并赋予其必要的侦查手段,而被告人则由于经常受到羁押或其他限制人身自由措施的强制而没有足够的力量获得有利于己的证据,因此,双方的力量实际上是不平等的;而且,尽管嫌疑人、

---

〔29〕〔意〕贝卡里亚:《论犯罪与刑罚》,黄风译,中国大百科全书出版社 1993 年版,第 32 页。

〔30〕 Gregory W. O'Reilly, "England Limits The Right to Silence and Moves towards an Inquisitorial System of Justice", *The Journal Of Criminal Law And Criminology*, Vol. 85, No. 2, 1994. at 419.

被告人可以获得律师的帮助,但是律师也有优有劣,被告人如请不起好律师,就更无法与控诉方相抗衡。所以,由政府方承担举证责任有利于平衡政府与个人之间的力量。

正是因为一方当事人没有义务帮助对手获得用以反对自己的武器,诉讼的另一方就必须依靠自身的力量去获得反对对手的武器。这样就迫使在刑事诉讼中的控诉方放弃对犯罪嫌疑人、被告人口供的依赖性,转而去寻求其他能支持其主张成立的证据。道理其实很简单——侦查人员与其奔走于骄阳之下寻求证据,何如安坐于荫凉之处,以胡椒擦入人目,逼其招供为得计。如果控诉方拥有从被告方自己身上获得控诉证据的武器,便使得控辩双方在事实上成为了一方。同时,控诉方还有可能滥用这样的武器,这将使被告一方陷于更加不利的地位。而如果赋予犯罪嫌疑人、被告人以沉默权,则等于剥夺了控诉方从被告方强行获得有罪证据的权力,迫使控方将其注意力集中在口供之外的其他证据上。我国《刑事诉讼法》明文规定:“……只有被告人供述,没有其他证据的,不能认定被告人有罪和处以刑罚;没有被告人供述,证据确实、充分的,可以认定被告人有罪和处以刑罚。”可见鼓励控方积极追求口供以外的证据,也是符合我国刑事诉讼立法精神的。

美国学者格里费斯在批评帕卡的两个模式学说(即刑事诉讼中“犯罪控制模式”与“正当程序模式”)时说:在帕卡的论述中,经常使用“争斗”和“决斗”字眼,与此相伴随的是辩护人被说成是“被告方的战士”(正当程序模式),被告人被当做“刑事程序的标的”(犯罪控制模式),自白被认为是被告的“降伏”,而警察对被告人的沉默权告知则被理解为“宣战书”。〔31〕 其实,警察向嫌疑人宣读米兰达规则的行为并不仅仅意味着警察向嫌疑人宣战,而且还暗含着意味深长的潜台词:我们对你的罪行深信不疑而且成竹在胸、胜算在握,因此,不管你

〔31〕 参见李心鉴:《刑事诉讼构造论》,中国政法大学出版社 1992 年版,第 46 页。

说不说，我们都有把握将你送上法庭并投进监狱。在这一点上，我们不需要你提供任何帮助。

第二节　实现诉讼经济之原则

一、刑事诉讼的经济价值——诉讼效率

日本学者谷口安平认为："迟延诉讼或积案实际上等于拒绝审判。因此，迅速地审判一直被当做诉讼制度的理想。"[32]这里所说的迅速审判首先意味着迅速及时的判决。迅速及时的判决体现了刑事诉讼的一个重要价值——效率原则。[33]

效率首先是一个经济学概念，它反映了经济学的基本规律——资源稀缺规律。所谓"稀缺规律"就是指相对于人的需要而言，资源在任何时候、任何地方都是稀缺的。所以，为了最大限度地满足人们的需要，这一规律要求人们在进行资源分配和使用时能够使资源的效用达到最大化的效果。对于法律规则的设计也是如此。法律经济学家声称："法律所创造的规则对不同种类的行为产生隐含的费用，因而这些规则的后果可当做对这些隐含费用的反映加以分析。而且，我们认为诸如最大化、均衡和效率之类的经济概念是解释社会，尤其是解释理性的人们对法律规则的反应行为的基本范畴。因此，立法官员和受制于法律的人们的理性行为有多大范围，对法律的经济分析就有多大范围。"[34]

---

〔32〕 前引〔日〕谷口安平著，《程序的正义与诉讼》，第55页。

〔33〕 关于诉讼效率的思想，我国古代早有论述。《易经》有"不留狱"之说，即为例证。《周礼·秋官·朝士》云："凡士之治有期日，国中一旬，郊二旬，野三旬，都三月，邦国期。期内之治听，期外不听。"这一关于诉讼期间的规定，也可以视为诉讼效率思想的体现。

〔34〕 〔美〕罗伯特·考特、〔美〕托马斯·尤伦：《法和经济学》，张军译，上海三联书店1994年版，第13页。

刑事诉讼效率是指刑事司法活动过程中司法资源的投入与诉讼结果产生的效益之间的比值。波斯纳认为:"公正在法律中的第二个意义是指效率。在很多的例子中,我们可以看到,人们形容不经审判而定罪,无合理的报酬而取得财产或不能请求疏忽的机车司机对被害人给予赔偿是不公正,在这些事例中,这些行为的最好解释是浪费资源。尽管不当得利原则可以从效率的概念导出,稍微思考,即可得到在资源稀少的世界,浪费是不道德的结论。"[35] 在当今世界,面对诉讼成本高昂、案件堆积如山的共同难题,各国几乎不约而同地通过科学地配置有限的司法资源和合理地设计诉讼程序的方法解决诉讼拖延问题,这是实现刑事诉讼效率的最主要内容。同时,刑事诉讼效率又包含了两项基本的价值内容和价值规定性,那就是诉讼过程的经济合理性和诉讼结果的合目的性。"诉讼过程的经济合理性要求人们在刑事诉讼过程中寻求最佳的方式科学合理地利用资源;诉讼结果的合目的性则要求刑事诉讼结果的实现必须符合公正、秩序和自由的价值目标。"[36] 也就是说,要提高刑事诉讼效率,必须在保障自由的前提下进行。

二、沉默权在实现诉讼效率方面之功能

沉默权在刑事诉讼效率的价值问题上,主要体现为两个方面:

(一) 在一般的意义上说,沉默权规则可以降低错误成本,从而提高刑事诉讼效率

李文建指出,法院判决一般会产生四种结果:第一种是事实上有罪的人被判决有罪;第二种是事实上无辜的人被判决无罪;第三种是事实上有罪的人被判决无罪;第四种是事实上无辜的人被判决有

[35] 转引自李文建:《刑事诉讼效率论》,中国政法大学出版社 1999 年版,第 35 页。
[36] 同上书,第 34 页。

罪。[37] 在这四种可能出现的判决中，只有第一种和第二种判决是正确的，而第三种和第四种判决都是错误的。从法律经济学的角度分析，在诉讼中，存在三种成本：第一种是为进行诉讼而直接投入的成本；第二种是由于程序的不公正或者判决的错误而造成的错误成本；第三种是伦理成本——尽管它不属于经济学的研究范畴，但在经济学向法律经济学转化的过程中，它却是一个不得不加以考虑的因素。

应当指出，在上述四种可能出现的判决结果中，要想所有的案件都是正确的，也就是说，凡是事实上有罪的被告人都被判决有罪，同时凡是事实上无辜的被告人都被判决无罪，这显然是不现实的，是不可能实现的理想目标。但是，在可能出现的两种错误判决中，有一种是可以避免的，那就是：事实上无辜的人被判决有罪。有一种判决则是永远也无法避免的，那就是：事实上有罪的人被判决无罪。但是，我们要想实现所有在事实上无辜的被告人都被判决无罪的目标也几乎是不可能的，因为这可能会无限制地增加诉讼的投入，以确保社会的安全。因此，我们只能追求最大限度地避免出现将事实上无辜的人定罪的现象。尽管如此，它也还是必须付出两个方面的代价：第一个方面的代价是，它要求必须增加社会对保障安全的投入，比如增加警员、提高侦查人员办案水平、加大侦查技术装备的投入，等等；第二个方面的代价就是，它在另一方面造成第四种判决结果的出现——更多的事实上有罪的人被无罪释放。

所以，我们必须在这两种结果之间进行选择。一方面，如果选择让更多事实上有罪的人被无罪释放，也就是说，让更多的无辜者免遭定罪处刑的悲惨境遇，那么我们将增加为了安全价值而必须增加的直接成本，同时使更多的被害人的冤屈无处伸张。另一方面，如果我们选择让更多的无辜者被定罪处刑，尽量慎重地赋予刑事诉讼中的犯罪嫌疑人、被告人进行防御的权利，那么我们就可以减少国家机关在诉

〔37〕 参见前引李文建著，《刑事诉讼效率论》，第 77 页。

讼中的直接成本;但是,它所造成的后果是:第一,由于更多的无辜者被定罪处刑,所以实际上意味着同时有更多的有罪者逃脱法网;第二,既然更多的有罪者逃脱法网,那么必然也就有更多的被害人的冤屈并没有得到真正的伸张;第三,由于犯罪嫌疑人、被告人遭受了不公正的待遇,并且导致了不公正的判决结果,这一过程性的不公正与结果上的不公正导致整个刑事诉讼程序付出了沉重的伦理上的代价。

在这种情况下,如何进行选择?对此,李文建博士给出了四个原则〔38〕:

原则一:对无辜者定罪处刑的错误成本要重于对有罪者无罪释放的错误成本〔39〕;

原则二:在整个刑事诉讼过程中,错误成本的先期支付要优于其后期支付〔40〕;

原则三:在经济成本等量缩减的选择中,应当侧重缩减错误成本〔41〕;

原则四:在成本配置过程中,当直接成本与错误成本的增减等量时,增加直接成本而减少错误成本要优于减少直接成本而增

---

〔38〕 参见前引李文建著,《刑事诉讼效率论》,第90—94页。

〔39〕 李文建将其称为"错误成本权重原则"——这个概念实际上极易引起误会,使人以为在轻重不等的错误成本之间要选择较重的错误成本,所以,从其本意上看,不如称为"错误成本择轻原则",即"两害相权择其轻"之意——但李文建博士在此还仅仅指出了对无辜者定罪处刑的"双重错误成本",而没有看到对无辜者定罪还有第三重成本,即伦理成本。但是,李文建博士在此亦明确指出:"这一原则也警示人们,对无辜者定罪判刑的否定性收益要大于对有罪者开释的否定性收益。因而,在刑事诉讼中,我们应当尽可能地避免对无辜者定罪判刑。"这无疑是正确的。

〔40〕 这是指:第一,错误成本越靠前所造成的损失就越小;第二,这种成本可以通过发生在后的诉讼程序予以纠正并给予救济。

〔41〕 这是说,在选择效率增长的方式中,既可以有选择降低直接成本的方式,也可以有降低错误成本的方式。当两种方式在效率的增长方面达到的结果一致时,应当倾向于选择降低错误成本的方式而不是选择降低直接成本的方式。

加错误成本。[42]

根据上述这些原则,我们完全可以得出应当确立沉默权规则的结论。因为,如前所述,沉默权规则有助于促使警察寻求嫌疑人、被告人口供以外的证据。它也有助于实现从"口供是证据之王"到"物证是证据之王"的观念转变。[43] 这种观念转变将有助于使人民法院的判决能够经得起历史的考验。换句话说,赋予犯罪嫌疑人、被告人沉默权的规则将使我们的定罪判决更加可靠;尽管它也许会放纵事实上有罪的人[44],但是它确实保护了无辜者。[45]

---

〔42〕 举例而言,如果公安机关增加3 000元的直接成本可以获得减少3 000元的错误成本,而不增加这3 000元的直接成本则导致增加3 000元的错误成本。在这种情况下,增加的直接成本和减少的错误成本在数量上是相等的,但是,我们应当选择让公安机关增加3 000元的直接成本而不是选择允许公安机关增加3 000元的错误成本。在这里,作者考虑到了错误成本的伦理因素。

〔43〕 我国古代关于"铁证如山"而不是"口供如山"的说法,实际上就是出于对口供以外证据的推崇。遗憾的是这样的思想观念没有具体地内化为我们的诉讼制度和证据规则。

〔44〕 这一点实际上是尚待证明的。而据西方学者实证的调查,赋予沉默权的规则并未导致对被起诉到法院的被告人定罪率的下降。例如,美国学者 Gregory W. O'Reilly 认为,根据一些美国专家的调查结果,沉默权并没有成为打击犯罪的障碍。这些调查结果显示:尽管法律赋予犯罪嫌疑人以沉默权,但绝大多数的嫌疑人都回答了警察的提问,且相当多的嫌疑人实际上作出了供述,警察指控犯罪的数目并未因嫌疑人保持沉默而明显地减少;很少有(几乎没有)犯罪嫌疑人因保持沉默而被陪审团宣告无罪;与沉默权有关的"埋伏式辩护"(Ambush defense,即突然出示对方预料不到的证据)与无罪判决并无必然联系;对沉默权进行限制也不会减少犯罪的数量。Gregory W O'Reilly, *supra* note 30, at 431-444.

〔45〕 关于这一问题,我们当然还可以进一步地追问,比如:即使第一个原则是正确的,那么,是不是对一个无辜者定罪处刑的错误成本一定要高于对两个有罪者无罪释放的错误成本?是不是一定高于对10个有罪者无罪释放的错误成本?假设如实回答义务规则之下,将导致每年有20个无辜者被定罪处刑,那么,在沉默权的规则之下,是不是每年只造成20个有罪者被无罪释放?如果不是,那么又该如何选择?另外,假定沉默权规则确实有助于无辜者不被定罪处刑,但是它因此而减少的错误成本是不是一定低于或等于公安机关和人民检察院必须增加的直接成本?如果高于这个成本怎么办?对于这些问题,既无法进行实证的研究,也无法进行理论的论证。所以,经济学的方法在这里显示出了它内在的局限性。正如民法学界的才俊朱庆育先生所说:法律的经济分析确实是一种方法,但亦仅仅是一种方法。它仍然无法取代法律的价值分析方法。参见《读书》1999年第2期,第19页。

（二）沉默权规则为实行更为简易的诉讼程序创造了条件

怎样才能既保障公民自由，又提高刑事诉讼效率？世界各国不约而同地选择了简易程序。当今刑事诉讼发展的一个明显趋势就是简易程序的正当化和正当程序的简易化。在美国，简易程序就是辩诉交易。辩诉交易是指在正式审判前，控辩双方经过充分的准备，就被告人的罪行之有无、刑罚之轻重进行讨价还价；如果辩护方满足控诉方的要求，则控诉方答应在将来降格控诉，或者撤销部分指控，或者要求法官从轻判处。通过辩诉交易而在检察官和被告人之间所达成的协议，称为“辩诉协议”。辩诉协议最常见的形式有三种：一是将指控减轻至轻于证据所支持的控诉。例如，在大多数州，如果被告人被指控犯有盗窃罪，那么他往往愿意以承认自己犯有夜盗罪来换取这一较轻的指控。二是撤销非直接有关的指控。例如，非法使用信用卡的人可以同时被指控犯有伪造信用卡罪和持有伪造的信用卡罪，如果被告人承认自己犯有其中一项较轻的罪行，则可以换取检察官撤销对其提出的较重的罪行。三是被告人认罪以换取检察官同意请求法官判处较轻的刑罚。在州司法系统中，检察官能够向被告人承诺具体的刑罚，并且有信心使法官接受其建议。在美国的州和联邦两级司法系统中，至少有90%以上的刑事案件没有进入审判程序，因为这些案件在开庭以前就已经通过辩诉交易解决了。

在英国的英格兰和威尔士，每年大约有200万名被告人在治安法院被起诉，其中可诉罪（包括两可案件——即既可以由刑事法院审理又可以由治安法院审理的案件）49万人次，简易非交通性犯罪57万人次，简易交通肇事罪89万人次。另据统计，整个英国每年按照简易程序审理的案件占全部刑事案件的97%。[46]

英美法中有罪答辩的特点在于，承认或否认被指控的罪状时如果

---

〔46〕 转引自前引李文建著，《刑事诉讼效率论》，第65页。

作有罪的答辩,就可以省略认定事实的阶段而直接进入量刑程序,但是死刑等案件除外。日本、德国、意大利等国家都设置了相应的简易程序。

应该说,辩诉交易在美国是一项引起争议的现象。我们当然不必完全照搬这一制度,但是却完全可以借鉴其中合理的成分。在其他西方国家,只要被告人对检察官的指控不否认,法官一般都根据被告人的承认并结合一定的补强证据直接判处,而不一定要通过正式的、繁琐的审判。但是,不管是辩诉交易,还是根据认罪直接判决,都有一个必不可少的基础,那就是嫌疑人、被告人的认罪或者供述必须是真实可信的,没有疑问的。而要达到这样的效果,就必须赋予犯罪嫌疑人、被告人针对指控保持沉默的权利。因为只有在完全自愿的情况下,才有充分的理由推定嫌疑人、被告人说的都是真话。当然,在完全自愿的情况下,嫌疑人、被告人也有可能作出虚假的供认,但是在此种情况下,其后果只能由他自己来承担,这也是符合道德的。如果没有沉默权,被告人的同意认罪就很有可能是出于被迫而不是出于自愿,在这种情况下,虚假供认的后果也由被告人自己承担就是非正义的。在这种情况下,虚假供认的后果就要由国家来承担。

从这个意义上说,赋予犯罪嫌疑人、被告人沉默权将大大减少国家用于刑事审判方面的费用,而将这笔费用投入公安部门,提高我国的侦查技术、充实我国的侦查人员、提高侦查人员的整体素质,并提高侦查机关的装备水平,无疑将大大提高我国打击犯罪的力度,提高刑事诉讼的效率。

通过正当程序来解决自己的罪过问题,这应当是每一个公民不可剥夺的权利。我们的程序应当尽量体现对程序参与者的人权保障,应当赋予嫌疑人、被告人尽量多的权利,应当使他们觉得自己受到无微不至的保护,同时,又要想办法鼓励他们不要行使这些权利,想办法让他们自愿地放弃行使这些权利,但决不是剥夺他们应当享有的这些权利。如前所述,刑事诉讼效率的一个重要规定性就是诉讼结果的合目的性，它要求刑事诉讼结果的实现必须符合公正、秩序和自由的价值目标。所以，一个既符合公正的价值要求，又能体现刑事诉讼效率价值目标的刑事诉讼程序，应当是：首先，必须有一个充分赋予犯罪嫌疑人、被告人各项诉讼权利并保障他们的诉讼权利的程序，这种程序是用来保障犯罪嫌疑人、被告人人权的程序；其次，这种对犯罪嫌疑人、被告人予以充分保障的程序是一种可供选择的程序，享受这些程序性保障措施应当是每一个公民不可剥夺的权利；再次，除了这种程序以外，法院还应当提供另外一种或几种比较简易的程序，由诉讼当事人在进行诉讼时行使选择权；最后，国家应当设立相应的机制鼓励犯罪嫌疑人、被告人自愿地选择简易程序的适用，而不是强迫他们选择这种程序的适用。

第三节　提供证言检验之标准

一、供述证据的重要性与真实性

口供的真实性问题，历来为各国所重视。在刑事案件中取得嫌疑人、被告人的口供，是侦破案件和对被告人定罪最直截了当的办法。一般而言，嫌疑人、被告人有无犯罪，以及事实之经过如何，被告人本人知道得最为详尽。若嫌疑人、被告人能据实供述，则其口供确实较他人之陈述更为可信，亦可无用旁求其他之间接证据。因此，在中国的历史传统中，十分（也可以说“过分”）重视口供的作用，而在欧洲刑事诉讼历史上，口供亦曾被称为“证据之王”。之所以对口供赋予如此重要的地位，不外两方面的原因：一是口供的获得远较其他证据的获得为简单，因此它一方面虽然不免养成警察或其他侦查人员懒惰的习惯，另一方面却也确实可以节约纳税人之金钱；二是认为口供具有无比的真实性。

就第一点来说，如果运用得当，在不致侵犯人权的情况下，也还可以说得过去。就第二点而言，则这一理论实有缺陷。口供的真实性其实存在着各种虚假的可能性。错误、幻觉、强迫等情事，所在多有。被告人的口供，与其他证人的陈述一样，很可能有意为谎言。即使是自愿作出的供述，被告人也可以出于为人顶罪，亦可有意为其自己寻求实在或假想之利益等动机而作出虚假供述。犯杀人罪者可以供认其在同时异地实施强奸，以冀幸免于重罪之处罚。无辜之被告，因为害怕侦查人员实施刑讯，也可自承犯罪以邀宽免。至于被告如有不正常之精神状态，其陈述尤难信为完整。从心理学研究的成果而言，有实例表明，凡患忧郁症之人，常有自陷于罪之倾向。[47] 若一口供出于强暴、胁迫、利诱、欺诈，或其他不正之方法，其危险更不待言。即使在重视人权之美国，仍不断有人调查列举各种逼供之方法及谋救济对策。其在联邦最高法院，犹可见于判牍之明文。而且，各种方法，都在随着人类智慧及科学的发展而进步；因此，虽加暴行于身体，亦可无表面之痕迹可寻。对于此种口供，各国法律虽已不容许为证据，但侦查人员仍用各种不正当方法，以图获取，其原因不外以下两点：一则在于求得线索以寻求其他之证据；二则由于非法逼供，在场者匀系同僚，可以一致否认，因而无从证明其为违法。法院如遇被告人主张系非法逼供，无论其主张为真为伪，取供人员必坚决否认，遂引起实务上最为困难之问题。

正因为如此，当今各国刑事诉讼制度均对被告人的口供采取十分慎重的态度。这种态度主要体现为三个方面：

第一，对不具有任意性的口供，一般都予以排除；在这一问题上，普通法标准的出现经历了很长时间。最早的阐述之一出现在曼斯菲尔德爵士的文章当中："这样的例子经常发生，人们会在受威胁或受某种承诺时作出供述：结果就是，这样的讯问和供述已经不被审判法庭

---

〔47〕 转引自李学灯：《证据法比较研究》，五南图书出版公司 1998 年版，第 188 页。

运用来反对他自己。"[48]

尽管曼斯菲尔德爵士关于通过威胁或承诺给予好处的方式获得的口供不具有可采性的论述尚未成为出现在他面前的案件的中心，王座法院的一个裁决很快表述了相同的原则支持下级法院排除非自愿口供的裁决，在一段经常被引用的文章中，法院指出：

> 以甜言蜜语哄骗得来的供述，或者以威胁要使用拷打得来的供述，当它被作为有罪证据来考虑时，由于它的形成方式如此地有问题，以至没有必要对其给予相信；并且因此，这样的证据也是不被接受的。[49]

第二，为保证口供的真实性，各国均对侦查阶段的讯问作出了若干限制；各国刑事诉讼法均已规定犯罪嫌疑人、被告人有权保持沉默，可以说这是保障口供之任意性的前提条件。

第三，对于口供真实性的判断，各国亦均设立了一定之规则。在这一点上，各国的规则并不完全一致。在历史上，不管是欧洲大陆还是英国，都曾经一度排除任何形式的口供。英国从 18 世纪开始排斥口供的运用。19 世纪则着重于口供的任意性，因而要求侦查人员给予被告以充分的警告。到 19 世纪下半期，法官甚至不赞成警察人员有讯问嫌疑人的权力。1863 年，法官对于警察人员所取被告之供词，明白表示反对警察讯问在押被告之制度。[50] 此后英国及加拿大之法官，大多采取不赞成之态度；但也不是绝对不容许，而是承认法院得自由裁量予以排除。1912 年，英国王座法庭法官应内务部之请求，指示

---

〔48〕 *The King v. Rudd*, 168 Eng. Rep. 160, 161(K. B. 1775)，转引自 Mark Berger, Taking the fifth, D. C. Heath and Company, 1980, at 101.

〔49〕 *The King V. Warwickshall*, 168 Eng. Rep. 234, 235(K. B. 1783). 转引自 Mark Berger, Taking the fifth, at 102.

〔50〕 "I entirely disapprove of the system of police officers examining prisoners", *Regina v. Mick*, 3 F. & F. 822, 823, 176 Eng. 376(n. p; 1863). See McCormick on Evicence, §116 footnote 6. 转引自李学灯前引著，《证据法比较研究》，第 189 页。

警察人员讯问被告时应守之规则。该规则规定警察人员讯问被告时，应先予以警告，警告后如被告人自愿为任意之陈述，则该陈述得使用为证据，借以建立一种一看而知、表面可信的证明，即被告之自白，系出于自由意思者。〔51〕被告如提出曾受恐吓、欺诈或利诱等之证据，当然仍可以反驳之。采用此种方式可促成证明之便利。

二、美国关于口供(自白)可采性标准的演变

在美国，对于口供自愿性的判断标准先后出现过不同的标准，其间还经历了一些反复。

首先出现的判断标准可以概括为"综合情况标准"，法官根据被告人的受教育情况、年龄、健康状况、讯问时的环境等各种因素进行总体上的考察，在此基础上对口供的任意性作出判断。这种判断口供任意性的方法又叫做"逐案分析法"。

"综合情况标准"之后出现的标准可以概括为"正当程序标准"，即以讯问的程序是否违反宪法第十四修正案的规定为标准来决定口供是否具有可采性。1944 年阿什克罗夫特诉田纳西州案可以说是从"逐案分析法"到正当程序标准的转变。〔52〕在该案的判决中，布莱克(Black)大法官呼吁对被告人口供采用一个比"逐案分析法"更为客观的评价标准来代替"逐案分析法"的不确定的标准。布莱克注意到，该案中的讯问是由警察局的警官用"轮流"(by relays)的方式进行的，之所以采用这种方式据说是"因为他们(警察)太累了并且被迫去休息"。而且，最为重要的是，讯问的过程延续了整整 36 个小时。但是，布莱克大法官没有试图去衡量被告人的身体健康状况是否能够承受这样的讯问，而是推断该案已经有足够的信息来裁决这样的口供是不

---

〔51〕 转引自李学灯前引著，《证据法比较研究》，第 189 页。

〔52〕 *Ashcraft v. Tennessee*，322 U. S. 143(1944). 该案被告人被指控犯有雇用杀手杀害其妻子的谋杀罪。

可采的。在他的判断中,获得口供的全部过程具有一种“内在的强制性”,“并且与一个单独的嫌疑人所拥有的思想自由权是完全不相容的……”[53]

但是,最高法院并没有采纳布莱克大法官的建议。在阿什克罗夫特案件之后,法庭又回到具体案件具体分析,即对每一个具体案件的讯问环境进行逐个评价的立场。法院并不是说,只有在嫌疑人希望作出陈述或者他们是完全自发地、就像对牧师、对律师或对心理医生那样作出的陈述才具有可采性,因为在这个意义上,所有的刑事口供都是不具有任意性的。[54] 在瓦茨诉印第安纳州案中,被告人的自白被裁决为不具有任意性,因为这一自白是在被告人被单独关押了一个星期,且在关押期间没有得到体面的睡眠和食物,并且是在警察局的警察轮番讯问的情况下取得的。[55] 但是在加里葛斯诉内布拉斯加州案中,一个既不会说也不会写英语的墨西哥农场主在恶劣的环境中被关押了4天,面对的也是连续不断的讯问,法庭却裁决其口供具有任意性。[56]

如果对这些案例进行评估,将会发现,很明显,在对各州对自白的裁决进行审查后,最高法院在慢慢地提高口供任意性的判断标准。在1961年法院对罗杰斯诉里士满案的裁决中,就认定被告人的口供不具有任意性。这一口供是在对被告人拘禁6个小时以后在晚上8点获得的。在讯问过程中,被告人被允许进食并被允许抽烟,但是警察确实打了一个虚假的电话,内容是被告人的妻子正在被带到警察局以备讯问。[57] 1963年,在黑尼斯诉华盛顿案中,一个年老的、非常老练的被告人在被讯问16个小时后(在这期间他被允许进食和睡觉,但

---

〔53〕 Mark Berger, *supra* note 48, at 110.

〔54〕 *Stain v. New York*, 346 U.S. 156,186(1953).

〔55〕 *Watts v. Indiana*, 338 U.S. 49,53(1949).

〔56〕 *Gallegos v. Nebraska*, 342 U.S.55 (1951).

〔57〕 *Rogers v. Richmond*, 365 U.S. 534(1961).

是被拒绝给他的妻子打电话)作出了供述。他的自白也被认为不具有任意性。[58] 在20世纪60年代,这样的裁决在增加,它预示着法院自身对于满足在刑事诉讼程序中保障公民自由的需要变得更加敏感。[59]

在一个酒精税局的官员(这个官员是一个受命侦查非法出售威士忌酒案件的组成人员)被谋杀的案件中,警察得到信息说,麦克纳布(McNabb)家族的成员,正准备进行非法出售威士忌酒的勾当。他们准备将这些人一网打尽。然而,就在官员们打断了这样的企图时,麦克纳布却逃跑了。但是,其中一个官员在倾倒罐装的威士忌酒的时候,遭到不明身份者的袭击并被杀害。几个小时以后,在凌晨1点至2点之间,联邦探员闯进了麦克纳布家中并且逮捕了麦克纳布及其两个兄弟,但是没有将他们带到法官或委员会(Commissioner)面前。相反,他们被留在拘留所里大约14个小时。拘留所完全没有任何东西,麦克纳布被迫站在地板上或者躺在地板上。在这个过程中他们得到了一些三明治但是没有见到来访者。麦克纳布的第四个兄弟在枪击发生后的那个早上被逮捕并被关押在一个隔离的房间;不久,麦克纳布的第五个兄弟自动投案。所有这些人都具有一些共同的特征:没有前科因而也没有法律上的经验;只受过有限的教育;生命中的时间都在其出生地度过。他们经历了一次被延长了的讯问程序,在这一程序中他们既被单独讯问也被集体讯问。在讯问的开始他们被告知他们有权保持沉默。但是讯问并未就此停止,而是从最初被逮捕的时刻开始计算一直延续了48个小时——到这个时候,警察得到了他们需要的口供。[60]

详细考察麦克纳布案讯问的事实情况,如果仅仅按照传统的正当

---

〔58〕 *Haynes v. Washington*, 373 U.S. 503(1963).

〔59〕 Mark Berger, *supra* note 48, at 111.

〔60〕 *McNabb v. United States*, 318 U. S. 332,340(1943).

程序背景来判断,法庭有足够的信息表明可以评断该案中的口供具有任意性。然而,对法庭来说,该案所包含的事实却使他们有义务对这一讯问的程序进行更为详尽的审查。简而言之,哪怕从正当程序的意义而言口供具有任意性,联邦自白法则仍然有可能以其他理由将自白排除。[61]

大法官法兰克福特(Frankfurter)在麦克纳布案中的观点为国会的制定法发现了另一个理由,那就是,根据联邦法律逮捕嫌疑人或者被告人的人有义务立即将被逮捕的人带到司法官员面前。他的观点的特征在于,在刑事诉讼程序中,这样的要求是一个重要的保障,这种保障不仅是保护无辜者,而且也是保证对有罪的人的定罪是通过适当的方式。[62]

米切尔(Mitchell),就像麦克纳布的兄弟一样,遭到一段联邦机构的非法拘禁。自他被逮捕时起,拘禁延续了8天。与麦克纳布案件不一样的是,嫌疑人的自白从一开始就取得了,用法庭的话说就是,"在他到达警察局的几分钟内就作出了供述"。然而,哥伦比亚区上诉法庭却认为,该案被告人的自白不可采,因为根据麦克纳布案的判决,非法拘禁这一事实本身就足以构成排除通过这一手段获得的口供的理由。[63]

在制定法中,《联邦刑事诉讼程序规则》第5条(A)以"无不必要迟延"的表达方式规定了这一规则,法院认为这一规则意味着"如果由于没有迅速地将被拘禁的人带到履行职务的治安法官面前而构成非法拘禁,那么,在这种程序中,取得的自白是不可采的"。[64] 因此,"无不必要迟延"标准又被称为"迅速带到"标准。马克·伯格认为,"迅速带到"标准直接地希望达到的明确目的是控制不合乎需要的警察策

---

〔61〕 Mark Berger, *supra* note 48, at 115.

〔62〕 Mark Berger, *supra* note 48, at 115.

〔63〕 *United State v. Mitchell*, 322 U.S. 65(1944).

〔64〕 Mark Berger, *supra* note 48, at 116.

略。与这一标准不一样的是，自愿性标准只是简单地衡量（评判）决定作出陈述是不是出自嫌疑人的自由选择。[65]

但是，“迅速带到”标准并不解决所有问题。它只能消极地排除证据的可采性，而不能积极地肯定证据的可采性。在警察的行为符合“迅速带到”标准的情况下，口供是否具有可采性还得通过其他途径来判断。克鲁克诉加利福尼亚州案[66]和塞斯尼尔诉拉街案[67]都是于1958年由最高法院作出的裁决。两个案件都牵涉到在传统的正当程序标准之下如何评判嫌疑人自白的自愿性问题。在克鲁克案中，嫌疑人被以谋杀他的情妇的罪名处以死刑。被告人31岁，大学毕业，并且读过一年法律。克鲁克在被害人被发现1天后被逮捕，警察对他进行了不连续的讯问，他在这种被监督的状态之下被讯问了五个半小时，从晚上8点30分到凌晨2点。不仅如此，在这期间他还正式请求向他的律师进行咨询，但是这一请求遭到警察的拒绝。然而，法庭认为，他已经被告知他有权保持沉默并且他也确实在被讯问的某些问题上保持了沉默。

与此相反，在塞斯尼尔案件中的情形是，嫌疑人是一个20岁的缺乏任何法律教育的人。他在咨询了自己的律师后自动地向警察作出了供述，但是在随后他的律师要求为其当事人提供咨询的请求以及该嫌疑人要求获得律师帮助的请求均遭警察拒绝。这一讯问从上午9时延续到晚上21时。这两个案件都包含了如何运用正当程序标准来判断自白的自愿性问题。

在两个案件中，嫌疑人都提出了咨询律师的请求，但是他们寻求律师帮助的请求都遭到了拒绝。法庭承认，允许该案的口供具有可采性的首要考虑并不是仅仅单独基于这样的拒绝，并且指出，他们都意

---

〔65〕 Mark Berger, *supra* note 48, at 119.

〔66〕 *Crooker v. California*, 357 U. S. 433(1958).

〔67〕 *Cicenia v. La Gay*, 357 U. S. 504(1958).

识到在两个案件中都存在着强制的可能性，但是他们认为这种拒绝导致的强制的可能性“并不是决定性的”。这种观点意味着，在采用个案分析的规则之下，尤其是对于克鲁克和塞斯尼尔这两个案件，拒绝嫌疑人获得律师帮助的请求并不总是导致嫌疑人的供述不具有自愿性，但是同时，即使不考虑嫌疑人供述的自愿性问题，拒绝嫌疑人获得律师帮助的请求也是有可能导致正当程序条款受到违反的结果。前一个案件建立了这样一个规则，即依据正当程序条款，嫌疑人获得律师帮助的权利应当受到保护。然而，对法院而言，正当程序条款包含的获得律师帮助的权利的核心在于嫌疑人在审判程序中，有权获得基本公正的待遇（而不是在警察的讯问程序中获得这样的待遇）。拒绝嫌疑人获得律师帮助的请求并在此情况下获得嫌疑人的供述是否具有可采性需要对每一个案件的具体情节、具体环境进行考察才能得出结论，因此，法院拒绝在这样的案件中确立一个自动的排除规则。考虑到克鲁克案中嫌疑人受到过法律教育的事实以及他清醒地知道自己有权保持沉默的事实，考虑到塞斯尼尔案中嫌疑人已经与律师进行过交流以及主动坦白的事实，法官们认为宪法所规定的条文没有受到违反。

与上述两个案例中的多数裁决不一样的是，最高法院的 4 名大法官与这两个案件的裁决所代表的多数意见恰恰是相反的。在这两个案件中，他们都反对对被告人定罪，并且也仅仅就是因为他们咨询律师的请求遭到了拒绝。代表反对派书写意见的道格拉斯大法官认为，“感觉到需要律师帮助并且作出了这样的请求的嫌疑人实际上是在请求得到法律所赋予他们的一种反对强迫供述的保护”。从最低的意义上来讲，咨询律师的权利也可以降低警察侦讯的秘密性，而侦讯的秘密性本身就是能够导致强制的一种事物特征。对反对派来说，“获得律师帮助的权利是如此重要以及如此绝对以至法庭不得不沉迷于对拒绝这样的请求所导致的不公正进行精密的计算”，而不管这样的拒绝是发生在审判进行中，还是发生在审判前阶段。

随着斯图尔特加入大法官的行列,拒绝嫌疑人获得律师帮助的权利这一事实对于判断嫌疑人作出的供述是否具有自愿性以及是否具有可采性的意义显得更加突出。在最高法院1959年对斯帕诺诉纽约州案的判决中,拒绝嫌疑人在正式告发程序开始就咨询律师的请求这一事实本身就足以构成排除依照这一程序而取得的口供的充足理由。在克鲁克案中持反对意见的4名大法官仍然列席审判,并且在该案中仍然站在同一立场。尽管该案裁决嫌疑人的供述不具有自愿性特征是基于对整个讯问情况的总体考察后得出的结论,但是,斯图尔特大法官还是指出:根据宪法第十四修正案的规定,嫌疑人在作出供述没有律师在场这一耽搁的事实本身就足以使得在这种程序下取得的自白不具有可采性。这似乎显得这5位大法官都一致认为,在警察进行讯问的过程中拒绝律师在场这一单个的事实本身就可以作为决定嫌疑人的自白是否具有可采性的一个控制因素,而且似乎也不需要考虑自白的自愿性标准。[68]

直到1966年对米兰达诉亚利桑那州案的判决,美国联邦最高法院对有关自白的法律的发展,都还是一些相互矛盾的理论的混合。最早的规则暗示着证据法的传统原则要求排除非自愿性的自白。这一规则又发源于这样一种观点,即通过强制手段获得的口供一般来说都是不可靠的。然而,最高法院1897年在布莱姆诉美国案的裁决中,第五修正案被认为是用于控制联邦法院的口供标准的。[69] 但是,后来的案例忽视了这一裁决,到1953年,法院判决在提到1897年的这个案例时认为"它并不构成宪法原则大厦的基石"。相反,联邦刑事诉讼在口供方面的法律转变为通过立法确立了在联邦司法系统中要求"迅速带到"(prompt-presentment)的原则。尽管在制定法和联邦刑事诉讼程序规则中,法律并不包含违反这一规则获得的证据必须排除这样的

---

〔68〕 *Spano v. New york*, 360 U.S. 315(1959).

〔69〕 *Bram v. United States*, 168 U.S. 532(1897).

要求,但是最高法院却运用它至高无上的权力达致了这样的结果。从麦克纳布到马洛伊的一系列案件都要求将不存在正当理由而没有及时将嫌疑人带到司法官员面前的情况下取得的口供予以排除。由于第五修正案和"迅速带到"规则都不适用于州的法律,于是,最高法院就只能借助于第十四修正案的正当程序条款来监督州的讯问程序。作为法院在布朗诉密西西比州案〔70〕中的判决的反映,宪法第十四修正案似乎增加了一项自愿性标准,作为对早期联邦供述规则仅仅要求供述具有可靠性的一种补充。正当程序条款在供述自愿性方面的要求这一内容偶尔也表现得更加具有实体性,但是它的发展却并非一帆风顺,许多不一致的东西出现在不同的判决当中。最后,法院运用第六修正案所要求的获得律师帮助的权利作为控制讯问程序的手段,从而,作为刑事诉讼讯问程序核心的嫌疑人在提出请求后必须被允许向他的律师咨询。不仅如此,法院还要求警察必须告知嫌疑人、被告人的上述权利,任何违反这种告知规则而取得的供述,哪怕按照第十四修正案规定的标准这一供述具有自愿性,也必须予以排除。〔71〕 这样,判断口供的标准终于进化为"告知权利标准"。

三、沉默权与口供可采性

关于上述美国审查判断口供标准的演变,李心鉴博士在《刑事诉讼构造论》一书中写道:"宪法修正案颁行一百五十余年之后的本世纪四十年代,自白排除法则发生了剧变:自白证据容许性的根据,已经不仅仅是'供述的任意性',而且也是'程序的合法性';自白的排除根据,也随之由'自白的非任意性'发展为'程序的违法性';自白排除的主要目的,已经不只是为了防止自白的虚伪性,而且是为了纠正并预防警察对公民权利的侵害和威胁。详言之,显然不具有任意性的自白

〔70〕 *Brown v. Mississippi*, 297 U.S. 278(1936).

〔71〕 Mark Berger, *supra* note 48, at 125.

当然在排除之列，而在警察收集自白证据时违反正当法律程序的场合，对自白是否具有任意性的判断便变得不那么重要了，只要证明警察确有违反程序的行为，即可将此项自白排除不用。”〔72〕——李心鉴博士在这里的看法实际上是有片面性的。就排除规则而言，美国的新规则确实从自白的任意性变化为程序的合法性，而就口供的任意性而言，则美国对于被告人口供的规则仍然没有改变，只不过审查自白是否具有任意性的标准发生了变化：最初，审查自白任意性的标准是综合各种情况考察法；到米兰达案件时发展为警告判断法。之所以有这种发展，是因为法院认为没有比这种方法更好的方法对被告人的权利进行更好的保护，也没有比这更先进的方法对被告人的自白是否具有自愿性进行判断。

如前所述，沉默权规则的核心在于赋予犯罪嫌疑人、被告人在作出供述与保持沉默之间进行选择的自由。这种自由体现在刑事诉讼当中，也就是要求：被告人有权在陈述与沉默之间进行完全无约束的选择；法律不应当强迫被告人必须进行陈述，而只应当规定被告人有权进行陈述；法律应当禁止一切强迫被告人供述的行为发生，并且在该行为发生之际宣告依该行为取得的证据为非法。与这种自由相对应的则是强制。强制既包括肉体上的强制，也包括精神上的强制。不管是哪种强制，它所造成的后果都是使嫌疑人、被告人的自白缺乏自愿性。而缺乏自愿性的自白又是不足以采信的。所以，如果我们采取嫌疑人、被告人面对讯问必须如实回答的规则，强迫嫌疑人、被告人回答提问，我们所获得的供述的真实性将难以判断。在这样的情况下，很难避免不具有真实性的供述被得到采纳。

从举证责任的角度而言，证明口供真实性的责任应当由控诉方承担。然而，我国的司法实践却将这一责任加在了被告人身上。被告人无依无靠，孤立无援，在这种情况下，被告人怎么可能证明他的供述不

---

〔72〕 李心鉴：《刑事诉讼构造论》，中国政法大学出版社 1992 年版，第 270 页。

是出于自愿的呢？

因此，从公平的角度出发，只要被告人对口供的真实性提出了异议，对该口供真实性的举证责任就应当由控诉方来承担。在控诉方不能证明该口供的真实性的情况下，法庭不应当将其作为定案根据加以采纳。

但是，控诉方又如何证明他所获得的口供是自愿的从而也是真实的呢？只有一种办法：赋予犯罪嫌疑人、被告人沉默权，并在犯罪嫌疑人、被告人明确表示放弃沉默权并就此事项签署一个书面声明的前提下，才可以开始讯问。

第四节 贯彻无罪推定之精神

一、无罪推定的渊源

按照莱昂纳德·利维《第五修正案的起源》一书的说法，在古代以色列人的法律中，就已经存在着完整的无罪推定原则。[73] 那时的法律规定，直至对他有罪的证明达到确定无疑且十分准确、其有罪的每一个重要方面都得到了证实，并且达到了排除合理怀疑的程度——直到此时，被告人都被假定为无罪。[74] 英国也很早就有了关于无罪推

---

〔73〕 Leonard Levy, *supra* note 1, at 434.

〔74〕 不仅如此，沉默权在古犹太法典中也受到充分的尊重。在古犹太法中，自愿的供认和强迫的供认没有任何区别——它们都是不可采的。在刑事案件中，被告人只能为自己开脱，不能给对方帮助。法庭讯问他的目的就是要找到为他开脱的理由。而且，一旦无罪释放，他还将受免遭双重危险的法律之保护。但是，在民事案件中，当事人自己的承认则抵得上 100 个证人的证言。之所以这样，据说是因为他的生命不属于他自己，而是属于上帝。如果他承认自己有罪，等于是放弃自己的生命，所以，他承认有罪的供述不具有法律效力，因为他不能“放弃”不属于他自己的东西。他的财产则是属于他所有的，所以，在民事案件中，当事人的承认具有法律效力，但是它有效不是因为它可信，而是因为他的供述被认为是自愿放弃财产。这里，正如一个人无权自杀一样，他也不能承认任何可被判处死刑的罪行。Leonard Levy, *supra* note 1, at 439.

定原则思想的表述,但是这种思想在产生之初与其说是出于正义性质的考虑不如说是出于功利性质的考虑。在15世纪中期,英国的首席大法官福特斯鸠(Fortescue)就曾经明确地表达过一个后来上升为英国法律之一部分的观点:“一个人宁愿20个有罪者逃脱死刑的惩罚,也不愿一个无辜者遭受谴责并承受极刑。”〔75〕一个半世纪以后,甚至连星座法院也承认:“释放20个有罪者要胜过谴责一个无辜者。”〔76〕但是,一般认为,现代的、一般意义上的无罪推定最初是由意大利法学家贝卡里亚提出的。〔77〕而在我国,尽管早在周朝时候就已经出现了无罪推定的诉讼观念,例如,在司法官皋陶的刑法观念中,就有“宥过无大,刑故无小,罪疑惟轻,功疑惟重,与其杀不辜,宁失不经”〔78〕的内容;另外,儒家的集大成者孟子也持无罪推定的主张。他说:“杀一无罪非仁也。”〔79〕但是,出于制度上的考虑,现代的学者还是倾向于认为,无罪推定作为一项诉讼上的制度保障,还是起源于西方。

在中国,“无罪推定”一词是从日文转译而来。该词的法文原文为“presumption innocence”,英文为“presumption of innocence”。其具体含义是指:任何公民未经法定的能够为其辩护所需之一切权利提供保

---

〔75〕 Leonard Levy, *supra* note 1, at 33.

〔76〕 Leonard Levy, *supra* note 1, at 33.

〔77〕 贝卡里亚在其名著《论犯罪与刑罚》一书中说道:“在法官判决之前,一个人是不能被称为罪犯的。只要还不能断定他已经侵犯了给予他公共保护的契约,社会就不能取消对他的公共保护。”参见〔意〕贝卡里亚:《论犯罪与刑罚》,黄风译,中国大百科全书出版社1993年版,第31页。

〔78〕 原文为:帝曰:“皋陶,惟兹臣庶,罔或干予正。汝作士,明于五刑,以弼五教。期于予治,刑期于无刑,民协于中,时乃功,懋哉!”皋陶曰:“帝德罔愆,临下以简,御众以宽,罚弗及嗣,赏延于世。宥过无大,刑故无小;罪疑惟轻,功疑惟重;与其杀不辜,宁失不经;好生之德,洽于民心,兹用不犯于有司。”参见《尚书·大禹谟》。

〔79〕 《孟子·尽心章句上》,第33章。从字面意义上可能看不出孟子是在主张无罪推定的思想,但仔细推敲,实与无罪推定思想并无二致:既然杀一无罪就违背“仁”的要求,那么,法律应当尽量做到不冤枉无辜;要做到这一点,在有罪与无罪并不十分确定时,就必须按照无罪来处理。

障的公开的审判程序证明其有罪之前,均应被假定为无罪。[80]

无罪推定原则的意义在于防止过早地和无根据地把任何人看做罪犯,不允许根据未经充分检验的材料和违反既定证明程序而取得的信息,认定一个人犯有罪行。它有助于在全社会建立起法律的权威。它是公民用以维护基本权利、抵御国家机关迫害的武器;它不仅可以使被告方拥有一系列基本程序保障,而且可以确保他免受国家非正当、不合理的追究和定罪,因而构成公民人权保障的屏障,成为防止国家权力滥用的独立因素。无罪推定原则的根本意义在于确保现代法治秩序的建立,促使国家机构依法活动,尤其依法律程序进行与公民基本权利密切相关的活动。正如苏联学者蒂里切夫所言:人们很难找到另一项法律原则能像无罪推定那样对保障人的名誉、尊严、权利和自由具有如此重要的作用。[81]

正是由于无罪推定原则具有无比重要的意义,许多国家的法律和国际法律文件都规定了这项原则。

对于我国《刑事诉讼法》第 12 条是否规定了无罪推定的诉讼原则,理论界的观点并非完全一致。但对无罪推定是一项先进、合理的诉讼原则这一点,认识上却是一致的。

二、无罪推定与沉默权的关系

尽管无罪推定的观念已经如此深入人心,它在世界各国的实施是如此普遍,但是对于该原则本身究竟包含哪些派生性规则,中外理论界都有不同意见。在西方,关于沉默权与无罪推定的关系,有一种观点认为,无罪推定原则不包括沉默权,沉默权与无罪推定互不相干。

---

〔80〕 在英语文献,关于无罪推定的经典表述是:"Every one charged with a penal offence has the right to be presumed innocent until proved guilty according to law in a public trial at which he has had all the guarantees necessary for his defense."

〔81〕 参见〔苏〕蒂里切夫:《苏维埃刑事诉讼》,转引自陈瑞华:《刑事审判原理论》,北京大学出版社 1997 年版,第 151 页。

例如，朱克曼认为，免受肉体或精神上非虐待的权利、无辜者不被定罪处刑的权利与反对自我归罪的特免权是普通法上三种平行的权利，其中，前两种权利是可以接受的，最后一种权利则是不可接受的。[82] 显然，朱克曼认为，即使取消沉默权，也不会对无罪推定原则产生任何消极的影响。塞伯尔·夏普也曾提到，在他们的国度，很少有人认为沉默权与无罪推定原则有关。他说："沉默权经常被归入到赋予犯罪嫌疑人的正当程序权利的口袋中，而很少被当做是人类自主意志或无罪推定原则的组成部分。"[83]

由于无罪推定原则的重要性及其具体含义的富于争议性，无罪推定是否包含沉默权的内容，在我国已经成为是否应当赋予犯罪嫌疑人、被告人沉默权，以及我国修正后的《刑事诉讼法》是否已经确立无罪推定原则的争论焦点。我认为，无罪推定与沉默权的关系可以概括为：无罪推定是沉默权的充分条件，但不是必要条件。对此，可以从以下两个方面来理解：

（一）无罪推定不是沉默权的必要条件

因为，沉默权独立于无罪推定。沉默权同无罪推定一样，都有着自己独立的理论基础。正是由于它有着自己独立的理论基础，因而即使没有无罪推定，沉默权也可以独立存在。从历史上看，人们在遭受反民主的纠问式诉讼制度的审判、并因为这种审判而受到侵害时，虽然没有无罪推定的存在，也并不影响人们主张沉默权。在开始的时候，沉默权与无罪推定并没有直接的必然的联系，甚至根本就谈不上有什么联系。人们主张沉默权的理由是多种多样的，但却很少（并不是没有）提到无罪推定。事实上，在尚未确立沉默权的时代，沉默权固

〔82〕 Adrian A. S. Zuckerman, *supra* note 18, at 43.

〔83〕 Sybil Sharpe, "The Privilege against Self-incrimination: Do We Need A Preservation Order?", *Anglo-American Law Review*, at 494.

然需要争取,无罪推定原则也还未获得确立,最多也只是作为一种观念形态抽象地存在。毋庸否认的是,支持无罪推定原则的那些信念,毫无疑问也支持沉默权的确立。因此二者尽管强调的重点不同,却完全有可能有着相同的源泉。

从诉讼制度上看,沉默权强调的是犯罪嫌疑人、被告人供述的自由,而无罪推定强调的则是举证责任的承担。如果一个国家根据无罪推定原则确定举证责任由控诉方承担,那么我们可以据此合乎逻辑地推论出这个国家应当赋予犯罪嫌疑人、被告人沉默权。但是,如果这个国家没有规定无罪推定,从理论上说,并不妨碍犯罪嫌疑人、被告人享有沉默权。但是在实践上,由于沉默权是对犯罪嫌疑人、被告人更加周到的保护,所以,在赋予犯罪嫌疑人、被告人沉默权的国家,不实行无罪推定的原则几乎是没有的。

(二) 从无罪推定原则可以推出沉默权规则

说无罪推定不是沉默权的必要条件,并不意味着无罪推定与沉默权两不相干。恰恰相反,无罪推定原则虽然不是沉默权的必要条件,却是沉默权的充分条件。即从无罪推定当中可以合乎逻辑地推出沉默权。这是因为,沉默权作为一种权利,仅仅是各种逻辑推论的终点,而不是逻辑推论的起点。毫无疑问,到达终点的途径绝对不止一条,那么它的起点也就不会只有一个。只不过有的人是从这个起点出发,而别的人则从那个起点出发;在这个历史阶段,人们会从这个起点出发,而在另一个历史阶段,人们又会从那个起点出发。

有学者认为,从沉默权与无罪推定权[84]在历史上出现的先后顺序来看,沉默权的出现先于无罪推定权的出现,而出现在后的权利不

---

〔84〕 无罪推定既是一项诉讼原则,又是犯罪嫌疑人、被告人在诉讼上所享有的一项权利。当它作为权利出现时,它是指犯罪嫌疑人、被告人在未经正当程序被确定为有罪以前,有权不被当做罪犯来对待。

可能包含出现在前的权利,因此,否定犯罪嫌疑人拥有沉默权并不意味着对其享有的无罪推定待遇的侵犯。我认为,持这种观点的学者混淆了道德权利与法律权利的界限,以为道德权利必然被体现为法律权利,同时认为法律权利出现的先后顺序也就决定了道德权利出现的先后顺序。事实上,沉默权和无罪推定的权利最初均属于道德权利,只是二者为法律所确认、从而成为一项法律权利的时间有先后之分而已。而且,无罪推定原则虽然直至1789年法国《人权宣言》公布时才正式确立,但作为一项道德权利,人们早就已经认识到它的存在,并且在15世纪末叶时,就已经被用来作为反对如实陈述义务的武器。例如,莫里斯(James Morice)就指出,进行如实陈述这种宣誓违背了普通法规则,因为它假定被告人有罪,且强迫他们自己证明这种假定是正确的。由于莫里斯以及其他持此观点的人们的倡导和努力,英国议会在1534年已禁止使用涤罪誓言这种审判方式。[85] 在李尔本案中,也曾经提到无罪推定的诉讼权利。当检察官请求法庭继续审理李尔本的"臭名昭著的叛逆罪行"时,李尔本乘机发表了一通无罪假定(the presumption of innocence)理论。李尔本认为,在一个人被证明有罪并被陪审团判定有罪之前,他是无罪的;他声称,尽管他们称他叛贼,但是在法律上,他仍然认为自己无罪。[86] 可见,沉默权与无罪推定在法律上出现的先后顺序,并不是无罪推定不包含沉默权的合理根据。

我认为从无罪推定原则可以推出沉默权,理由是:

第一,从如实陈述义务在实践中的效果上看,它违背了无罪推定原则关于控诉方负举证责任的要求。无论英美法系国家的学者,还是大陆法系国家的学者,均将证明责任的分配规则视为无罪推定原则的核心内容。英国学者罗纳德·沃克认为:"无罪推定仅仅是确定由谁

---

〔85〕 See Gregory W O'Reilly, *supra* note 30, at 414. 这说明,早在16世纪初期,无罪推定原则在英国普通法就已经得到确认,而人们对它作为一项道德权利而存在的认识,则是在更早的时候。

〔86〕 Leonard Levy, *supra* note 1, at 304.

负担证据责任的问题。"[87]我国学者亦普遍认为,证据法上的无罪推定,首先解决的是举证责任问题;任何人在经证据证实并由司法判定有罪之前都应视为无罪,那么控告他人有罪的控告者就应承担证明责任。[88]当控诉方不能举出确实充分的证据证明被告人有罪时,即使被告方未能举出证据证明自己无罪,也不能对其作出有罪的认定,因为被告人不负证明自己无罪的义务。如实陈述义务恰恰违背了无罪推定关于控诉方负举证责任的要求。对于犯罪嫌疑人、被告人而言,所谓"如实回答"也就是如实地供述和辩解。其供述,一般是承认自己有罪的陈述;其辩解,一般是说明自己无罪的陈述——无论其陈述是直接回答自己有罪或无罪,还是仅仅只为自己有罪或无罪提供线索,都应当归入这两种类型。对于前一类供述而言,其内容在效果上毫无疑问是起到了证明自己有罪的作用。我国《刑事诉讼法》虽然实行"重证据、重调查研究,不轻信口供"的原则,但口供毕竟也是证据的一种,一旦被告人供认自己有罪,该口供也就成了证明其有罪的重要证据之一。因此,强迫犯罪嫌疑人、被告人如实陈述,在此种情形之下直接违反了无罪推定所要求的举证责任负担原则。对于后一类供述而言,由于无罪推定要求控诉方负举证责任,那么即使被告人无任何证据证明自己无罪,只要控诉方没有充分有力的证据证明被告人有罪,就应当认定被告人无罪。被告人在自己的人身清白方面不负有任何责任,亦无须付出任何努力。一个人无罪是不需说明的,也是无法说明的;一个人有罪才是必须说明的;如果法律强迫公民对自己无罪的事实予以证明,实质上就是强迫其在刑事诉讼中承担证明自己无罪的责任,也就是实行有罪推定,因为它与中世纪欧洲教会法院要求被告人以宣誓洗涤自己的罪名并无本质区别。

第二,我国《刑事诉讼法》关于"如实陈述义务"的规定是一个先

---

〔87〕 转引自徐静村主编:《刑事诉讼法学》(上),法律出版社1997年版,第177页。

〔88〕 同上书,第177—178页。

天残疾的义务规范,不能以这种残疾的义务规范未违反无罪推定原则而否认真正的如实陈述义务也没有违反无罪推定原则。我国《刑事诉讼法》第118条规定:“……犯罪嫌疑人对侦查人员的提问,应当如实回答。但是对与本案无关的问题,有拒绝回答的权利。”有学者指出:从这一规定来看,如实陈述义务并不违反无罪推定原则关于举证责任负担的要求,因为法律并未将举证责任转移给犯罪嫌疑人,同时,犯罪嫌疑人也不会因为没有如实陈述而承担不利的诉讼后果。对此我认为,犯罪嫌疑人不会因为没有如实陈述而承担不利的诉讼后果,只能说明这种义务不是真正法律意义上的“义务”,而不能说明真正法律意义上的如实陈述义务没有违反无罪推定原则。任何义务都是与违反义务的法律责任相联系的。“义务是设定或隐含在法律规范中、实现于法律关系中的主体以相对抑制的作为或不作为的方式保障主体获得利益的一种约束手段。”[89]“义务总是与某种不利的或一般来说人们不希望发生的后果归结相连,如剥夺财产、生命、自由等处罚。”[90]举例来说,如果某项法律规定每一个城市居民都有在星期六下午去郊外植树的义务,同时却没有规定在星期六下午不去郊区植树的城市居民会承担什么样的不利后果,那么这种义务就不是真正法律意义上的义务。如果这条法律规定的内容是:每一个城镇居民都有在星期六下午去郊区植树的义务,违反者将处以强制劳动半天或者30元至50元人民币罚款的处罚,则该项法律所规定的义务是真正法律意义上的义务。在英国中世纪的教会法院和世俗法院中,犯罪嫌疑人如果在宣誓后拒绝如实陈述或者干脆拒绝宣誓,那么,剥夺财产、自由、生命等处罚就将是犯罪嫌疑人所面临的现实的后果,这才是真正意义上的如实陈述义务。而按照我国《刑事诉讼法》之规定,即使犯罪嫌疑人没有如实陈述,也不会有对他不利的后果产生。这是一种空洞的“义务”,在

---

〔89〕 张文显:《法学基本范畴研究》,中国政法大学出版社1993年版,第82页。

〔90〕 同上书,第87页。

实践上具有不可操作性，并且往往带来刑讯逼供这种普遍存在的侵犯人权的后果。因此，我们不能因为这种空洞的如实陈述义务没有造成犯罪嫌疑人、被告人承担举证责任的实际后果，而否认真正的如实陈述义务也没有造成这样的后果。

第三，从诉讼制度的发展历史来看，无罪推定与沉默权也是密不可分的。

一方面，如实陈述义务与有罪推定刑事诉讼原则是紧密相连的。在中世纪的英国，无论教会法院（Canon Law Court）还是普通法法院（Common Law Court）都实行纠问式的诉讼制度。根据 Gregory W. O'Reilly 的介绍，英国直到 13 世纪以前，两种法院都还以涤罪誓言和考验的方式进行审判，这种审判方式的关键在于侦查和裁判有赖于被告人提供证明他们有罪的证据。在教会法院所采用的纠问式诉讼中，口供是诉讼的一个基本组成部分。普通法法院从 13 世纪开始反对这种诉讼方式，但是教会法院却仍然适用并加强了纠问式的审判方式。从 13 世纪到 17 世纪，教会法院诉讼模式的主要特征是：在纠问程序开始时，被告人被强迫进行宣誓诚实地回答所有问题；由于口供是纠问程序的启动器，因此这种程序亦被设计为引诱被告人进行自我归罪的工具。那些拒绝提供证明自己有罪的证据的被告人被认为他们已经招供了。因为如果他们从一开始就拒绝宣誓，则将被视为是有罪的——就好像他们已经招供了一般。正因为如此，在有些案件中，嫌疑人如果保持沉默，他们将面临终身监禁的威胁。美国联邦最高法院认为，弹劾式诉讼最本质的支柱就是沉默权；没有沉默权，政府就会将举证责任转移到被告人身上；而在纠问式诉讼中，如果犯罪嫌疑人不能回答对他的讯问，法官和陪审团可作出他有罪的推论；这种制度不是依赖于政府举出证明被告有罪的证据，而是依赖于犯罪嫌疑人自己提出反对自己的证据。这正是彻头彻尾的有罪推定。

另一方面，沉默权的斗争与无罪推定的诉讼原则密切相关。在中世纪教会法院所实行的纠问式诉讼程序中，对嫌疑人、被告人实行有罪推定。在这一诉讼原则的指导之下,嫌疑人、被告人不仅不能享有丝毫的诉讼权利,而且在事实上承担着证明自己有罪的义务。这种义务就是通过如实回答司法人员的提问而获得履行的。由于嫌疑人、被告人在宣誓之前并不知道他将面对什么样的问题,因此这样的宣誓往往使被告人陷入自我归罪的境地而不能自拔。这正是宣誓程序的目的,也是如实陈述义务产生的根源。可以说,如实陈述义务的设置,就是为了强迫犯罪嫌疑人、被告人提供不利于己的证据。这一方面有人们认识水平的原因,另一方面也有思想上轻视人权保障的原因。沉默权的产生,是在这两方面都有了根本的改观以后,才得以确立起来的。人们在反对宣誓程序所明示的如实陈述义务的同时,也就是在反对提供不利于己的证据。而这种反对又是在人们认识水平逐渐提高、人们的权利意识普遍增长的情况下才逐步走向成熟、并获得成功的。

由此可见,无罪推定是沉默权的充分条件。也正是由于这个缘故,当今世界各国真正实行彻底的无罪推定原则的,往往莫不赋予犯罪嫌疑人、被告人保持沉默的权利。而这些国家的学者在论证沉默权的合理性时,也只需说明这是无罪推定原则的内在要求就可以了。

下篇 | 运作与应用

代替那存在着阶级和阶级对立的资产阶级旧社会的，将是这样一个联合体，在那里，每个人的自由发展是一切人自由发展的条件。

——《共产党宣言》

第五章 沉默权规则比较研究

尽管支持沉默权存在的理论基础是丰厚而坚实的，并且也是具有普遍性的，但无论从纵向方面还是从横向方面，在不同的历史时期，在不同的政治地域，沉默权规则在具体操作方面又呈现出不同的姿态。了解这些具体的规则，不仅有助于我们全面认识沉默权的各个方面，也有助于我们更深入地把握沉默权规则背后凸显出来的法理精神。毫无疑问，它还将为在我国进行沉默权规则的制度选择提供丰富的经验借鉴。

第一节 历史上曾经存在的沉默权规则

一、无控诉即有权沉默

无控诉即有权沉默是指，嫌疑人、被告人在没有指控人出现的情况下，针对国家官员的讯问可以保持沉默。这一规则实际上意味着，如果有告发者通过正当的程序进行了告发，而不是由法官主动提起控告，那么，被告人应当回答问题。历史上最早存在的沉默权规则，大概就是这种沉默权规则。在中世纪，人们反对通行于英国教会法院中的“依职权宣誓”程序的第一个理由就是：这样的程序都是无效的，因为它缺乏控告者。作为沉默权渊源之一的一句拉丁格言是这样表述的：

“没有指控就没有惩罚。”这一格言包含了一个在当时已经建立起来的诉讼规则:法官不得主动对任何人提起刑事诉讼程序。法律要求,在提起任何刑事控告(prosecution)之前,都必须有人对被告人提起正式的告发(formal accusation),并且该告发的目的必须是寻求对遭受被告人罪行侵害的合法利益的救济。[1] “任何人均无义务指控他自己”的格言也体现了相同的思想。要求被告人在没有任何指控的情况下回答任何提问的规则实际上就是在没有任何根据的情况下将一个人推上被告席,并且根据被告人在被告席上所作的陈述对他定罪。人们反对“依职权宣誓”程序的一个重要依据——《大宪章》第39条,实际上也没有明确表示被告人有沉默权,而只是提供了被告人有得到大陪审团告发书的权利。1352年修订的英格兰《自由大宪章》规定:“除非通过善良的或合法的在发生事件之地点居住的人民的告发书以正当的形式告发,或通过起源于普通法的令状,任何人都不得被剥夺自由、财产或被监禁。”[2]1368年通过的《大宪章》明确规定,没有人可以在没有合理的证据出示,或没有记录或未经正当程序或令状的情况下被要求回答问题,并且从此以后,任何与之相违背的事情都是无效的法律,而且将会被认为是错误的。[3] 从这些规定来看,《大宪章》提供的是被告人有获得大陪审团告发书的权利,而人们常常以未实现这一权利为由保持沉默。这种沉默权显然是有条件的。在16世纪上半期的一个案件中,被告人菲利浦(Philip)被托马斯·莫尔要求回答问题,但是他拒绝回答,他被关进监狱。在狱中,他收到一封信,建议他坚持自己的立场。这封信说:“不管是按照神的法律还是按照人的法律,你都没

---

〔1〕 R. H. Helmholz, “The Privilege and the *Ius Commune*: The Middle Ages to the Seventeenth Century”, in R. H. Helmholz et al, *The Privilege Against Self-incrimination: Its Origins and Development*, the University of Chicago Press, 1997, at 21.

〔2〕 Leonard W. Levy, *Origins of the Fifth Amendment*, Macmillan Publishing Company, 1986, at 52.

〔3〕 Levy, *supra* note 2, at 53.

有义务回答任何指控,除非告发者来到你的面前……"[4]这里所主张的沉默权,就是典型的无控诉沉默权。

二、无证据即有权沉默

无证据即有权沉默是指嫌疑人、被告人在控诉方提出的指控缺乏任何证据或者缺乏合理理由的情况下主张的沉默权。它意味着,如果控诉方出示了一定的证据,这些证据足以引起普通的人们对被告人涉嫌犯罪的怀疑,那么,嫌疑人、被告人将有义务洗刷自己的清白——而不能保持沉默。《大宪章》第38条的规定就是无证据沉默权的经典表述:"凡执行吏嗣后如未经提出可靠之证据,不得单凭本人之陈述将任何人置之于法。"这一规定实际上被理解为:法律反对在没有任何适当理由或根据的情况下将一个人交付审判。从第一章对李尔本案的介绍我们可以看到,普通法上所确立的沉默权规则也只是保证:只有在有足够的理由怀疑某个特定的人犯有罪行时,才允许要求该特定的人回答可能导致自我归罪的问题;换句话说,如果不存在特定的理由,就不能要求该人回答自我归罪的问题。进一步言之,在17世纪末期,普通法上所确立的沉默权对于反对自我归罪而言仅仅是一项有限的权利,这种权利在法律规定的情况下可能不得主张。现代的反对自我归罪的特免权包括对任何可能导致自我归罪问题在任何情况下都可以拒绝回答或者保持沉默。但是在17世纪,情况显然不是这样。"它被设计来保证只有在有足够的理由怀疑某个特定的个人违反了法律时才允许要求该人回答可能导致自我归罪的问题。"[5]汉姆赫兹对这种沉默权规则的评价是:"这并非是对普通人的一种微不足道的保护,但也必须承认,它与现代的反对自我归罪的特免权相去甚远。"[6]

---

[4] Levy, *supra* note 2, at 62. 菲利浦接受了这一建议,结果死在狱中。

[5] R. H. Helmholz, *supra* note 1, Introduction, at 7.

[6] R. H. Helmholz, *supra* note 1, at 7.

需要说明的是,无证据沉默权和无控诉沉默权几乎是在同时得到主张的。或者说,在沉默权历史的早期,人们在主张沉默权的时候往往将必须有正式的告发和由控告者预先对被告发者的罪行进行证明这两个要求结合起来。例如,在1532年的莱姆伯特案中,莱姆伯特主张的沉默权就既包含无控诉沉默权的内容,也包含无证据沉默权的内容。他说:"他不能调查或揭露他自己尚未被人发现的、也没有被人证明的罪行。所以他坚信,他无须宣誓回答对他提出的问题,除非他被一个人以正当的程序进行告发。"[7]在富勒案中,被告人主张的也是这两种沉默权的结合。该案中,作为辩护人的富勒建议他的当事人保持沉默,为的是让他们的对手提出指控并在他的面前让证人作证证明他们的指控。[8]

在理论上,也曾有著名的法官和学者认为,现代沉默权规则提供的保持沉默的权利与一般道德是不相容的。肯特·格林沃特(R. Kent Greenawalt)就持这种观点。根据格林沃特关于一般道德的观念,一个人如果仅仅由于轻微嫌疑而受到讯问,那么他保持沉默是适当的;但是如果一个人在讯问者有合理的理由对他进行怀疑而对他进行讯问时,他保持沉默就是不适当的。[9]

17世纪存在的沉默权规则就是无证据沉默权规则和无控诉沉默权规则的混合物。所有大陆普通法中与"无人有义务背叛他自己"(*nemo tenetur*)有关的格言的表述都与这一规则暗含的一般道德观念相一致。它们关心的是刑事诉讼的启动,宣称一个人不得被要求起诉或反对或背叛他自己。没有人一定被要求"揭露"他自己的过错。如果被告人揭露他自己或断言他自己有罪,那么他就不再是被告人而成为了公诉人。官员们不得通过一般性的讯问或者通过"引鱼上钩"式

---

〔7〕 Levy, *Supra* note 2, at 62.

〔8〕 Levy, *Supra* note 2, at 291.

〔9〕 R. Kent Greenawalt, "Silence as a Moral and Constitutional Right", *William & Mary Law Review* 15(1981). See R. H. Helmholz, *supra* note 1, at 182.

的讯问以及“轻微怀疑”下的讯问来开始起诉。官员们在17世纪乃至更早一些时候就被希望在对嫌疑人要求宣誓回答归罪问题之前有合理的根据。

我们可以将这种无控诉沉默权和无证据沉默权构成的混合物称为“符合道德观念的沉默权规则”。说它符合道德观念,是因为这种沉默权规则与当时人们心目中存在的道德原则是一致的:没有任何指控、没有任何根据就将一个人予以羁押并进行讯问,而且要求被讯问者如实地回答问题,这样的逻辑大概只有强盗的大脑中才有其合法的地位。

但是,这样的沉默权规则仍然是有缺陷的,因为,按照这种规则,只要有正式的指控并有一定的依据,嫌疑人、被告人就不能保持沉默,否则,将可以对他实施刑讯,或处以罚金、监禁等刑罚。在今天,仅仅由于保持沉默而招致这样的后果,无论如何都不能说是“符合道德”的。

三、米兰达规则

米兰达规则的内容几乎已经家喻户晓。根据这一规则,第一,犯罪嫌疑人、被告人享有针对讯问保持沉默并获得律师帮助的权利;第二,警察在开始讯问前必须告知其这一权利;第三,如果嫌疑人表示希望行使这一权利,讯问必须立即停止,直至其放弃保持沉默的权利或者其律师到场;第四,放弃保持沉默的权利的行为必须是在嫌疑人充分地意识到自己行为后果的情况下作出的;第五,违反米兰达规则获得的证据必须予以排除。

这一规则从产生之日起就遭受了众多诟病。有学者指出:尽管警察的搜查或政府的讯问也会对嫌疑人的隐私构成侵犯因而也不允许它没有正当理由就这样做,但赋予(嫌疑人)保持沉默的权利仅仅在没有合理根据或正当指控的情况下才被认为是正义的;最高法院为一个更全面的沉默权提供的原理是没有足够的说服力的,学者们提供的更精致的原理也是缺乏说服力的。[10] 在接受反对自我归罪的特免权提供了保持沉默的权利这一普遍的假设的前提下，史蒂芬·舒尔霍夫(Stephen Schulhofer)写道："现在，已经很难找到一个人愿意对反对自我归罪的特免权进行证明并为其辩护。"[11] 阿基尔·阿玛(Akhil Amar)和蕙尼·勒韬(Renee Lettow)补充说道："小小的疑惑……自我归罪条款——实际上已经成为权利法案中一个孤独的权利——已经成为反复分析批判的目标，20 世纪有思想的评论家呼吁对这一修正案进行限制或者干脆予以废除。"[12]

对历史上曾经存在过的沉默权规则进行归纳和介绍，有时候难免片面。因为沉默权的历史是如此复杂，以致现代西方的证据学专家对此都不愿涉足。在他们的证据学著作中，对沉默权的历史也几乎是一笔带过。对沉默权的历史进行研究的倒是一些历史学家。有些法学家似乎希望借助于沉默权在历史上的形态来说明我们今天需要确立和保障的是一个什么样的沉默权制度。例如，威格默在对沉默权的历史进行长篇的叙述后就曾主张："所有免除作证义务的特免权都属于例外，因而也是应当否定的……法官和法律家们则倾向于将这一例外性质忘掉。反对这些特免权的范围扩大的理论没有得到热心的考察。今天的趋势是扩展它们，好像它们是重要的、基础性的原则，并值得我们作最深入的类比。这种态度是不健全的。对真相的探查和作证义务的履行需要对特免权加以限制而不是扩展。"[13]

但是，也有学者对历史的方法表示了质疑。《援引第五修正案》的作者马克·伯格说道：

---

〔10〕 Albert Alschuler, "A Peculiar Privilege in Historical Perspective", R. H. Helmholz, *supra* note 1, at 183.

〔11〕 Albert Alschuler, *supra* note 10, at 183.

〔12〕 Albert Alschuler, *supra* note 10, at 183.

〔13〕 David M. Paciocco & Lee Stuesser, *Essentials of Canadian Law: The Law of Evidence*, at 132.

> 历史经常被作为解释宪法修正案的另一种方法。然而,就反对自我归罪的特免权而言,这种方法意味着对长达800余年的逐渐演变的历史进行评价。对这样长的历史进行称量,对于反对自我归罪的特免权的含义的任何解释都可以找到相应的证据来支持。从完整的意义上说,反对自我归罪特免权的历史由于过于庞大而不能作为一个方法来解释第五修正案。的确,有一些关键性的历史事件存在于特免权发展的历史中,但是即使在这些事件中,它们也是互相冲突的。……因而历史并不能回答我们的问题,即保持沉默的权利的合理范围。[14]

我认为,马克·伯格的说法是较有说服力的。但是,有一点必须予以说明:历史虽然不能说明保持沉默的权利的合理范围,也不能说明我们需要什么样的沉默权,但有一个事实却是可以说明的,那就是:我们的确需要沉默权。

第二节 当代各国沉默权规则的共同特征

一、沉默权本身的内容

(一)沉默权的主体

联合国《公民权利与政治权利国际公约》第14条第3款庚项规定:"任何人享有不被强迫作不利于他自己的证言或强迫承认犯罪的权利。"美国宪法第五修正案规定:"任何人都不得被迫在任何刑事案件中成为反对他自己的证人。"《日本宪法》第38条规定:"任何人都不能被强迫要求作出对自己不利的供述。"澳大利亚1942年判例宣

---

〔14〕 Mark Berger, *Taking the Fifth*, D. C. Heath and Company, 1980, at 224.

称:“任何人均无义务回答任何问题或提出任何文件,若该问题或该文件可能导致该人遭受民事惩罚或刑事定罪。”[15] 从以上规定来看,似乎沉默权的主体是全体公民。应当说,这些规定表达了这样一种含义:任何人都可能成为国家侦查机关或公诉机关侦查或指控的对象,而一旦这种可能性成为现实,任何人均有权行使这项权利。至于在事实上,真正行使这项权利的则应当是刑事被告人,或者潜在的刑事被告人,即可能因自己的作证行为而导致刑事追诉的证人。对此,美国学者有一个明确的解释:“特免权不仅可以由被告人主张,而且可以由证人主张。”[16]

从各国诉讼法典来看,享有沉默权的主体可以分为以下三类:第一,刑事被告人。这是拥有最广泛的沉默权的一类主体。凡是实行沉默权制度的国家,无不规定刑事被告人保持沉默的权利。第二,犯罪嫌疑人。在我所见到的二十多个已经确立沉默权制度的国家的资料中,没有哪一个国家的犯罪嫌疑人不享有沉默权。有的学者声称日本、加拿大等国在侦查阶段嫌疑人没有沉默权,这是不确切的。第三,证人。既包括刑事诉讼中的证人,也包括其他诉讼程序中的证人。

尽管享有沉默权的主体包括嫌疑人、被告人和证人,但是嫌疑人、被告人和证人在行使这项权利时是有区别的。所以,有的国家在规定这一权利时,将嫌疑人、被告人的沉默权和证人的沉默权往往分开规定。美国有些著作在论述沉默权规则时,也将被告人的沉默权和证人的沉默权分别论述。在英国,学者们似乎更喜欢“从被告人的角度而言”或“从证人的角度而言”这样的说法。但在墨菲的《论证据》一书中,则通过将沉默权保护的证据对象区分为“与已受指控的犯罪有关”

---

〔15〕 David Byrne QC & J. D. Heydon, *Cross on Evidence*, Butterworths Pty Limited, third Australian edition, 1986, at 618.

〔16〕 John A. Andrews Ed., *Human Rights in Criminal Procedure*, Martinus Nijhoff Publishers, 1982, at 274.

和“与未受指控的犯罪有关”的方式，对二者进行了区分。[17]

当法人或者其他组织成为犯罪嫌疑人或被告人时，该法人或其他组织是否享有沉默权？对此，美国学者的解释是：“特免权仅仅适用于自然人，任何拟制的人例如公司、联合会、合伙等均不得主张这一权利。”[18] 其他国家，绝大部分采此立场。

（二）沉默权的内容（权能或权利样态）

沉默权作为一项权利包括以下两种基本形态：一是保持沉默。既包括以积极的方式明确拒绝回答问题，也包括以消极的方式始终保持沉默。二是作出陈述。它又包含两种方式：第一种是在不宣誓的情况下作证，但是其证据效力将大打折扣，并且在共同犯罪案件中，这种证言不能作为对抗其他共同被告人的证据使用；第二种是宣誓作证，被告人若选择宣誓作证，必须接受交叉询问。

（三）受沉默权规则保护的证据范围

关于受沉默权规则保护的范围问题，必须明确以下几点：

第一，多数国家的沉默权规则保护的证据范围都局限于与犯罪有关的言词证据（testimony or communicative evidence）。所谓“与犯罪有关”，是指该陈述有可能被解释为承认犯罪，或被用作证明犯罪的证据。按照墨菲的解释，这种犯罪既包括已被指控的犯罪，也包括未被指控的犯罪。[19] 在美国，无论是历史的分析还是政治的分析都在帮助法院表达这样的思想：法院不愿意将特免权保护的范围扩张到言词证据以外。特免权的历史发展清楚地表明，它只反对强迫被告人提供证明他有罪的口头证据。星座法院以及高等委员会适用的纠问程序

---

〔17〕 Peter Murphy, *Murphy on Evidence*, Sixth Edition, Blackstone Press Limited, 1997, Chapter 14.

〔18〕 John A. Andrews, *supra* note 16, at 274.

〔19〕 Peter Murphy, *supra* note 17, at 387.

尤其是“依职权宣誓”这一程序,将直接导致从被告人身上获得对他定罪的证据;像李尔本一样对该程序提出抗议的人们,也在寻求建立这样一种在那些可能导致自我归罪的事项上不被讯问的权利。

威格默认为,特免权的历史表明,这一特免权并不关注利用强迫的手段取得非言词性证据问题。被迫提供非言词性证据并不被认为侵犯了个人的隐私,也没有不适当地赋予州在这方面的权力。[20] 加拿大学者认为,在普通法上,自我归罪的概念仅仅适用于主体之间进行交流时所产生的信息,而不适用于实物性质的东西以及通过谈话的结果找到的东西。“言词”信息受保护,“非言词”信息则不受保护。[21]

第二,所谓“言词证据”,是指通过人的陈述表现出来的证据;非言词证据一般不受沉默权规则的保护,但是对于在本质上属于实物证据的书面文件,比如日记等,在有的国家也属于沉默权规则保护的范围。在美国,这种书面文件是明确受到法律保护的,但是有三点限制:一是它不包括公司或类似于公司的其他企业或实体,例如工会、商业合伙等的记录。二是这一权利只能由事实上被强迫制作这种记录的人主张,例如,当纳税人的会计师被要求制作纳税人的纳税记录并保有该记录时,纳税人不得主张该记录受沉默权规则的保护;当然,如果是这个会计师作证人,他也不得以该记录会导致纳税人被定罪为由拒绝提供该记录。三是即使该记录不属于公司或其他实体的记录,也只有当它属于被传唤作证之人的“私人文件”的时候,它才受沉默权规则的保护。[22]

在德国,日记的内容不能作为对被告人定罪的证据使用,这已经由 1964 年的一个判例予以确认。该案中,原审法院采用被告人的日记为根据对被告人宣告有罪判决。被告人提起上诉,联邦法院认为日

---

〔20〕 Albert Alschuler, *supra* note 10, at 183.

〔21〕 David M. Paciocco & Lee Stuesser, *supra* note 13, at 154.

〔22〕 Jerold H. Israel & Wayne R. Lafave, *Criminal Procedure*, West Group 1993, at 230-233.

记记载的内容是属于被告人内心领域的,违背其本意用作证据是不能允许的,因而作出了撤销原判的裁决。[23] 在澳大利亚,书面证据尽管属于沉默权规则保护的范围,但是这并不排除警察在持有合法搜查证的情况下将该书面证据提交法庭。因为,沉默权是"反对自我归罪的权利",而不是"反对归罪"的权利。[24]

第三,嫌疑人、被告人的姓名、年龄等身份情况,一般不在沉默权规则保护之列。对于这种警察"例行公事"的询问(例如"你的姓名?""你的年龄?""你的住址?"等问题),嫌疑人不享有沉默权。[25] 另外,为确定嫌疑人、被告人精神状态而进行的询问,被询问人不得主张沉默权。比如,精神病医生为确定嫌疑人是否犯有精神病而对其进行询问、心理医生为确定被告人是否存在心理障碍而对其进行询问等。[26]

第四,用于证明嫌疑人、被告人身份的身体特征如指纹、血样、声音等亦不属于沉默权规则保护的范围。在美国判例法上,对特免权的这一限制性解释发生在1966年施默伯诉加利福尼亚州案的裁决中。[27] 该案中,被告人在交通事故中受了伤,并被送往医院疗伤。在这里,医院的一个外科医生在没有获得他许可的情况下从他身上取走了他的血样。对该血样的检查发现其中含有酗酒后所导致的过量的酒精。后来这一证据在被告人的反对之下在法庭出示,最高法院最终维持了对被告人的有罪判决。法院判决所依据的原则是,第五修正案并不禁止所有的州通过强迫的方式从被告人身上取得证据。法院的立场是,特免权仅仅保护被告人免受强迫自证有罪,但这种证据必须是一种言词证据或其他具有交流性的证据,因此,非自愿的血样检验

---

〔23〕 转引自宋英辉:《关于非法搜查、扣押的证据物的排除之比较》,载《政法论坛》1997年第1期,第99页以下。

〔24〕 David Byme QC & J. D. Heydon, *supra* note 15, at 621.

〔25〕 Jerold H. Israel & Wayne R. Lafave, *supra* note 22, at 214.

〔26〕 Jerold H. Israel & Wayne R. Lafave, *supra* note 22, at 213.

〔27〕 *Schmerber v. California*, 384 U.S. 757(1966).

并不违反这一标准。

法院对第五修正案作出这样的解释也不是第一次。在 1910 年的一个案件中,法院就面临是否应当对一个被迫穿着特殊衬衫展示他自己的被告人定罪的挑战。霍姆斯大法官并不认为这种行为侵犯了被告人反对自我归罪的特免权。霍姆斯认为,禁止强迫一个人在刑事法庭中作为反对他自己的证人仅仅只是禁止对他使用肉体上或者精神上的强制,来从他身上获得交流性证据。这一特免权并不排除允许从他身上获得一些作为证据来源的物质材料。〔28〕 1973 年,最高法院加强了怀特大法官表述的观点:反对自我归罪的特免权应当被限定在它在历史上存在的最初的含义之内,而这一最初的含义就是,反对自我归罪的证据范围仅仅包括被告人自己的陈述和他的私人记录。〔29〕

关于此点,德国刑事诉讼法典采相同立场,其法典第 81a 条规定:"在对被指控人身体健康无害的情况下,许可不经被指控人同意,由医师根据医术规则,本着检查目的进行抽取血样验血和其他身体检查。"该法典第 81b、81c、81d 条分别对提取指纹和进行拍照、对非被指控人进行检查、对妇女进行检查等内容作出了规定。在日本,不仅指纹、血液等可以无须嫌疑人、被告人同意而采集,即尿液亦在可以强行采集之列。〔30〕 但是,根据判例及学说,嫌疑人、被告人的姓名则在沉默权规则保护的范围之内。〔31〕

第五,关于嫌疑人、被告人是否可以依据沉默权规则而享有拒绝接受测谎器测试的问题,无论是美国还是日本,在学说上都存在着分歧。赞成者认为,回答提问是内心信息的暴露,因此这种回答应当视

---

〔28〕 Mark Berger, *supra* note 14, at 224.

〔29〕 Mark Berger, *supra* note 14, at 62.

〔30〕 此种采集纯为检查嫌疑人、被告人是否使用冰毒(若使用,则构成使用冰毒罪)之用。在学说上,对于能否强行采集此种尿液有不同意见,但在判例上持赞成态度。参见〔日〕田口守一:《刑事诉讼法》,刘迪、张凌、穆津译,法律出版社 2000 年版,第 73 页。

〔31〕 参见前引〔日〕田口守一著,《刑事诉讼法》,第 88 页。

为供述，既然回答在性质上是供述，嫌疑人、被告人当然有权予以拒绝；反对者认为，测谎器的检查是通过记录犯罪嫌疑人、被告人回答问题时的脉搏、呼吸、汗液等生理变化，从而发现"撒谎"的结果，这种结果不属于供述的范畴，因此，嫌疑人、被告人无权拒绝。[32] 在法国，理论界对可以科学地测出受讯问人所作反应的仪器，也表示反对意见。[33]

二、保障沉默权的内容

（一）讯问前的告知义务

关于事先警告之法则，首创于英国。1848 年《杰维斯法案》规定，当开始对刑事被告人发问时，必须问他是不是希望进行陈述，并警告他，如果他选择作出陈述，他所说的话都将被记录下来并在将来的法庭上作为证据出示。[34] 1912 年王座法庭法官应内务部的请求，指示警察人员讯问被告时应守之规则：警察人员讯问被告时，应先予以警告，如自愿为任意性之陈述，得使用为证据。这种规则的目的在于建立一种一看而知、表面可信之证明。另外，根据 1964 年修订的《法官规则》，警察有合理理由怀疑某人犯罪而对他进行讯问时，必须告知其有权拒绝回答，并且告知，如果他回答，则他的回答将被制成笔录作为证据使用；然后再作进一步的讯问。如果根据讯问的结果足以认定其行为已经构成犯罪，应告知他已被指控，并讯问他是否有其他陈述，而且再次告知其有权拒绝陈述。现在，根据 1994 年《刑事审判与公共秩序法》的新规定，警察在讯问犯罪嫌疑人之前，除了告知他"可以保持

---

〔32〕 参见前引〔日〕田口守一著，《刑事诉讼法》，第 88 页。

〔33〕 参见〔法〕卡斯东 · 斯特法尼等著：《法国刑事诉讼法精义》，罗结珍译，中国政法大学出版社 1999 年版，第 44 页。

〔34〕 See R. H. Helmholz, *supra* note 1, at 169; Christopher Allen, *The Law of Evidence in Victorian England*, Cambridge University Press, 1997, at 124.

沉默”之外，还应当告知：“当我们提出一些对你稍后出庭有帮助的问题时，如果你保持沉默，所提问题将会在以后的法庭中作为证据，这对你以后的辩护会产生非常不利的影响。”

在美国，1950 年 5 月 5 日公布施行的《统一军法典》，即于第 31 条第 2 项明文规定应先予以忠告，彼不须为任何之陈述，惟如为任何之陈述，得于事实法庭审判中，用为对彼利之证据。[35] 但在非军事案件中，讯问前的告知义务则是由 1966 年 6 月 13 日联邦最高法院通过对米兰达案件的判决而确立的。在该案的判决中，首席大法官沃伦宣布：犯罪嫌疑人针对讯问享有沉默权；警察在讯问嫌疑人之前必须告知其享有这项权利；如果该嫌疑人表示将保持沉默，讯问必须立即停止。[36] 沃伦法官指出，警告的意义在于消除讯问的环境所造成的紧张气氛给嫌疑人带来的精神上的压力：“我们所关心的是对第五修正案的权利给予足够的保护，而不是给予哪怕是很轻微的损害。在上述案件中，被告人被投进一个他不熟悉的环境，并且遇到了威胁性质的警察讯问。潜在的强制是非常明显的，例如，在米兰达案件中，这个贫穷的墨西哥被告人被显著的性幻觉严重地骚扰，在斯图尔特案件中，被告人是一个贫穷的洛杉矶黑人，在他上六年级的时候就被迫辍学。我们相信，记录表明没有公然的肉体强制或明显的心理强制。事实仍然是，在这些案件中，没有一个官员在讯问开始时提供了使得陈述是在自由地进行选择的产物的措施。”[37] 因此，告知的直接意义就是：“第一，对于那些不知道自己特免权的人来说，告知的要求仅仅是为了使他们知道自己有这样的权利。第二，更重要的是，这样的警告对于防范讯问的气氛给嫌疑人带来的内在压力来说是一个绝对的先决条

---

〔35〕 Uniform Code of Military Justice, Art. 31(b).

〔36〕 *Miranda v. Arizona*, 384 U. S. 436(1966).

〔37〕 *Miranda v. Arizona*, 384 U. S. 436(1966). 米兰达案件的裁决是一系列与第五修正案所保护的权利有关的案件的裁决，其中除了米兰达案外，还有其他作为上诉人的案件，他们的名字已在上文提及。

件。第三，这种警告使嫌疑人知道侦查人员已经准备承认他的特免权并决心尊重它。”而警告的最终意义则在于：“不管进行讯问的背景是什么，这样的警告已经独立地、足够地消除嫌疑人的压力并保证嫌疑人知道自己在此时此地行使他的特免权是完全自由的。”〔38〕

《日本刑事诉讼法》第198条规定，检察官、检察事务官或司法警察职员在要求嫌疑人到场对他进行调查时，应当预先告知被疑人没有必要违反自己的意思进行陈述。前南斯拉夫《刑事诉讼法》第218条第2款规定，在第一次讯问时，要通知被告人，他没有义务提出自己的辩护词，也没有义务回答向他提出的问题。该条第3款还规定，如果被告人根本不回答，或不愿意回答向他提出的问题，必要时，要告知他这样做会使他收集证据为自己辩护增加困难。德国、法国、意大利等国的刑事诉讼法也都规定了讯问嫌疑人之前的告知程序。

与告知义务相联系的是沉默权的放弃规则。在美国，沉默权的放弃必须是明示的而不能是暗示的。嫌疑人、被告人保持沉默的事实不得视为放弃沉默权的意思表示。同时，放弃沉默权的行为还必须是嫌疑人、被告人在完全、充分地意识到放弃该项权利的后果的情况下作出的。在加拿大，有的法院曾经指出，特免权的放弃必须是清楚的和在完全意识到其后果的情况下作出的。放弃既可以是明示的，也可以是暗示的。暗示的放弃不能单独建立在暗示的意图之上，而且必须建立在对公正和一贯的考虑的基础之上。〔39〕《法国刑事诉讼法》规定，只有在受审查人同意的情况下，才能立即对受审查人进行讯问；同时又规定，只有在受审查人的律师在场的情况下，预审法官才可以取得受审查人放弃保持沉默权的同意。〔40〕但是，在多纳迪奥·德·瓦贝尔主持下制定的改革草案只允许受审查人在被进行第一次讯问后才

〔38〕 *Miranda v. Arizona*, 384 U.S. 436(1966).

〔39〕 David M. Paciocco & Lee Stuesser, *supra* note 13, at 135.

〔40〕 参见前引〔法〕卡斯东·斯特法尼等著，《法国刑事诉讼法精义》，第567页。

能与诉讼辅佐人互通情况。据说这样做可以使警察进行的调查阶段尽早结束,因为,在这一阶段,律师完全被排除在外。[41] 这一草案似乎并未获得通过。

(二) 讯问时的律师在场原则

为保障犯罪嫌疑人、被告人的沉默权,各国都规定了讯问犯罪嫌疑人、被告人时的律师在场权或嫌疑人、被告人与律师会见的权利。[42] 日本学者认为,保障会见辩护人的权利是间接保障犯罪嫌疑人沉默权的制度。[43] 在美国,根据米兰达规则,警察在讯问前除必须告知嫌疑人他有权保持沉默以外,还必须告知他有获得律师帮助的权利。如果嫌疑人表示希望与律师联系,讯问必须立即停止,直至律师到达。

《希腊刑事诉讼法》规定,被告人随时可以指定辩护人帮助他进行辩护,这一权利既可以在审前阶段行使,也可以在审判阶段行使。律师一旦被确定担任辩护人,他在任何时候都不得被拒绝与他的当事人进行口头或者书面的交流。[44] 在德国,被告人可以自由地选择任何他信任的人担任辩护人;传统上,辩护人与在押犯罪嫌疑人的联系是不受限制的。[45] 英国、美国、法国、意大利等国家均对讯问时的辩护律师在场权进行了规定。

必须指出,虽然律师在场有助于嫌疑人更好地行使沉默权,但律师在场权并非沉默权规则的必然内容,该项权利也不以沉默权规则为

---

〔41〕 参见前引〔法〕卡斯东·斯特法尼等著,《法国刑事诉讼法精义》,第568页。

〔42〕 就律师而言,凡接受委托承担辩护任务的律师均享有与在押嫌疑人、被告人会见的权利;就犯罪嫌疑人、被告人而言,在回答问题之前或回答问题时均享有获得律师帮助的权利。

〔43〕 参见前引〔日〕田口守一著,《刑事诉讼法》,第87页。

〔44〕 John A. Andrews, *supra* note 16, at 212.

〔45〕 John A. Andrews, *supra* note 16, at 254.

依据,恰恰相反,沉默权和律师在场权都以加强嫌疑人的防御力量为其基础。在美国,沉默权是由第五修正案予以规定的,而获得律师帮助权则是由第六修正案予以规定的。米兰达规则可以说既是第五修正案的产物,又是第六修正案的产物。但是,这并不妨碍后者成为前者所规定之权利保障的一部分。在米兰达案的裁决中,沃伦指出,律师的在场以及对嫌疑人的警告,都将使嫌疑人在不受强迫的情况下没有畏惧地、有效地说出他做过的事情,并且这样的程序还可以减少讯问的邪恶。"没有律师的在场和充分的警告,所有围绕言词证据建立起来的无微不至的保护都将成为一种空洞的形式,而在许多强迫作出有罪供述的场合,被告人的口供还是在没有受到任何监督的情况下让警察获得的一种快意的满足。"〔46〕对于反对将律师帮助权作为沉默权的内容的观点〔47〕,沃伦指出:"我们认为,如果这个人没有实施犯罪行为,在对他进行警告并有律师在场的情况下,他将能更好地使自己摆脱诉讼。可以认为,在这样的环境下,律师将会建议他的当事人自由地向警察作出陈述以洗清他自己。"〔48〕

(三)讯问方法上的限制性规则

如前所述,沉默权最主要的功能在于保证口供的自愿性和真实性。为做到这一点,就要排除一切可能使嫌疑人、被告人作出虚假供述的因素,并为嫌疑人、被告人的陈述创造一个宽松的环境。因此,各国都从各个方面保障嫌疑人、被告人供述的自由性。这些措施的重点均在于强调嫌疑人、被告人陈述的可采性必须以其供述是在明知且明智的情况下所作出:

---

〔46〕 *Miranda v. Arizona*, 384 U.S. 436(1966).

〔47〕 这种观点认为,为了讯问而不受拘束地拘押嫌疑人的权利将有助于被讯问的人。当警察在经过讯问后相信这个人没有实施任何罪行使,嫌疑人就会获得释放,而无须进行下一步程序。

〔48〕 *Miranda v. Arizona*, 384 U.S. 436(1966).

1. 不得以强暴行为获取口供

所谓强暴,是指以暴力进行殴打、虐待、凌辱、拷问等方法,以及命令嫌疑人长时间站立不动、剥去其全身衣服、以强烈光线照射其面部等行为,造成嫌疑人身体上的伤害和感官上的痛苦并进而造成嫌疑人心理上的强制。

2. 禁止以胁迫方法获取口供

所谓胁迫,是指使用无形力之间接方法,使被告产生恐怖心理而为陈述。其方法包括明示或默示、言词或举动,等等。其内容包括以生命、身体、自由、名誉、信用、贞操或家庭声誉等事相威胁。如以若不供认,将予逮捕羁押,或在被告前鞭打其他共犯等。

3. 禁止以利诱的方法获取口供

这主要是指以法律上不可能的利益对被讯问人进行引诱,比如"说完了就放你回家""承认犯罪,可以满足你吸一口(毒品)的愿望"等。但是对于刑法上以陈述为宽刑之条件,侦查人员告知犯罪嫌疑人此项宽刑条件时,不得以利诱论。

4. 不得以诈欺的方法获得口供

如对犯罪嫌疑人诈称共犯已经供认,或诡称已有有罪之证据毋庸推诿等词,使之作出陈述,即所谓说谎(False hood)、隐瞒(Deception)等,此项单纯使用诈伪,并不影响陈述的任意性;但以诈伪诱导其为虚伪之陈述者,则其陈述丧失任意性。

5. 不得对犯罪嫌疑人为违法之羁押

所谓违法羁押,不仅包括无权羁押,还包括违背法律程序的羁押,如羁押期间已满未经延长,或羁押原因已消灭,或其他应当撤销羁押而非法继续羁押等情况。英美法认为,被告人在身体受拘束中,于警察前所作之陈述,不具有可采性。《日本刑事诉讼法》第319条第1项亦规定,经长期不当之拘留或拘禁后之陈述,不得作为证据。[49]

---

〔49〕"出于强制、拷问或者胁迫的自白,在经过不适当的长期扣留或者拘禁后的自白,以及其他可以怀疑为并非出于自由意志的自白,都不得作为证据。"

6. 不得以其他不正当方法收集口供

所谓“其他不正当方法”，是指以强暴、胁迫、利诱、违法羁押以外之其他不正当方法，如：① 不予饮食，或予以不适当之饮食（如使之口渴、腹胀后）之陈述；② 疾病中之陈述；③ 误信有供述义务所为之陈述；④ 饮酒使醉后之陈述等。至于精神分析、麻醉分析或测谎器等取得之陈述，是否属于不正当之方法，各国立法例就此所持之见解并不一致。德国法律规定，与虐待、拷打、疲劳讯问、威胁等方式一样，使用药品、精神分析的方法也在禁止的范围之列。[50] 法国法学界也一致反对采用麻醉手段进行讯问。[51]

在米兰达案中，大法官沃伦还指出了一些在该规则确立以前存在于警察的讯问实践当中的讯问方法：

> 有一种讯问方法被称为“友好—不友好式”或“马特与杰夫式”讯问方法。这种技巧常常由两个侦探进行。扮演马特的那一个看上去无情而又凌厉，他似乎已经知道被讯问者是有罪的，并且不愿意再浪费自己的时间。他曾经将一打的被告人送进监狱并且正准备将目前正在讯问的这个人也送进去。另一个侦探扮演杰夫，与马特不同，他明显地对嫌疑人抱有同情。他有着自己的家庭，并且有一个兄长，也曾经遭受过与嫌疑人类似的麻烦。他不赞成马特和他的讯问方式，并且愿意使他从案件中解脱出来——如果他肯合作的话。他不能阻止马特更长的时间，所以，他希望嫌疑人尽快作出决定。最后，如果杰夫成功地使嫌疑人表示希望合作，马特将从讯问室里消失。[52]

另一种讯问方式是，在讯问开始前，先由经过训练的人来充当所谓的“证人”进行“辨认”，然后，讯问煞有介事地重新开始，好像这个

〔50〕 John A. Andrews, *supra* note 16, at 251.

〔51〕 参见前引〔法〕卡斯东·斯特法尼等著，《法国刑事诉讼法精义》，第44页。

〔52〕 *Miranda v. Arizona*, 384 U.S. 436(1966).

嫌疑人毫无疑问地是有罪的一样。这种方法叫做“反向辨认法”。这种“反向辨认法”还有一种方式就是由几个佯装的证人或被害人来进行,他们把嫌疑人与几个不同的犯罪行为联系在一起(而且他们明知嫌疑人并未实施这些犯罪行为)。这样做是使嫌疑人产生绝望的念头,从而在接下来的讯问中承认自己的犯罪行为,以避免根本不存在的虚假控诉。另外,如果嫌疑人表示希望保持沉默,警察还可以对他进行劝说:“假设你处在我这样的位置,而我处在你那样的位置,如果你让我回答这些问题,而我则完全不予理会,你肯定会认为我有什么需要隐瞒,而且你有这样的想法也是正确的。而这也正是我现在对你的看法,也是其他人会产生的看法。所以,还是让我们坐下来重新讨论一下这整个事件。”——如果这种独白被正确地运用的话,很少还有嫌疑人仍然会拒绝说话。如果嫌疑人提出要对他的亲人说话,讯问者就会说,在别人卷进来以前,你最好先跟我说出真相。如果嫌疑人要求的是一位律师,讯问者就会建议他为自己和他的家庭省下这样一笔聘请这种专家服务的费用,尤其是在他与所讯问的罪行无关的时候。讯问者还会补充说:我仅仅是在寻求真相,如果你能够说出真相,那就成了——你自己掂量掂量吧![53]

(四) 证据采纳的排除规则

为切实保障获得任意的、从而也是真实的陈述,防止上述非法取证行为的发生,各国都比较普遍地确立了违反陈述任意性原则的排除规则。但是由于诉讼价值观念的不同,诉讼模式的差异,各国对非任意性陈述的排除法则的规定也不尽相同。一般而言,崇尚个人自由的英美法系国家基本上实行对非任意性陈述的自动排除规则,而在崇尚安全价值的大陆法系国家,则实行由法官对非任意性陈述的可采性自由裁量的制度。对于通过非任意性陈述而获取的证据或间接事实(即

---

〔53〕 *Miranda v. Arizona*, 384 U.S. 436(1966).

通常所说的毒树之果)，如从被告人被强迫之陈述，获悉赃物之所在，而起获赃物，或该赃物系隐匿于被告人以外之人不易接近之场所的事实，是否应当予以排除，美国做得比较彻底，即予以排除。而在其他各国，往往要由法官通过对公众利益与司法公正、被害人利益与被告人利益之间进行权衡。例如，在德国，对于采用非法方法获得的口供必须予以排除，这是没有问题的；但是，对于通过以这种方式获得的口供而发现的其他证据，是否也必须予以排除，则是一个有争议的问题。德国学者罗森伯格认为，公众很难认同这样的观点——仅仅由于尸体或犯罪的武器是通过有瑕疵的供述获得的而将它们予以排除不用，从而导致将有罪的被告人予以开释；实际上，在现有的条件下，完全可以有其他的方法对警察的行为构成足够的约束。[54]

(五) 禁止相反推论的裁判原则

美国各州的法律对于是否允许法官或检察官就被告人保持沉默的事实作出对其不利的推论存在着不同的实践。一直到 1965 年，有些州还允许对被告人保持沉默这一事实作对其不利的推论。但在格里芬诉加利福尼亚州案[55]中，联邦最高法院确立了无不利后果的裁判原则。

该案被告人在被害人死亡的当晚被看到曾经在现场停留，在被害人的尸体被发现的一个巷子里发现了有关他的证据。检察官对被告人未能就此提出证明的事实[56]发表了大量的评论：

> 当被告人与埃瑟·梅一道离开她的公寓并走在小巷中的时候，他肯定知道埃瑟·梅是不是已经被打得面目全非。……他肯

---

〔54〕 John A. Andrews, *supra* note 16, at 251.

〔55〕 *Griffin v. California*, 380 U.S. 609 (1965).

〔56〕 该案被告人就犯罪的问题在审判法庭上没有作证，而就量刑的问题在单独的量刑法庭上作证了。

定知道她是怎样从公寓坠落到小巷里的。他肯定知道鲜血是怎样流到水泥地面的。他肯定知道他与她在那个巷子里待了多长时间。他肯定知道她的神志是如何丧失的;他肯定知道他是否殴打或虐待过她。他肯定知道,当他看到威拉森纳先生时他的内心意识到他是有罪的,因而当他从那与黄瓜一样冰凉的地方走过时,他是否打算从那已经被伤害的女子身边逃走。埃瑟·梅已经死了,她不能站在自己的立场上陈述事实。而被告人则不愿意陈述事实。[57]

审判法庭在犯罪的问题上指示了陪审团,说被告人享有宪法上的不作证的权利。但是它又告诉陪审团:

考虑到所有反对被告人的证据和事实该被告人都希望拒绝承认或者加以解释,因为这些事实都在被告人所了解的案件事实的范围之内,所以,如果他没有(在这些事实上)作证,或者,即使他作证了,但是他没有成功地作证,没有成功地否认或解释这些证据,那么,陪审团可以将这一因素考虑进去,作为导致暗示这些证据所揭示的事实真相,并且暗示着在这些推论中,可以合理地推论出对被告人不利的事实,这些事实对被告人来说具有更大的可能性。[58]

法官又补充道:

对于被告人所不知道的事实,不能对他作出这样的推论。被告人没有成功地否认或解释在他的知识范围内的证据并不导致对他实行有罪推定,这一事实本身也不会保证对被告人作出有罪推论,也不会减轻控诉方承担的任何举证责任。[59]

---

〔57〕 *Griffin v. California*, 380 U.S. 609 (1965).
〔58〕 *Griffin v. California*, 380 U.S. 609 (1965).
〔59〕 *Griffin v. California*, 380 U.S. 609 (1965).

被告人在加利福尼亚州经陪审团审判后被定为一级谋杀,并被判处死刑。加利福尼亚州最高法院维持了这一死刑判决。案件最终由联邦最高法院受理,目的在于考虑对被告人未能成功地作证的评论是否侵犯了第五修正案的自我归罪条款,这一条款已经在马洛伊诉霍根案的裁决中通过第十四修正案被最高法院运用于各州。联邦最高法院考虑的问题仍然是,在制定法或习惯法中,加利福尼亚州所赞成的评论规则是否违反第五修正案。[60] 大法官们认为:

> 这一修正案对于那些宁愿依靠法律给予每个人的无罪推定待遇,也不愿意成为证人的人,同样建立了一个正当的观念。尽管他对于他所被指控的罪行完全无辜,也并非所有的人都能够安全地站在证人的立场上而不冒一点被定罪的风险。实际上,由于极端的怯懦、紧张,使他在面对他人以及试图解释一个遭受嫌疑的人的品格以及针对他的指控的事项的时候,常常会使得他迷惑、尴尬,并且使他不能消除人们对他的偏见。同时,也并非所有诚实的人都愿意被放在证人的位置上。这一制定法,以温和的方式对那些由于上面提到的原因而拒绝作为证人出现的人带来了损害,尤其是当他们在某种程度上在其他人的帮助下达成妥协的时候,宣称刑事诉讼中的被告人没有成功地请求作证,将不会导致任何反对他的推定。[61]

因此,大法官们认为,加利福尼亚州的法律是违宪的;第五修正案直接地适用于联邦的法院,并通过第十四修正案适用于州法院,它禁止控诉方对被告人的沉默发表评论,也禁止法庭将这样的沉默作为有罪的证据来对陪审团进行指示。[62]

---

〔60〕《加利福尼亚州宪法》第一章第13条规定:"在任何刑事案件中,无论被告人是否作证,如果他不能解释自己的清白,或者不能通过自己的做人否认该案中反对他的证据和事实,那么,这将可以被法庭或律师加以评论,也被陪审团考虑。"

〔61〕*Griffin v. California*, 380 U.S. 609 (1965).

〔62〕*Griffin v. California*, 380 U.S. 609 (1965).

在英国，其法院从1688年以来直到20世纪90年代初，在刑事案件的审判中都能保证被告人充分行使保持沉默的权利，并且无论是法官还是控诉方，都不能从被告人在接受讯问时保持沉默这一事实中推导出对他不利的结论，这一点被视为对沉默权最为关键的保障。即使是修改后的《刑事审判与公共秩序法》，也只是规定在特定情况下被告人保持沉默的特定事实，法官和陪审团可以作出看起来适当的结论。法律仍然禁止仅仅根据被告人保持沉默这一事实认定被告人有罪。事实上，无论是大陆法系国家，还是英美法系国家，其刑事诉讼程序都不会因为嫌疑人、被告人保持沉默这一单独事实推导出被告人有罪的结论。这种推论只有在中世纪的纠问式审判中才能找到。在现代刑事诉讼中，显然应当严厉禁止。

三、消除沉默权之不利因素的规则——鼓励供述机制

为了消除沉默权规则可能带来的不良后果，各国还确立了鼓励供述的机制，它包括：

（一）"坦白从宽，抗拒从严"的刑事政策

这一政策实际上并非中国特色。意大利的贝卡里亚多年以前就声称："那些在审查中顽固地拒不回答提问的人，应被处以法律所确定的刑罚，而且是一种最严厉的刑罚，以使人们不能就这样摆脱了他们应承担的为公众树立鉴戒的责任。"[63] 只不过，在西方国家，这一政策仅仅是一个量刑政策，而在我国则将它作为讯问时的策略，并由于其

〔63〕〔意〕贝卡里亚：《论犯罪与刑罚》，黄风译，中国大百科全书出版社1993年版，第27页。值得注意的是，贝卡里亚所主张应当给予的最严厉的刑罚，并不是仅仅以拒绝回答提问为基础的，而是以犯罪事实得到证明为基础的。但是，贝卡里亚又说："当被告人毫无疑义地犯有某一罪行，以致不需要对他进行讯问时，也就是说，当其他证据肯定被告人犯有罪行，以致他供认与否成为无足轻重时，上述刑罚也就不需要了。"这明显地表明贝卡里亚是把被告人当做了获取对他定罪的一个重要的证据来源。

运用方法的不当,以致连基层的公安机关都有人主张取消这一政策。其实,这一政策作为一项量刑政策是正确的,而且也是有效的。并且在西方国家也获得普遍的认同。例如,《德国刑法》第46条第1项规定:"犯罪人之责任为量刑之基础。刑罚对犯罪人未来社会生活所可期待发生之影响,并应斟酌之。"第2项规定:"法院于量刑时应权衡一切对犯罪人有利及不利之情况,尤应注意下列各项:犯罪人之动机与目的,由行为所表露之心情及行为时所具意念,违反义务之程度……以及其犯罪后之态度,尤其补偿损害之努力。"如果被告人保持沉默,而经审判后法官裁决该被告人犯有起诉书指控的罪行,则该被告人是否保持沉默的事实将作为其犯罪后之态度的因素来考虑。在意大利,其刑事诉讼法明确规定,(被告人)主动供认的,减刑1/3。在英国,从历史上一直到现在,都存在着"供述有利,不供不利"的说法。在日本,量刑时,被告人行使沉默权的事实本身不能构成对被告人不利的要素,但是可以作为被告人未反省的一个资料予以参考。[64]

(二)起诉豁免与证言豁免

起诉豁免是指,如果有关共同犯罪的嫌疑人愿意就自己以及其他共同犯罪人的罪行作出交代并在法庭上指证其他共同犯罪人,则检察官享有对该嫌疑人作出不起诉决定的权力,嫌疑人在获得这种不起诉决定的承诺而作出供述以后,享有得到不起诉结果的权利。

起诉豁免的规则起源于英国19世纪初的一个案件。在1806年,英国上议院准备以"严重悖逆和违反职责"的罪名弹劾时任海军司库的梅尔维尔勋爵。有一些确定的关键证人被要求作证。为了防止这些证人利用证人特免权拒绝作证,政府准备同意证人通过证人豁免法得到豁免,并且,为了防止证人以存在利害关系不能作证这一规则拒绝作证,它们亦被免除由于弹劾案的结果可能给他们带来的债务。然

---

〔64〕 参见前引〔日〕田口守一著,《刑事诉讼法》,第89页以下。

而,证人豁免法所规定的豁免的范围立即成为一个争论的话题。很明显,如果不赋予起诉豁免权,证人将以证人特免权反对作证。于是,证人豁免法就包括了在将来免受刑事起诉的内容。[65]

在美国,为消除沉默权规则带来的消极影响而设立的鼓励供述机制包括两个规则:一是证据使用豁免,是指取得该项豁免的证人所提供的证据不得在将来的刑事诉讼程序中用来作为反对他的证据使用。但是,如果证人作伪证,则该伪证的内容仍然可以作为追究其伪证之刑事责任的证据使用。二是罪行豁免,是指获得该项豁免的证人因其提供证据的行为而使其所参与的犯罪不受刑事追究。

应当说,美国的证据使用豁免和罪行豁免是紧密相连的。这一制度最早出现于1881年弗吉尼亚在 *Temple v. Commonwealth* 案的裁决。在这一案件当中,在对发行彩票(lottery)进行指控时,在检察官表示不会对证人进行起诉之后,命令证人提供了自我归罪的证据。[66] 在1892年的一个案件中,最高法院对豁免权的法律问题曾给予考虑。最高法院认为,对证人不得依据通过强制要求其作证而得到的证言而对其进行追诉。[67] 由于这种证据是通过强制作证的手段获得的,因此它被称为派生证据,而对这种证据的豁免则称为派生证据豁免。[68]

与"派生证据豁免"相关的还有一个"交易豁免"。它与"派生证据豁免"的区别是:根据"派生证据豁免"原则,如果证人在法庭上指证被告人犯有某项罪行,无意间暴露了自己的其他罪行,而该罪行又与被告人被指控的罪行无关,则该罪行不享受证据使用豁免;但按照"交易豁免"原则,则证人证言所涉及的所有犯罪事实,均不能在将来对证人起诉的法庭上当做反对他的证据使用。"交易豁免"原则确立

---

〔65〕 R. H. Helmholz, *supra* note 1, at 159.

〔66〕 *Temple v. Commonwealth*, 75 Va. 892(Va. 1881).

〔67〕 *Counselman v. Hitchcock*, 142 U. S. 547 (1892).

〔68〕 参见〔美〕伦斯特洛姆编著:《美国法律辞典》,贺卫方等译,中国政法大学出版社1998年版,第170页。

于最高法院对 *Kastigar v. United states* 案的判决中。它要求，如果证人事后受到指控，控方必须证明指控使用的证据与先前通过强制证人作证取得的证言无关。〔69〕 另外，在1964年的一个案件中，最高法院还规定：在某个州的诉讼中被赋予证言豁免权的证人不得在联邦的司法系统中基于强制作证取得的证言以及依据该证言取得的其他证据而受到追诉；并且，只有在保证证人不会受到这种追诉之威胁的情况下，证人才可以被强制要求作证。〔70〕 而根据议会的制定法，则在联邦法院享受豁免权的证人既不能因其提供的证词而在联邦法院遭致起诉，也不能在州法院遭致起诉。〔71〕

在澳大利亚，为鼓励证人或嫌疑人、被告人作证，制定法上设立两种豁免：即起诉豁免与证据使用豁免。证人作证所揭露的内容不得作为对他起诉的依据，或者该证据不得在以后的任何程序中使用。〔72〕

第三节　各国沉默权规则呈现的特殊性

一、英国模式的沉默权规则

英国是沉默权的发源地，但是在最近的几十年中，英国的沉默权规则又发生了一些变化，这些变化主要体现在英国对沉默权规则进行限制的几个法律当中：

（一）1984年《警察与刑事证据法》(Police and Criminal Evidence Act 1984)

根据这一法律，在对一个人提起控诉以后，不得再对他进行讯问，

〔69〕 参见前引〔美〕伦斯特洛姆编著，《美国法律辞典》，第170页。

〔70〕 *Murphy v. Waterfront Commision of New York*, 378 U.S. 52(1964).

〔71〕 Jerold H. Israel & Wayne R. Lafave, *supra* note 22, at 228.

〔72〕 David Byme QC & J.D. Heydon, *supra* note 15, at 631.

但是为了减小损害或澄清模棱两可的事实,或者在对被指控者被允许就新的信息发表评论符合其正义之利益的地方,可以对其进行讯问。但是在讯问前,被指控人必须重新获得警告。[73]

（二）1985 年《公司法》(Companies Act 1985)与 1986 年《破产法》(Insolvency Act 1986)

在英格兰与威尔士,与经济犯罪侦查有关的有两个核心机构:一个是贸易与工业部;另一个是严重欺诈办公室。根据 1985 年《公司法》和 1986 年《破产法》的规定,这两个机构可以运用强制程序进行侦查,并且其所获得的证据可以在进一步的侦查程序中使用。1987 年《公司法》进一步规定,严重欺诈办公室可以要求证人或嫌疑人回答问题或提交文件。尽管这些证据不能用于刑事审判,但是可以用于对提供这些证据的证人或嫌疑人进行弹劾(若其证言前后不一致,可以用作证明其伪证的证据)。[74]

同时,根据 1986 年《破产法》与 1987 年《刑事司法法》(Criminal Justice Act 1987)的规定,书面文件受沉默权规则保护的内容基本上已被废除,因为,法律规定,采纳这种书面文件是否会导致公平审判的原则受到削弱完全属于法官单独行使自由裁量权决定的事项。[75] 法官在行使裁量权时一般都会允许采纳这种证据。

（三）1994 年《刑事审判与公共秩序法》(Criminal Justice and Public Order Act 1994)

英国在 20 世纪 70 年代中期至 80 年代,由于爱尔兰共和军实施

---

〔73〕 "Under pace code c16.5 Questions after charge may only be put where this is necessary to minimze harm or loss to persons or to clear up an ambiguity, or where it is in the interests of justice that the chargee be allowed to comment on new information. The chargee must be cautioned afresh." See Sybil Sharpe, "The Privilege against Self-incrimnation: Do We Need a Preservation Order?" *Anglo-American Law Review*, at 517.

〔74〕 Sybil Sharpe, *supra* note 73, at 515.

〔75〕 Sybil Sharpe, *supra* note 73, at 516.

的恐怖犯罪日益加剧，朝野上下出现了强烈要求打击包括恐怖活动在内的各种犯罪的呼声。而作为被告人权利重要保障的沉默权规则首当其冲成为人们批评的对象。1988 年颁布的仅适用于北爱尔兰的《刑事证据法》就明确规定，法官在特定情况下可以从被告人保持沉默这一事实作出对其不利的推论。1991 年成立的皇家刑事司法委员会经过两年多的调查和研究，于 1993 年就英国刑事诉讼制度的改革问题提出了一份报告，报告特别针对沉默权问题认为："沉默权目前实际上只在少数案件中得到行使。它的行使经常发生在那些被告人可以得到有关法律建议的严重案件之中。"〔76〕报告的结论是不应抛弃沉默权原则，原来实行的那种由讯问的警察警告嫌疑人不被强迫回答问题的做法应当继续坚持，不应从被告人的沉默中推导出对其不利的结论。但是，委员会建议对沉默权规则进行一定程度的改革。在此前后的一段时间，英国的学者、律师、法官等就沉默权规则展开了较为广泛的讨论甚至争论。讨论和争论的焦点问题是能否从审判前被告人保持沉默中得出对其不利的推论，以及这些推论能否在陪审团面前进行评论。反对与赞成的呼声都很高。这种争论一直持续到 1994 年《刑事审判与公共秩序法》颁布为止。

尽管在沉默权问题上存在较多的争论，1994 年《刑事审判与公共秩序法》仍然对沉默权规则作出了较大的改革。这种改革集中体现在该法第 34、35、36、37 条的规定之中。这些规定的主要内容是：

(1) 被告人在受到讯问或指控时，如果被告人没有提供的事实是他所赖以进行辩护的任何事实，而期望这种事实由他提供是合理的，或者被告人没有提供事实的场合包括他被起诉之前的讯问阶段，这种讯问需要警察事先向他作出警告，以及在被提起公诉或者被正式告知他可能受到起诉以后；那么，法庭或陪审团可以在法定的场合下作出

---

〔76〕 中国政法大学刑事法律研究中心：《关于英国刑事诉讼制度的考察报告》，1998 年 5 月，第 37 页。

看起来适当的推论(such inference as appear proper),这些场合包括:治安法院根据1980年《治安法院法》决定是否撤销指控时;法官根据1987年和1991年《刑事审判法》决定是否撤销指控决定时;法庭决定辩护一方是否有辩护理由时;法庭或陪审团决定被告人是否犯有被指控的犯罪时(《刑事审判与公共秩序法》第34条)。

(2) 如果被告人已年满14岁,他被指控的犯罪有待证明,并且法庭认为他的身体和精神条件适于提出证据,而被告人在法庭审判过程中保持沉默,则法庭或陪审团在决定被告人是否犯有被指控罪行的时候,可以从该被告人在审判时没有提供证据或者无正当理由拒绝回答问题中作出看起来适当的推论(《刑事审判与公共秩序法》第35条)。

(3) 警察在被逮捕的人身边、衣物、住处或被捕地发现了任何物品、材料或痕迹,并且确信这些物品、材料或痕迹系被捕者在实施被指控的犯罪过程中所形成,并要求被捕者对此进行解释,而该被捕者没有或者拒绝这样做,在这种情况下,法庭或陪审团可以从中作出看起来适当的推论(《刑事审判与公共秩序法》第36条)。

(4) 如果警察发现被他逮捕的人在被指控的犯罪发生前后的时间出现在某一地方,并合理地相信该被捕者在那一时间出现于那一地方可归因于他参与实施了该罪行,而且警察要求被捕者对此作出解释,而该被捕者没有或者拒绝这样做,在这种情况下,法庭或陪审团可以从中作出看起来适当的推论(《刑事审判与公共秩序法》第37条)。[77]

上述改革的实质内容在于,在一些法定的情况下,被告人的沉默可以被用作对他不利的证据。当然,在这些法定的情况之外,禁止不利推论规则仍然有效。四个条文都没有对法庭或陪审团作出的什么

---

〔77〕 参见前引中国政法大学刑事法律研究中心,《关于英国刑事诉讼制度的考察报告》,第37—38页;另参见 Gregory W. O'Reilly,"England Limits the Right to Silence and Moves Towards an Inquisitorial System of Justice", in *The Journal of Criminal Law and Criminology*, Vol. 85, No. 2, 1994, pp. 403-404.

推论属于"适当"作出明确的解释。但是按照英国学者的观点,这要取决于每个案件的不同事实情况,这些情况有被告人对他被指控的犯罪的理解程度,警察给予他的信息量,他的智力、心理状态、经验以及指控的技术性或复杂性等;但有一点需要强调:这些规定并没有完全否定被告人所享有的沉默权,也绝非强迫被告人作出某一陈述或供述,而是要求他在法定的固定情况下负有一定的解释或者说明的义务;被告人即使没有或者拒绝履行这些义务,法庭或陪审团也不能以此作为对被告人进行定罪的唯一根据。〔78〕 因此,正确的说法应当是:如果被告人在上述四种情况下保持沉默,这将会对他的辩护产生不利的影响,因为法庭或陪审团可以作出对他不利的推论。

实际上,在英国的沉默权规则修改之前,法官就可以对被告人保持沉默这一事实自由地作出评论。〔79〕 只不过,法官并未被允许要求陪审团推论拒绝陈述本身表明被告人有罪。法官只能这样指示陪审团:"在被告人没有予以证明的地方,只是表明他没有提供证据来削弱、反对或解释检察官在你们面前提出的指控。但是,你们仍然必须在检察官提供的证据的基础上决定你们对被告人有罪这一事实是否已形成内心确信。"〔80〕

在英国之前,新加坡早已对沉默权进行了修改。按照新加坡的法律,法官必须在陪审团面前警告被告人,如果他拒绝回答问题,将会导致对他不利的推论。〔81〕 而在英国着手寻求对沉默权进行限制之际,挪威已经对沉默权规则进行了修改,其1991年《刑事诉讼法》第93条规定:一个刑事被告人在国家公诉人在审判开始时宣读他们的指控

---

〔78〕 参见前引中国政法大学刑事法律研究中心,《关于英国刑事诉讼制度的考察报告》,第38页。

〔79〕 John A. Andrews, *supra* note 16, at 88.

〔80〕 The Royal Commission's Report, 1993. 转引自 Gregory W. O'Reilly, *supra* note 77, at 429.

〔81〕 Gregory W. O'Reilly, *supra* note 77, at 425. 新加坡的改革开始于20世纪70年代,但是,据说这种改革并未导致犯罪的减少。

时,不需要对针对自己的指控作出回答;然而,“如果被指控者拒绝回答,或者陈述他保留他的回答,那么,审判长可以告知他这样做将作为反对他的因素来考虑”。[82]

英国的法律很有可能是受新加坡的影响。但是,真正有冲击力的还是英国。由于英国的这一重大举措,国内外学者都开始重新审视沉默权规则。有的学者甚至认为,取消沉默权将是世界刑事诉讼不可避免的趋势。例如,美国学者瑞里就认为,“相反推论”将葬送弹劾式的刑事司法模式,并导致走向纠问式的刑事司法模式。[83] 对此,我认为:

第一,尽管各方面对梅杰的提案反应不一,但是,总而言之,修改后的沉默权规则的确与在此之前的沉默权规则有着一些重要的区别。如果说在这之前的沉默权规则与米兰达规则几近相同的话,那么,修改后的沉默权规则则与历史上曾经存在的“符合道德观念的沉默权规则”颇为类似。当然,它们之间仍然存在着一些差异,这些差异使得英国现在的沉默权规则仍然是一种有代表性的现代沉默权规则而不是古典的沉默权规则。这些差异中最重要的部分就是:在“符合道德观念的沉默权规则”之下,如果有一定的证据足以怀疑被告人就是犯罪行为的实施者,而被告人仍然保持沉默,那么,国家官员可以要求被告人回答问题。而在现代的沉默权规则之下,无论是否有能够导致合理怀疑的证据,被告人都不受强迫,完全享有在作出供述与保持沉默之间进行选择的自由。

第二,英国对沉默权的限制,仅只是基于打击刑事犯罪的政策的需要。它既不能表明沉默权不是一项道德权利,也不可能动摇沉默权的道德基础。它只是英国在严峻的有组织犯罪以及恐怖活动日益猖

---

〔82〕 Albert W. Alschuler, “A Peculiar Privilege in Historical Perspective”, in. R. H. Helmholz, *supra* note 1, at 292.

〔83〕 Gregory W. O' Reilly, *supra* note 77, at 444.

獗的形势下采取的一种权宜之策。同时,这一权宜之策也是以沉默权的存在为基础的。限制并不等于取消,也不意味着取消。从1993年英国皇家刑事司法委员会关于限制沉默权的报告来看,陪审团虽然可以从嫌疑人的沉默这一事实作出对他不利的推论,但这种推论必须是"正当的"(Proper)推论,法官也并未被允许要求陪审团推论拒绝陈述本身表明嫌疑人有罪。在对被告人定罪时,还是需要足以使陪审员产生内心确信的确凿证据。可见,英国对沉默权的限制并不表明沉默权不是一项自然权利,也不会从根本上动摇沉默权的道德基础。[84] 相反,对沉默权的限制恰恰是以沉默权的存在为前提的;只有存在沉默权才能限制沉默权,限制而不取消,反映的是一个现实选择问题;完全地不赋予,则是一个价值取向问题。前者是一个灵活性问题,后者是一个原则性问题。

第三,对沉默权的限制并未成为一种普遍现象。虽然自英国的《刑事审判与公共秩序法》颁布以后,美国也提议对犯罪嫌疑人、被告人的沉默权进行限制,但是这一提议并未获得通过,也未在美国形成对沉默权进行限制的有约束力的司法判例。其他国家如日本、德国、法国、意大利等都对此持谨慎态度,其法典中关于沉默权的条款也未予以修正。

第四,在刑事诉讼中注重保障犯罪嫌疑人、被告人人权这一国际趋势仍然并未改变,国际社会仍在为改善犯罪嫌疑人、被告人的人权状况而作出不懈的努力。就在1988年英国开始从立法上对沉默权进行限制后不久,世界刑法学协会第十五届代表大会通过的《关于刑事

---

〔84〕 有些美国学者也认为,英国对沉默权的限制并不表明英国要抛弃沉默权规则,相反,这些规定仍然与沉默权规则保持一致:"在英格兰……1994年……《刑事审判与公共秩序法》……但是,它的支持者认为这一法律与反对自我归罪的特免权是一致的,因为它并没有将嫌疑人不回答问题作为一项刑事罪行或作为藐视法庭的罪行来对待。"R. H. Helmholz, *supra* note 1, at 200. 从这段话似乎可以看出,即使是支持《刑事审判与公共秩序法》的学者也不认为这是要取消沉默权。

诉讼中的人权问题的决议》(1994 年 9 月 10 日)又重申了犯罪嫌疑人、被告人享有沉默权的立场。该决议第 16 条建议各国立法规定:“被告人有权保持沉默并且从警察或司法机关进行首次侦讯开始即有权知悉受控的内容。”我国已经签字参加的《公民权利和政治权利国际公约》第 14 条亦规定:凡受刑事指控者“不被强迫作不利于他自己的证言或强迫承认犯罪”。

综上所述,赋予犯罪嫌疑人、被告人沉默权仍然是世界各国的普遍做法,在刑事诉讼中加强犯罪嫌疑人、被告人的人权保障仍然是世界各国所面临的一项任重而道远的任务,我国对此理应作出积极的贡献。

二、美国模式的沉默权规则

对于美国的沉默权规则,国人本来已有诸多了解。但观诸各种著述,仍然有不甚了了之处,对于以下几点,尤其需要澄清:

第一,关于在大陪审团面前是否享有反对自我归罪的特免权,联邦最高法院的态度一开始就是很明确的。在 1892 年的康塞曼诉西区科克案中,最高法院宣称:在大陪审团面前,任何证人都必须回答任何提问;否则,他将被以藐视法庭罪处以刑罚;如果他在大陪审团面前撒谎,他将被以“伪证”的罪名处以刑罚;但是,证人不得被迫提供自我归罪的证据;并且,在可能导致自我归罪的地方,证人可以援引反对自我归罪的特免权。[85] 在 1951 年的霍夫曼诉美国案中,最高法院甚至宣称,只要证人的证言可能构成对其定罪之证据锁链中的一个环节,他就可以就此问题拒绝作证。[86]

其实,证人(包括即将成为被告人的证人)在大陪审团面前有权在涉及自己的犯罪问题上保持沉默这一点是毫无疑问的。问题的关键

---

[85] Jerold H. Israel & Wayne R. Lafave, *supra* note 22, at 228.

[86] Jerold H. Israel & Wayne R. Lafave, *supra* note 22, at 228.

不是证人是否享有沉默权(反对自我归罪的特免权),而是享有什么样的沉默权。美国诉曼都加诺案(*United States v. Mandujano*)的裁决表明:即使一个人可能在将来成为刑事被告,他在大陪审团面前也无权获得律师帮助。[87] 对于该案的裁决,马克·伯格评论说:"法院没有迈出最后的一步,来宣称:对被大陪审团传唤的可能的被告人,没有必要宣读第五修正案的警告,但它暗含的含义却是非常明确的。"[88] 尽管有人认为它的含义是明确的,但实际上它的含义还是不明确的。真正明确的判例出现于 1978 年。在这一年的美国诉华盛顿案(*United States v. Washington*)中,最高法院裁决:一个被怀疑犯有罪行(wrong doing)而被大陪审团传唤作证的证人提供的证言可以用来在后来的程序中反对他,即使他在先前的程序中没有收到这样的警告:他有可能成为刑事被告。[89] 在这一案件中,被告人被传唤到一个负责侦查摩托车被盗案件的大陪审团面前作证。他被告知:他有权保持沉默,他作的任何供述将在将来的法庭上作为反对他的证据使用。此时尚未决定对他提起公诉。法院指出,第五修正案禁止的仅仅是强迫性自我归罪,而对出于自愿的自我归罪供述则是允许的。但是,这一裁决仅仅是说,米兰达规则不适用于大陪审团调查的案件,并不意味着证人或被告人在大陪审团面前没有沉默权。关于证人或被告人在大陪审团面前没有沉默权的观点纯粹是一种误解。

第二,在美国,只有在以下三种情况下不能主张沉默权:① 该人的犯罪行为已经受到审判;② 该人实施的犯罪已经得到宽恕(pardoned);③ 立法者已经赋予其起诉豁免。[90] 李义冠所著之《美国刑事审判制度》一书中还列举了"米兰达规则"的两项例外:一是"公共安

---

〔87〕 *United States v. Mandujano*, 425 U.S. 564(1976).

〔88〕 Marker Berger, *supra* note 14, at 91.

〔89〕 *United States v. Washington*, 97 S. Ct. 1814(1978).

〔90〕 John A. Andrews, *supra* note 16, at 274.

全的例外”;二是“抢救的例外”。[91] 这两项例外均有一些共同的特征:一是讯问是在犯罪现场或追击犯罪分子的现场实施的,而不是在警察局实施的;二是两个案件都具备“情况紧急”的特征;三是其目的都是出于防止更大的损害的考虑。最后,必须明确,这两项例外并不是说在这两种情况下嫌疑人不享有沉默权,而只是说在这两种情况下警察不必实施“米兰达警告”。

第三,美国关于证据排除规则的例外并非沉默权的例外。在20世纪80年代初,美国联邦最高法院在证据排除规则中确立了两项例外:一是善意的例外;二是最终必然发现的例外。这两项例外的本质是在何种情况下违反米兰达警告获得的证据可以采纳,而不是在何种情况下可以不实施米兰达警告。

三、澳大利亚模式的沉默权规则

澳大利亚的沉默权规则主要有以下特征:第一,受沉默权规则保护的证据范围不仅包括可能导致刑事定罪的证据,而且包括可能导致民事惩罚的证据。第二,在判例法上,1934年的一个判例赋予公司反对自我归罪的权利,该判例在英国和澳大利亚都得到接受,但在美国没有得到接受[92];在制定法上,按照澳大利亚《公司法》第67条(1)的规定,公司享有自然人所享有的一切权利,因此,公司也可以主张沉默权。第三,沉默权不仅可以在司法程序中主张,而且可以在非司法程序中主张。但是,在非司法程序中并不一定会得到支持,是否得到支持完全视案件情况而定,法律并没有统一的标准。[93]

四、加拿大模式的沉默权规则

加拿大的沉默权规则比较特殊。根据加拿大学者的说法,加拿大

---

〔91〕 李义冠:《美国刑事审判制度》,法律出版社1999年版,第58页以下。

〔92〕 David Byme QC & J. D. Heydon, *supra* note 15, at 619.

〔93〕 David Byme QC & J. D. Heydon, *supra* note 15, at 620.

在一百多年以前就抛弃了英国普通法上的沉默权。它被制定法赋予证人的保护性规则所取代。[94]

1982年《加拿大权利与自由宪章》的颁布是加拿大刑事诉讼程序的分水岭，其沉默权制度也发生了重大的变化。《加拿大权利与自由宪章》颁布以前，加拿大的沉默权规则具有以下特征：第一，嫌疑人、被告人可以拒绝回答可能导致自我归罪的问题。在警察讯问阶段，嫌疑人、被告人对自己的姓名、住址等身份情况不得拒绝回答，法律规定他们有如实回答的义务。但是在实践中，这种如实回答的义务存在着被警察作扩大解释的可能性。第二，如果嫌疑人、被告人保持沉默，法官不得对被告人保持沉默这一事实进行评论的规则仅仅适用于陪审团审判的案件。换句话说，在不由陪审团审判的案件中，法官是不受这一规则限制的，他自己就可以对被告人保持沉默这一事实作出对被告人不利的推论。第三，一旦被告人选择作证，他就必须就任何事实提供证据，而不再享有拒绝回答可能导致对其定罪的问题的权利。被告人不能仅仅就对其有利的事实选择作证。第四，在分别审判的共同犯罪案件中，就其同伙或共谋者的犯罪事实，被告人可以被强制要求作证，该证言在将来对他的审判中也可以用来作为对他定罪的证据使用。第五，嫌疑人在警察局所作的被警察证明为“自愿”的供述是可以在法庭上使用的。如果该供述不具有“自愿性”，但是根据供述的内容发现之事实得到证实后，该供述仍然可以使用。[95]

《加拿大权利与自由宪章》颁布之后，加拿大的沉默权规则呈现出新的特征。尽管人们通常也使用“沉默权”这个概念泛指保持沉默的权利，但是在加拿大，沉默权和反对自我归罪的特免权已经不是同一个概念，而是分别有着不同的含义。反对自我归罪的特免权适用于正

[94] David M. Paciocco & Lee Stuesser, *supra* note 13, at 155.

[95] John A. Andrews, *supra* note 16, at 322-323.

式程序,沉默权适用于非正式的场合,例如,警察讯问的过程中。[96] 以下分别对审前阶段的沉默权规则和审判阶段的反对自我归罪的特免权以及《加拿大权利与自由宪章》规定的证据豁免规则进行介绍:

(一) 审前阶段保持沉默的权利

被告人在审前阶段保持沉默的行为不得被推出用以反对被告人的结论。只有当政府对陈述的自愿性的证明达到排除合理怀疑的程度的时候,该供述才是可以采纳的。所谓自愿性是指:第一,被告人的供述的取得不是由于被告人害怕产生偏见的结果,也不是由于被告人希望从有权力的人手中获得利益的结果;第二,这些供述的取得不是由于当局者所制造的压迫性气氛所造成的结果。[97]

《加拿大权利与自由宪章》第 10 条还规定:"被羁押的公民有权毫不迟延地获得聘请或指定律师的权利。"警察必须告知他们享有这项权利。如果被羁押人由于语言或其他方面的原因不能理解《加拿大权利与自由宪章》第 10 条所规定的权利,警察有义务采取合理的措施使他理解这一权利。如果被羁押人提出要行使获得律师帮助的权利,警察有义务保证其行使这一权利。这项权利被认为是被羁押者享有的沉默权的最佳保障措施,因为这一权利有助于他们知晓他们所享有的权利和所承担的义务,也有助于他们获得有关如何行使这些权利和履行这些义务的建议。[98] 如果警察违反了上述义务,其所获得的证据将按照《加拿大权利与自由宪章》第 24 条第 2 项的规定予以排除。

(二) 审判阶段反对自我归罪的特免权

《加拿大证据法典》第 11 条规定:"任何被指控犯有刑事罪行者有

---

〔96〕 David M. Paciocco & Lee Stuesser, *supra* note 13, at 155. 这似乎表明,加拿大人将审前程序视为非正式程序,而将审判程序视为正式程序。

〔97〕 David M. Paciocco & Lee Stuesser, *supra* note 13, at 164.

〔98〕 David M. Paciocco & Lee Stuesser, *supra* note 13, at 171.

权不被强迫在反对他的程序中就被指控的犯罪作证。”这意味着，在法庭上，被告人不得被强迫提供不利于己的证据，但是这一规则并未延伸到审前阶段。[99]

被告人不作证的事实不得被用来作为他有罪的证据，但是在被告人是唯一可以提供他是无辜者的证据的情况下，这一事实可以帮助事实审判者决定从明显的证明有罪的情况证据中可以推出哪些结论。[100]《加拿大证据法典》也禁止政府一方和法官就被告人保持沉默的事实发表评论，但是对这一限制的解释是十分狭窄的。它并不禁止法官发表中立性质的评论，也不禁止法官发表有利于辩护方的评论。而且，对于法官而言，建议陪审团不考虑被告人不作证这一事实的指示是错误的。[101]

（三）证据豁免

《加拿大证据法典》第 13 条规定：“证人在任何程序中所提供的证言不得在任何其他程序中被用来作为对他定罪的证据。但是证人被控伪证罪或被控提供自相矛盾的证据的情形除外。”[102] 例如，一个被告人在他的第一次审判中承认自己为了自卫而杀人，由于对陪审团指示的错误，该案被获准重审。在第二次审判中，政府试图以被告人在第一次审判时提供的证言作为对他定罪的根据。这是不允许的。但是，这一规则仅限于言词证据，而且“任何其他程序”也仅指可能对被告人施加刑罚的程序。[103]

对于通过嫌疑人、被告人的陈述获得的其他证据，加拿大学者称之为“衍生证据”。例如，嫌疑人供述说在抢劫银行时将手枪扔到了银

---

[99] David M. Paciocco & Lee Stuesser, *supra* note 13, at 160.

[100] David M. Paciocco & Lee Stuesser, *supra* note 13, at 162.

[101] David M. Paciocco & Lee Stuesser, *supra* note 13, at 163.

[102] David M. Paciocco & Lee Stuesser, *supra* note 13, at 156.

[103] David M. Paciocco & Lee Stuesser, *supra* note 13, at 156-158.

行旁边的一个特定地点的垃圾堆里，警察根据嫌疑人的供述找到了这支手枪，则这支手枪属于衍生证据。根据《加拿大证据法典》第13条的规定，嫌疑人在警察局的供述是不能在法庭上使用的，但是对于该供述所产生的衍生证据，也就是这支手枪，则可以使用，理由是，手枪不是言词证据。但是，假设被告人提出，在没有其供述的情况下，控诉方将无法取得该衍生证据，那么，法庭会希望控方对没有被告人供述也能取得这一证据的主张予以证明。如果控方不能成功地证明这一点，该证据将被排除。[104]

五、德国模式的沉默权规则

1877年《德国刑事诉讼法典》并没有明确规定沉默权的内容，但是从法律的规定可以得出被告人有沉默权的解释，而且在司法实践中也确实存在着这样的解释。[105] 在纳粹统治期间，被告人完全成了无情的国家刑事司法机器的牺牲品，所以战后的德国对被告人的保护规定得十分细致。《德国刑事诉讼法典》第136条规定："初次讯问开始时，要告诉被指控人所被指控的行为和可能适用的处罚规定。接着应当告诉他，依法他有就指控进行陈述或者对案件不予陈述的权利。"

德国沉默权规则的特殊之处在于，在德国，犯罪嫌疑人、被告人不仅有权保持沉默，而且有权说谎，或通过否认、歪曲事实真相以试图避免自我归罪或逃避受到定罪后果，并且在这样做时不会被追究伪证罪的刑事责任。[106] 但是，在德国，即使警察违反了告知沉默权的义务对嫌疑人也没有提供相应的救济。仅仅违反告知义务并不导致证据的排除，也不容易由此而提出上诉。德国学者认为："这是最不能令人满

---

〔104〕 David M. Paciocco & Lee Stuesser, *supra* note 13, at 158.

〔105〕 John A. Andrews, *supra* note 16, at 250.

〔106〕 参见〔德〕施密特：《德国刑事诉讼法概述》。转引自陈瑞华：《刑事审判原理论》，北京大学出版社1997年版，第276页。

意的。"[107]

这种被告人不仅有权保持沉默而且可以说谎的沉默权规则不仅施行于德国,而且施行于希腊。《希腊刑事证据法》第 273 条规定:被告人享有合法的权利在负责侦查的官员对其讯问期间拒绝回答任何问题;这一权利在法庭审判阶段也可行使。该规则与《希腊刑事证据法》第 225 条的规定结合起来构成一个总的原则:被告人可以保有任何可能导致对他定罪的信息。这两个条文被解释为:被告人不仅有权保持沉默,而且可以撒谎,还可以拒绝提供真相或者歪曲事实真相,以避免自我归罪和逃避定罪。[108]

六、法国模式的沉默权规则

《法国刑事诉讼法典》第 116 条、第 128 条、第 133 条分别规定:"预审法官应告知被审查人,未经其本人同意,不得对他进行讯问。此项同意只有当他的律师在场时方可取得。任何时候,当被审查人要求作陈述,预审法官应立即听取。本款所规定的告知,应记入笔录。""上述预审法官或共和国检察官,应当在告知该人有权拒绝陈述后,讯问该人的身份,听取其陈述……此项笔录应当注明此人已经被告知他有权拒绝作陈述。""共和国检察官在告知该人有权拒绝陈述以后,听取其陈述。笔录中应注明已作此项告知。"

比较特殊的情况是,在法国,证人不享有沉默权。根据《法国刑事诉讼法典》的规定,收到传唤的证人必须到庭作证,并且必须宣誓说出其所知道的全部真相。[109] 证人如拒绝出庭、或拒绝宣誓、或宣誓后拒绝说出全部真相,将受到预审法官宣告的相当于第五级违警罪当处之罚金的制裁。只有以遵守职业秘密为理由才可以解除证人的这一义

〔107〕 John A. Andrews, *supra* note 16, at 252.

〔108〕 John A. Andrews, *supra* note 16, at 212.

〔109〕 如果证人在此前曾经吹嘘过其知道某种事实,那就尤其应当说出他所知道的全部事实。

务。如果证人隐瞒事实,或提供伪证,即使这样做是为了避免本人遭受刑事追诉,也将受到刑罚。法国学者在述及这一制度时说道:“这种宥恕理由(为避免其本人受到刑事追诉而隐瞒事实),在某些外国法律中被看成是基本的理由,但却不为法国法院判例所承认。”[110]不满之情,溢于言表。

七、日本模式的沉默权规则

与加拿大一样,日本对沉默权与反对自我归罪的特免权进行了区分,但区分标准和内涵又存在着重大差别。加拿大是根据行使权利的诉讼阶段作出的划分,日本则是根据行使权利的主体,将反对自我归罪的特免权分为拒绝证言权和沉默权。在日本,不管是拒绝证言权还是沉默权,都是基于《日本宪法》第38条第1款关于反对自我归罪的特免权的规定,但行使沉默权的主体是犯罪嫌疑人和被告人,行使反对自我归罪的特免权的主体是证人。《日本刑事诉讼法》根据《日本宪法》对这两种权利分别条款进行了规定。《日本刑事诉讼法》第146条规定了证人的拒绝证言权:“任何人,都可以拒绝提供有可能使自己受到刑事追诉或者受到有罪判决的证言。”《日本刑事诉讼法》第311条第1款、第292条第2款则对嫌疑人、被告人的沉默权进行了规定。日本学者将前者称为“拒绝证言权”,而将后者称为“综合沉默权”。拒绝证言权是以陈述义务为前提的陈述拒绝权,而沉默权则是不以供述义务为前提的拒绝供述权。[111]

日本沉默权规则的特殊性还表现在:根据学说与判例,犯罪嫌疑人的姓名也在沉默权规则保护的范围之内。[112]

---

〔110〕 前引〔法〕卡斯东·斯特法尼等著,《法国刑事诉讼法精义》,第564页。

〔111〕 参见前引〔日〕田口守一著,《刑事诉讼法》,第87页以下。

〔112〕 同上注。

八、俄罗斯模式的沉默权规则

俄罗斯沉默权规则的特征体现在，刑事被告人在侦查阶段没有沉默权，在审判阶段一般也没有沉默权，但是在由陪审团审判的案件中，被告人享有沉默权。

《俄罗斯联邦刑事诉讼法典》第 46 条规定："被告人有权辩护。刑事被告人有权知道受控的罪名……有权对调查人员、侦查员、检察长和法院的行为与裁判提出上诉；有权以任何其他合法方式和手段保护自己的权利和合法利益。"结合该法典的其他规定尤其是第 149 条至第 152 条的规定来看，第 46 条规定的"其他合法方式和手段"并不包括沉默权的内容。但是，《俄罗斯联邦刑事诉讼法典》第 51 条规定：辩护人从被准许参加诉讼时起，有权会见犯罪嫌疑人和被告人而不受时间和次数的限制。[113] 辩护人有权在提出控诉时在场，参加讯问犯罪嫌疑人和被告人以及其他调查活动。这是辩护人行使调查取证权的一项重要手段。[114] 可以说俄罗斯刑事诉讼法赋予了辩护律师以足够的手段保护刑事被告人的权利，使得刑事被告人在侦查阶段所作的供述具有英美证据法上所称之"自愿性"。

在法庭审判阶段，根据《俄罗斯联邦刑事诉讼法典》第 273 条的规定，审判长也只需向受审人说明他在法庭审理时享有《俄罗斯联邦刑事诉讼法典》第 46 条所规定的各项权利。由此似乎可以看出，刑事被

---

〔113〕 在旧的《俄罗斯联邦刑事诉讼法典》中没有规定辩护人会见犯罪嫌疑人和被告人而不受时间次数限制的规定，但是也没有规定辩护人会见犯罪嫌疑人、被告人有时间和次数上的限制，新的刑事诉讼法典之所以增加此项规定，大概是因为在旧的刑事诉讼法执行过程中出现了侦查或检察机关限制辩护人行使此项权利的现象。

〔114〕 旧法虽然也赋予辩护人这项权利，但是对辩护人行使这项权利施加了一定的限制，那就是必须得到侦查员的允许。改革后刑事诉讼法典取消了这一限制。另外，辩护人在参加讯问活动时可以向被讯问人提问，并有权对所参加的该侦查行为的记录是否正确和完整提出书面意见；但是，侦查人员可以驳回辩护人提出的问题，这一点新法对旧法没有作出变动。

告人在审判阶段也没有沉默权。同时,《俄罗斯联邦刑事诉讼法典》第281条又规定,在受审人拒绝在法庭上作出供述的情况下,法庭可以“宣读受审人在进行调查或侦查时所作出的供述,以及播放附入讯问笔录的受审人的口供录音”。但这一规定似乎不能视为赋予被告人沉默权的规定。

在由陪审团审判的案件中,当受审人在法庭上拒绝供述或者保持沉默时,审判长提醒陪审团注意,这个事实没有法律意义,不能解释为受审人有罪的证明(《俄罗斯联邦刑事诉讼法典》第451条)。这一规定应当理解为受审人在接受陪审团审判的情况下享有沉默权。但是,由于法典在总则部分既没有明确规定被告人享有沉默权,也没有规定侦查机关、检察机关和审判机关告知沉默权的义务,所以,《俄罗斯联邦刑事诉讼法典》所规定的沉默权是有限的沉默权,其有限性体现在:第一,这一权利只有那些对法律有着充分了解的人才能主张,而那些不精通法律或者对法律只是一知半解的人则很可能由于不知道这一权利而无法主张;第二,这一权利只能在比较中立的法官面前才可能得到支持(不反对),而在咄咄逼人的侦查机关面前,则很可能遭到反对或者经过劝说后予以放弃;第三,即使被告人在法庭上保持沉默的权利获得法官的尊重,但在不由陪审团审判的案件中,由于法庭可以宣读被告人在被调查或侦查时所作的供述,所以被告人在法庭上保持沉默的行为对其自身利益而言没有任何意义(如果法官在量刑时将它作为认罪态度不好的表现,则这一行为不仅没有积极效果,反而对被告人十分不利)。

必须指出的是,《俄罗斯联邦刑事诉讼法典》虽然没有明确规定被告人享有沉默权,但是也没有规定被告人必须回答调查人员或侦查人员的提问。从这一点来看,我认为,就总体上说,在俄罗斯刑事诉讼中,被告人是有沉默权的。沉默权的核心,在于它反对强迫被告人回答自我归罪的问题。沉默权的本质,是在如实陈述与保持沉默之间进行选择的自由。因此,只要没有强迫,就应当视为存在着这种自由。

而从《俄罗斯联邦刑事诉讼法典》的规定来看，一方面，它没有要求被告人如实陈述；另一方面，它赋予辩护人在侦查机关讯问被告人时的在场权，而且对这一权利保护得十分周到——应当看到，这一权利对保障被告人口供的真实性起着举足轻重的作用。因此，说俄罗斯刑事诉讼中被告人享有沉默权并不为过。值得注意的是，俄罗斯没有明确规定沉默权也没有明确规定如实陈述义务的做法，实际上反映了立法者既希望被告人如实陈述，又希望侦查机关以文明的方式进行诉讼的一种心态。

第六章　我国确立沉默权之必要性与可行性

第一节　我国确立沉默权之必要性

一、沉默权在中国的命运

尽管沉默权具有道德上的合理性和诉讼上的合目的性，并且在世界各国刑事诉讼程序中得到了确认，但是，我国自古以来无论是在立法上还是司法上都不承认犯罪嫌疑人、被告人享有沉默权。相反，无论是立法还是司法实践，都对嫌疑人、被告人的供述给予高度重视。

早在西周的时候，被告人的供述就已经是法官判决的主要依据。《尚书·吕刑》说道："两造具备，师听五辞，五辞简孚，正于五刑。"就是说司法官吏审判案件，应当在双方当事人到齐以后，用察言观色的方法，审查判断各自陈述的真伪。这里虽然没有说犯罪嫌疑人、被告人有义务如实陈述，但是要求司法官吏听取当事人陈述的程序规定却已经暗含了如实陈述义务的内容。又据《礼记·月令》记载："仲春之月……毋肆掠"，这是说在仲春之月禁止刑讯，那么在其他时节当然就可以刑讯。[1] 到秦朝时，讯囚制度已经相当完备。《睡虎地秦墓竹简·封诊式》中的“讯狱”一节曾规定：“凡讯狱，必先尽听其言而书之，各展其辞，虽知其訑，勿庸辄诘。其辞已尽书而无解，乃以訑者诘之。诘之又尽听书其解辞，又视其它无解者以复诘之。”这一规定表明，当时的审讯既允许受审人充分陈述和为自己辩解，又要求审讯人员在讯问中发现矛盾、深入追问，以便通过审讯查明案情。《封诊式》中的“治狱”一节还指出：“治狱，能以书从迹其言，毋笞掠而得人情为上；笞掠为下；有恐为败。”这说明当时已经将通过拷打取得实情看做是下策，但却又是必要的下策。因此，根据这一原则又具体规定，在审讯中，“诘之极而数也，更言不服，其律当笞掠者，乃笞掠。笞掠之必书曰：爰书：以某数更言，无解辞，笞讯某”。《史记·李斯列传》记载，秦朝末年，赵高制造李斯谋反的假案后，对李斯“榜掠千余”，李斯“不胜痛，自诬服”。

汉承秦弊，拷掠见于律载。至于“钻钻之属，惨苦无极”。据《汉书·杜周传》记载，“会狱，吏因责如章告劾，不服，以掠笞定之”。说明对不认罪的被告人，可以刑讯逼供并据以定案。梁代“凡系狱者，不即答款，应加测罚”。“先参议牒启，然后科行，断食三日，听家人进粥二升。女及老小一百五十刻，乃与粥，满千刻而止。”[2]

唐代对于法律，原有较多之贡献，然刑讯制度，未能废除，仅仅对讯问官员加以责任之限制，使其不得随意施用。“诸应讯囚者，必先以情，审察辞理，反复参验，犹未能决，事须讯问者，立案同判，然后拷讯，违者杖六十。”“诸拷囚不得过三度，数总不得过二百。杖罪以下不得过所犯之数。拷满不承，取保放之。”“若拷过三度及杖外以他法拷掠

---

〔1〕 徐朝阳在《中国古代诉讼法·中国诉讼法溯源》一书中说道：“月令所云，特仲春之月禁止之耳。故拷问之制，肇自成周，实可无疑。周代以前，无得而稽。尧，舜时代，无此制度，殆可言也。”载“民事诉讼法学参考资料数据库（专题）”（北京博利群电子信息责任有限公司制作）。

〔2〕 《隋书·刑法志》。

者,杖一百;杖数过者,反坐所剩;以故致死者,徒二年。"[3]但到武后称制之时,引酷吏典大狱,竞以酷刑逼供为能事。"太平兴国六年诏,自今系囚如证左明白而捍拒不伏,合讯掠者,集官属同讯问之,勿令胥吏拷决。"[4]

刑讯逼供制度在我国一直延续到清朝末年。清律规定:"强盗、人命及情罪重大案件,正犯及干连有罪人犯或证据已明,再三详究,不吐实情,或先已招认明白,后竟改供,准夹讯外,其别项小事,概不许滥用夹棍。"[5]直到清朝末年,统治者迫于国内外压力,不得不改革法制,抄袭资本主义国家的法律,刑讯逼供制度经过激烈的争论以后,才予以废除。但是,新法尚未施行,清王朝就已经土崩瓦解。

刑讯逼供之所以在我国绵延了几千年,其中最重要的原因就在于把犯罪嫌疑人、被告人的口供强调到了不适当的地位。清律明确规定:"断罪必取输服供词。"胡文柄《折狱龟鉴补·草供未可全信篇》说:"罪从供定,犯供最关紧要。"这说明我国几千年来的刑事诉讼都把口供作为必不可少的判案依据,也将它作为查明真相的重要手段。对于"断罪必取输服供词"的理由,《资治通鉴》说道:"狱辞之于囚口者为款。款,诚也,言所吐者皆诚也。"这就是认为,狱囚在受审讯时亲口供述的犯罪事实,都是真实可信的,决无虚假的可能,因此必须"罪从供定"。但是实际上,在刑讯逼供的制度之下,"能忍痛者不吐实,不能忍痛者吐不实",想要求得事实真相,又何处可得呢?路温舒有言曰:"夫人情安则乐生,痛则思死,棰楚之下,何求而不得!"[6]南宋时曾任过州守官的胡太初在其《昼帘绪论·治狱篇》中说:"世固有畏惧监系凯欲早出而妄自诬服者矣;又有吏务速了强加拷讯逼令招认者矣;亦有长官自持己见,妄行臆度,吏辈承顺旨意,不容不以为然者矣;不知

---

〔3〕《唐律疏议·断狱》。

〔4〕《文献通考·刑考》。

〔5〕《大清律·刑律·断狱》。

〔6〕《汉书·路温舒传》。

监系最不可泛，及拷讯最不可妄加，而臆度之见最不可恃以为是也。史传所载，耳目所知，以疑似受枉而死而流而伏辜者，何可胜数！”因此，他主张：“凡罪囚供款，必须事事著实，方可凭信。”徐朝阳也说：“古代讯问被告，崇尚刑讯，实施强暴，主捶逼供，被告既无真实之确供，国家滋多诬服之罪人；于人民之利益既悖谬；于诉讼之本旨亦远乖，甚非善制也。现代除正式法院已实行废止刑讯外，其沿用刑讯旧恶习者尚多。未能根本铲除，人民终罹冤滥。”〔7〕可以说，这一思想离沉默权的主张已经只有一步之遥了。

当孙中山先生率领革命党人推翻清朝政府之时，本是彻底废除刑讯逼供、确立陈述自由原则的大好时机。但是，当时的人们并未认识到，刑讯逼供虽然可恶，但是它的根源却在于对口供的依赖性以及它在刑事诉讼中不恰当的证据地位，同时，也在于当时的人们不尊重人权的诉讼思想。而要保障人权，就必须赋予犯罪嫌疑人、被告人陈述的自由。自由才是保障真实的有效手段。所以，1912 年中华民国成立以后，其《刑事诉讼法》也只是规定：“讯问被告，应出以恳切之态度，不得用强暴、胁迫、利诱、诈欺及其他不正之方法。”（第 98 条）“被告之自白非出于强暴、胁迫、利诱、诈欺及其他不正之方法且与事实相符者，得为证据。被告虽经自白，仍应调查其他必要之证据，以察其是否与事实相符。”（第 270 条）而仍然没有规定其拥有沉默的权利。

1931 年中华苏维埃共和国成立后，在其中央执行委员会第六号训令中规定：“在审讯方法上，为彻底肃清反革命组织及正确地判决反革命案件，必须坚决废除肉刑，而采用收集确实证据及各种有效方法。”当时也没有规定被讯问者有陈述与不陈述的自由。到抗日战争时期，《晋冀鲁豫边区太岳区暂行司法制度》规定：“绝对禁止跪拜、打骂以及非刑拷打、强迫供述的方法。”这一规定确实是令人鼓舞，因为它“绝

〔7〕　徐朝阳：《中国古代诉讼法 · 中国诉讼法溯源》，载“民事诉讼法学参考资料数据库（专题）”。

对禁止……强迫供述的方法”，这差不多就是沉默权了。沉默权反对的就是强迫供述，并不反对自愿供述。然而这一规定的意义并未被制定这一规定的人所认识，也没有引起人们的注意，以后的立法，反而又倒退到只反对刑讯逼供，不反对或者不是特别有力地反对其他形式的强迫供述。因此，1950年7月颁行的《人民法庭组织通则》也仅仅规定：法庭“受理案件后，应认真地进行调查证据，研究案情，严禁刑讯”。

二、如实回答义务规则与沉默权及刑讯逼供之关系

中华人民共和国成立后颁布的第一部《刑事诉讼法》(1979年)第32条规定：“审判人员、检察人员、侦查人员必须依照法定程序，收集……各种证据。严禁刑讯逼供和以威胁、引诱、欺骗以及其他非法的方法收集证据……”最高人民法院1994年发布的《关于审理刑事案件程序的具体规定》第45条进一步规定：“严禁以非法的方法收集证据。凡经查证确实属于采用刑讯逼供或者威胁、引诱、欺骗等非法的方法取得的证人证言、被害人陈述、被告人供述，不能作为证据使用……”由此可见，沉默权规则中所包含的被告人供述的自愿性和自由性在我国是受到法律的明确保障的，而那种以非人道或有损被告人人格尊严的方法获取被告人供述的做法则受到法律的明确禁止。但是，1979年《刑事诉讼法》第64条又明确规定：“……被告人对侦查人员的提问，应当如实回答。但是对与本案无关的问题，有拒绝回答的权利。”根据这一规定，被告人负有对侦查人员的讯问如实陈述的义务，而没有保持沉默、拒绝陈述或作虚假陈述的权利。

在我国的刑事司法实践中，第一个主张沉默权且为公众知晓的恐怕要数张春桥。那时《刑事诉讼法》刚颁布没有多久，在对张春桥进行审判时，张春桥说他有权保持沉默。我们的审判长当时义正词严地告诉他：根据我国《刑事诉讼法》的规定，他对针对他的讯问必须如实回答，没有保持沉默的权利。但是张春桥一直保持沉默，直到审判结束。

第二个主张沉默权且为公众知晓的大概就是张子强，但张子强是在侦查阶段主张沉默权，且被我公安人员明确拒绝。改革开放 20 年来，几乎没有人对这一制度提出过异议。

犯罪嫌疑人、被告人所负的“如实陈述”义务使他在诉讼过程中处于极为不利的境地。对此，早有学者指出：首先，被告人事实上承担着证明自己有罪的责任，并负担着为刑事追诉官员提供控诉证据的义务。其次，被告人供述的作用得到了不合理的夸大，被告人陈述的自愿性难以得到保障；为迫使被告人“如实陈述”，侦查人员往往会采取各种各样的手段，这些手段不同程度地包含着对被告人的身体或精神产生压力或强制的因素，它们与法律所禁止的非法取证行为之间几乎没有任何界限，法院一般也不会排除这种供述的法律效力。最后，被告人在法庭审判过程中的参与能力和参与效果受到了极大削弱；被告人一旦作出了有罪供述，即等于认同检察官的控诉主张，并为检察官进行追诉提供了有力的武器；这样，“辩护人所进行的防御活动都被人为地赋予了一种内在的局限性”。[8]

自 90 年代开始，更多学者开始认识到被告人所负“如实陈述”义务的不合理性，并呼吁在刑事诉讼中确立被告人或嫌疑人的沉默权。在 1993 年开始的刑事诉讼法修改建议稿的起草过程中，负责草拟修改建议稿的学者和专家即把“被告人和嫌疑人享有保持沉默的权利”作为一项重要修改方案列入建议稿中，以提供给立法部门参考。但是修正后的《刑事诉讼法》并没有对此予以吸收，而仍规定了犯罪嫌疑人向侦查机关“如实陈述”的义务。

在我国，法律之所以规定严禁以刑讯逼供等强迫方式获取口供，同时又规定犯罪嫌疑人、被告人对于侦查人员的讯问必须如实回答，实际上是因为立法者并未意识到沉默权所包含的对于是否陈述享有

〔8〕 陈瑞华：《刑事审判原理论》，北京大学出版社 1997 年版，第 277 页。

不受强迫的权利和如实陈述义务是不能并存的。能够并存的是沉默权和如实陈述,而不是沉默权和如实陈述义务。因为在沉默权规则之下,嫌疑人、被告人既可以选择不陈述,也可以选择如实陈述。沉默权的最基本内容,就是在保持沉默与如实陈述之间进行选择。说犯罪嫌疑人、被告人享有沉默权,就是说他享有在陈述与不陈述之间进行选择的自由。如果犯罪嫌疑人、被告人必须陈述,那他还有什么陈述自由可言呢?

就立法本意而言,一方面规定犯罪嫌疑人、被告人必须如实陈述,另一方面又规定禁止以刑讯逼供和以威胁、引诱、欺骗等手段获得证据,实际上表达了立法者既希望执法人员不要强迫供述,又希望犯罪嫌疑人、被告人如实陈述的美好愿望。于是在表达上,就成为了如实陈述义务和不受强迫供述的权利的并存。但是应当看到,我国法律虽然规定了禁止刑讯逼供之类的条文,但是在我国的刑事诉讼制度之下,犯罪嫌疑人、被告人并不享有在陈述与不陈述之间进行选择的自由。同时,如实陈述义务也缺乏真正的制裁规范,已经丧失其作为义务所应当具备的基本特征。自由必须有相应的规则予以保障,没有保障的自由决不是真正的自由。因此,我们要确立真正的沉默权,确立真正的在陈述与不陈述之间的自由选择权,就必须规定相应的保障制度。即使我们还不愿意对沉默权给予基本的保障,那么至少也应当先废除与沉默权格格不入的如实陈述义务。

那种认为如实回答义务和沉默权可以并存的观点其实不过是一种幻觉。可以说,如实陈述与沉默权并存,这是我们的理想;如实陈述义务与沉默权并存,则纯粹是梦想。我们应当追求的是能够实现的理想,而不是虚无缥缈的梦想。

另外,在沉默权规则之下,犯罪嫌疑人可以选择保持沉默,也可以选择如实陈述,但是不能虚假陈述。在沉默权的发源地英国和对沉默权保障得最为彻底的美国,被告人在法庭上均以证人的身份出现,撒谎者必须承担伪证的责任。这就是说,在沉默权规则之下,嫌疑人、被告人要么不说话,要说就说真话,不存在允许随便乱说的规则(德国、希腊除外)。而我国在法律中规定犯罪嫌疑人有如实陈述的义务,就已经剥夺了其针对讯问应当享有的在陈述与不陈述之间进行选择的自由。被告人想保持沉默而不可得,于是只好说假话。说了假话有什么不利后果呢?也没有什么不利后果,因为我国的如实陈述义务实际上并非真正意义上的如实陈述义务。义务总是与一定的不利后果相联系的,而在我国,犯罪嫌疑人、被告人并不会因为违反如实陈述义务而承担什么不利后果。所谓的"不如实陈述是量刑时从重处罚的酌定情节"的说法,也仅仅只是一种学术上的见解,并不具有法律上的效力。所以,纵容嫌疑人、被告人随便乱说不负任何法律责任的恰恰是我国现行刑事诉讼制度之下的如实陈述义务规则,而不是我所主张的沉默权规则。

必须指出,虽然我国法律没有明确规定对于保持沉默者应当处以什么样的惩罚,因而它在本质上并不是真实的"义务",但是这种不真实的如实陈述义务的存在,对于法律所规定的"严禁刑讯逼供和以威胁、引诱、欺骗以及其他非法的方法收集证据"这一原则的实现,起着实际上的阻碍作用;它对于我国司法实践中存在的刑讯逼供现象,是必须负一定责任的。有观点认为,司法实践中存在的刑讯逼供、侵犯人权的现象,不是因为我国未规定被告人享有沉默权造成的,而是部分执法人员法制意识不强,有法不依,执法不严以及封建专制的余毒造成的后果。我不否认部分执法人员法制意识不强,有法不依,执法不严以及封建专制的余毒是造成刑讯逼供、侵犯人权的一个因素,但是制度设计的不合理难道不是更带有根本性的原因吗?在我国古代,法律虽然规定可以刑讯逼供,但是对于刑讯逼供的条件、用刑的程度、执行的方法、器械的大小等都作了详尽的规定[9],如果司法官员都能够按照法律严格执行的话,刑讯起来是比较“温柔”的,哪里会有那么多人作了夹棍、荆条之下屈死的冤魂?[10]我们能说古代司法制度下法官法外用刑、野蛮专横的司法行为仅仅是司法官员法制意识不强、有法不依、执法不严的后果吗?尽管我们不能把所有刑讯逼供的账都算在如实陈述义务规则上,但是也不能说如实陈述义务与刑讯逼供这种野蛮的司法现象毫无关系。刑讯逼供的原因有很多,就像贪污的原因也有很多一样。不能因为有些官员贪污是由于法制观念不强、侥幸心理太强就说贪污这种现象跟我们的体制没有任何关系。事实上,就像

---

〔9〕 关于刑具的大小,汉景帝中六年(公元前144年)诏令规定:垂长五尺,其本大一寸,其竹也,末薄半寸,皆平其节(参见《汉书·刑法志》)。唐太宗贞观五年(公元631年)规定:杖皆长三尺五寸,削去节目,讯杖,大头径三分二厘,小头二分二厘(参见《唐书·刑法志》)。明律规定:讯杖大头径四分五厘,小头径三分五厘,长三尺五寸,以荆杖为之(参见《明会典》)。

关于行刑的条件,唐律规定:“诸应讯囚者,必先以情审察辞理,反覆参验,犹未能决,事须讯问者,立案同判,然后考讯,违者杖六十。”(参见《唐律·断狱》)清代的规定则更为详尽:“强盗、人命及情罪重大案件,正犯及干连有罪人犯或证据已明,再三详究,不吐实情,或先已招认明白,后竟改供,准夹讯外,其别项小事,概不许滥用夹棍。”(参见《大清律·刑律·断狱》“故禁故勘平人”条)

关于刑讯施行次数,唐律规定:诸拷囚不得过三度,数总不得过二百。杖罪以下不得过所犯之数(参见《唐律·断狱》)。清律规定:“其应夹人犯,不得实供,方夹一次,再不实供,许再夹一次”(参见《大清律·名例》“五刑”条)。若逾越限制,及以其他刑讯者,法律亦有裁判。依唐律,“若拷过三度及杖外以他法拷掠者,杖一百,杖数过者,反坐所剩。以故致死者,徒二年”(《唐律·断狱》)。又规定:“即有疮病,不待差而拷者,亦杖一百。”

〔10〕 中国古代无法律上之根据而出于酷吏之残忍以为刑讯之具者,其种类亦不一。在北齐文宣帝时有司讯囚用车辐杖夹指压踝,又立之烧犁耳上,或使以臂贯烧车缸(参见《隋书·刑法志》)。迨至唐武后时,酷吏来俊臣造十枚大枷,一曰定百脉,二曰喘不得,三曰突地吼,四曰著即臣,五曰失魂魄,六曰实同反,七曰反是实,八曰死猪愁,九曰求即死,十曰求破家(参见《中华古今注》)。其时索元礼等亦竟为讯囚酷法,或以椽关手足而转之,谓之“凤凰晒翅”;或以物绊其腰,引枷向前,谓之驴驹拔橛;或使棒枷,累瓦其上,谓之“仙人献果”;或使立高木之上,引枷尾向后,谓之“玉女登梯”;或倒悬,石缒其首;或以醋灌鼻;或以铁圈毂其首而加楔,至有脑裂髓出者。每得囚,辄先陈其械具以示之,皆战栗流汗,望风自诬(参见《文献通考》)。宋理宗时监司、郡守,擅作威福,非法残民,或断薪为杖,掊击手足,名曰掉柴,或木索并施,夹两胫,名曰夹帮,或缠绳于首,加以楔,名曰脑箍,或反缚跪地,短竖坚木,交辫两股,令狱卒跳跃于上,谓之超棍,痛深骨髓,几于殒命(参见《宋史·刑法志》)。

绝大部分贪污是由于体制性原因一样,在我国司法实践当中存在的刑讯逼供现象,也是由于诉讼制度不完善,从而给了那些“法制观念不强”的执法人员以可乘之机。

冷静思之,我们之所以一直对如实陈述义务如此情有独钟,还是因为我们在刑事诉讼中对于嫌疑人、被告人的口供赋予了太多的意义,我们对口供有一种天然的爱好和远古的迷恋。我国古代之所以规定“断罪必取输服供词”,规定可以刑讯逼供,就是因为口供对于发现案件事实真相有着他们认为的不可磨灭的功效。而在今天,我们仍然对如实陈述义务规则难舍难分,我们的法律仍然作出了针对讯问必须“如实回答”这样的规定,实际上反映了我们内心深处对口供的无限钟爱;这种迷恋和钟爱构成如实陈述义务与封建社会刑讯逼供制度共同的心理基础。我们虽然从法律上废除了刑讯逼供并明确禁止刑讯逼供,但是刑讯逼供的心理基础仍然存在,如实陈述义务既是这种心理基础的反映,同时又强化了这种心理基础。所以,从这个意义上讲,虽然刑讯逼供不能仅仅靠确立沉默权来消灭;但是,不确立沉默权,刑讯逼供就永远也不会消灭。

由此可见,1996年修正的《刑事诉讼法》虽然在诉讼文明的道路上迈出了可贵的一步,但是仍然有许多地方实在是差强人意。这正像托克维尔在其名著《论美国的民主》一书中所说的那样:就在我们恋恋不舍地环顾旧建筑时,又好像愿意把自己永远留在那里。[11]

三、意志自由与区别对待

1996年修正的《刑事诉讼法》仍然规定犯罪嫌疑人对于侦查人员的讯问必须如实回答,其中一个重要原因就是因为没有认识到沉默权对于判断犯罪嫌疑人在犯罪后的表现方面所具有的不可替代的作用。

---

〔11〕 参见〔法〕托克维尔:《论美国的民主》(上册),董果良译,商务印书馆1988年版,第13页。

在修改《刑事诉讼法》的过程中，有一种观点认为：立法上规定犯罪嫌疑人、被告人应当如实陈述，为区别对待政策提供了法律依据；在刑事诉讼中，如果犯罪嫌疑人有罪，那么如实陈述无疑表明其认罪服法，思想上已有一定的悔改表现；反之，企图利用沉默或拒绝回答问题来逃避罪责，则说明其主观恶性较大，对这两种情况处理时理应区别对待。所以，“保留如实陈述义务规则为区别对待提供了法律依据”。[12]

从理论上说，如果最终的结果证明犯罪嫌疑人、被告人就是犯罪分子，那么，对他的处罚因其认罪态度不同而有所区别，这当然是正确的。但是，说“如实陈述义务规则为区别对待提供了法律依据”，并将它作为否定沉默权的理由，这实际上是说：如果立法上规定犯罪嫌疑人、被告人享有沉默权，就无法对其在法律上予以区别对待。这种说法是经不住推敲的。因为，在规定沉默权而不规定如实陈述义务的情况下，同样可以对那些如实陈述的犯罪嫌疑人、被告人予以奖赏（比如，像意大利那样，嫌疑人主动交代的，减刑 1/3），而对那些保持沉默的犯罪嫌疑人、被告人则不予奖赏或将保持沉默的事实作为酌定从重情节予以考虑。

现在我们已经看到，实际上，不仅如实陈述义务违背了无罪推定关于控诉方承担举证责任的规则，而且，要在刑事诉讼中对犯罪嫌疑人、被告人实现区别对待，就必须赋予他们针对指控保持沉默的权利。诚如主张保留如实陈述义务的学者所说的那样，在刑事诉讼中，如果犯罪嫌疑人、被告人有罪，那么如实陈述无疑表明其认罪服法，思想上已有一定的悔改表现；反之，企图利用沉默或拒绝回答问题来逃避罪责，则说明其主观恶性较大。但是，从法理上看，只有当一个人的行为是受其自由意志支配的时候，才谈得上对这个人的行为进行道德上的判断。换句话说，意志自由是判断善恶的根据。

---

〔12〕 陈光中、严端主编：《刑事诉讼法修改建议稿与论证》，方正出版社 1999 年第 2 版，第 190 页。

本书所说的意志自由，既是对意志在存在论意义上的一种描述，也是对意志在价值论意义上的一种判断。[13] 关于意志自由的观点本非作者之创造，实乃先贤之高见——孔子曾经言道："仁远乎哉？我欲仁，斯仁至矣！"[14] 这可以说是意志自由在中国最古老也是最权威的表述。用现代汉语来说就是：仁义道德难道离我很远吗？不是的；只要我希望自己是一个有道德的人，那么我就是一个有道德的人——或者说，当我内心里存有仁义道德观念时，仁义道德就来到我身边了！[15] 在基督教的教义中，我们也可以见到有关意志自由的表述。《新约·路加福音》说："好树不结坏果子，坏树也不结好果子。……善人是从他的心内所存之善发出善来，恶人是从他心内所存之恶发出恶来。"[16] 所以，从这个角度出发，每个人的意志都是自由的，并且这种自由意志既包含了善的因素，也包含了恶的因素。所以，黑格尔也说："法的基地一般说来是精神的东西，它的确定的地位和出发点是意志。意志是自由的，所以自由就构成法的实体和规定性。"[17]

正是由于意志是自由的，所以出于自由意志而实施的善的行为才是值得褒奖的，而出于自由意志而实施的恶的行为也才是应当惩罚的。哈耶克认为，"那种认为'他之成为他，并非他之过'的观点，往往

---

〔13〕"从存在论的意义上来说，意志自由是指意志是否存在原因的问题。如果意志是有原因的，那么，意志就是被决定的；如果意志是没有原因的，那么，意志就是自由的。"参见陈兴良：《刑法的人性基础》，方正出版社1996年版，第219页。"从价值论的意义上来说，意志自由是指意志是否可能支配人的行为的问题。如果人的行为是受意志支配，换言之，行为是人的选择的结果，那么，意志就是自由的；如果行为不是基于人的意志选择的结果，那么，意志就是不自由的。在意志自由情况下实施的行为，对于行为者来说是有价值的，因而可以归责于他；在没有意志自由情况下实施的行为，对于行为者来说是无价值的，因而不能归责于他。因此，这里的意志自由是作为责任的前提条件而存在的，它是一种伦理上的选择自由。"同上书，第257页。

〔14〕《论语·里仁》。

〔15〕古代诸如"道者人之所共由，德者人之所自得"之类的观念，也是意志自由的体现。转引自何怀宏：《良心论》，上海三联书店1994年版，第276页。

〔16〕恰如现代诗中所说："卑鄙是卑鄙者的通行证，高尚是高尚者的墓志铭。"

〔17〕〔德〕黑格尔：《法哲学原理》，范扬、张企泰译，商务印书馆1961年版，第10页。

也是人们常常持有的观点,但是严格来讲,这种观点却是一种谬论,因为课他以责任的目的正是要使他区别于现在的他或者可能的他"。[18]所以,"当人们被允许按照他们自己视为合适的方式行事的时候,他们也就必须被认为对其努力的结果负有责任"。[19]

因此,从价值论的意义而言,就像黑格尔所说的那样:自由既是善的根据,也是恶的根据。[20] 康德也说,"一种行动之所以被称为一种行为(或道德行为)那是由于这种行为服从责任的法则,而且,这行为的主体也被看做当他在行使他的意志时,他有选择的自由"。[21] 没有意志自由,就失去了对行为进行善恶之判断的依据。尽管康德不赞成意志自由的观点[22],但是对于自由是进行道德评价之前提的观点,康德又是赞成的。他说:"当任何人的行为符合于义务而不是仅仅迫于此法则才去行动时,这种行为就是值得赞许的。""履行一项有责任去做的行为,因而产生好的或坏的后果,都不能归咎于行为者;同样,履行一项值得称赞的行为,如果失败了,亦不能归咎于行为者。"[23]进一步言之,既然意志自由既是善的根据,也是恶的根据,那么,我们在价值选择上,也就应当尊重每个人的自由意志。就善的意志而言,尊重它,它才有生长的机遇;就恶的意志而言,承认它,并不等于放纵它,而是只有这样才能对在这种意志支配之下的行为找到惩罚的正当性根

---

〔18〕〔英〕哈耶克:《自由秩序原理》,邓正来译,三联书店1997年版,第87页。

〔19〕同上书,第89页。这两句话如果用孔子的话来说,就是:我欲仁,斯仁至矣;他欲不仁,斯仁不至矣——因此,他有过错。

〔20〕参见前引〔德〕黑格尔著,《法哲学原理》。原文为:"主观意志对善是处于这样一种关系中,即善对主观意志说应该是实体性的东西,也就是说主观意志应以善为目的并使之全部实现,至于从善的方面说,善也只有以主观意志为中介,才进入到现实。"(第133页)"恶的根源一般存在于自由的神秘性中,即自由的思辨方面,根据这种神秘性,自由必然从意志的自然性走出,而成为与意志的自然性对比起来是一种内在的东西。"(第143页)

〔21〕〔德〕康德:《法的形而上学原理》,沈叔平译,商务印书馆1991年版,第26页。康德在这里还指出:"道德的人格不是别的,它是受道德法则约束的一个有理性的人的自由。"

〔22〕康德认为:"意志既不能说是自由的,也不能说是不自由的。"参见前引〔德〕康德著,《法的形而上学原理》,第29页。

〔23〕同上书,第32页。

据。就人的整体意志而言,尊重它的自由,是对人的尊严的一种尊敬。就沉默权而言,尊重被告人的自由意志,允许被告人按照自己的自由意志在保持沉默和作出陈述之间进行选择,这既是对犯罪嫌疑人、被告人人格的尊重,也是对其在犯罪后的表现进行道德评价的前提条件。

按照意志自由理论,如果一个人的行为并非出自他自己的意志,或者在作出这一行为时不能用健全的方式进行推理和决断,那么我们就不能对该行为进行道德上的判断。如果一个人在受到强制的情况下去杀人,那么我们最多只能说这个人意志不够坚定,而不能说这个人十分凶恶。但是,如果这个人是在完全自由的状态下杀人,那就另当别论。同样,在是否赋予犯罪嫌疑人、被告人沉默权这个问题上,也只有在犯罪嫌疑人、被告人享有在如实陈述和保持沉默之间充分的自由选择权的时候,才可能对他的主观状态作出是善还是恶的价值判断。如果在立法上规定犯罪嫌疑人、被告人负有如实陈述的义务,并且要对违反该义务的嫌疑人、被告人施加惩罚,则无异于强迫其作出供述。在这种情况下,即使犯罪嫌疑人、被告人作出了陈述,也无法判断其主观状态是出于自愿还是出于对法律所规定的不利后果的恐惧,因此,也就无法对其主观善恶作出判断,这显然与我们(包括所有主张对犯罪嫌疑人、被告人在处罚时根据其认罪态度区别对待的人)所追求的目标背道而驰。

在此必须重申:我们主张赋予犯罪嫌疑人、被告人沉默权,并不是鼓励犯罪嫌疑人、被告人与警察对抗。沉默权并不禁止犯罪嫌疑人、被告人向控诉方进行供述,它所禁止的仅仅是为了获得供述而对犯罪嫌疑人、被告人采取强迫性手段。

第二节 我国确立沉默权之可行性

一、沉默权与现实国情

从理论上说,每一个国家都有向火星发展的权利,但是这并不意味着每一个国家都有向火星发展的能力。有没有权利,这是一个价值问题;有没有能力,则是一个技术问题。对沉默权的态度也是一样。当一个人面对警察或其他司法官员的讯问时,他是否应当享有针对讯问保持沉默的权利,这是一个价值问题;但是一国在某个具体的发展阶段能不能确立沉默权规则从而赋予被讯问者以保持沉默的权利,则是一个技术问题。前者体现的是价值判断,后者体现的是现实选择。我们既不能因为价值判断而影响现实选择,也不能因为现实选择而否定正确的价值判断。可是我们在价值判断方面已经走了那么远的弯路,那么我们在现实选择方面又究竟离沉默权还有多远呢?

基于对现实国情的考虑,有学者认为,在现阶段赋予犯罪嫌疑人、被告人沉默权不符合我国国情,理由是:我国目前犯罪率不断上升,暴力犯罪、有组织犯罪、智能型犯罪日益猖獗,社会治安状况日趋严峻,而各地区侦查机关所拥有的侦查技术、装备较为落后;如果赋予犯罪嫌疑人、被告人以沉默权,必然不利于打击犯罪。因此,在我国现阶段,从我国的现实国情出发,对沉默权这一制度应当暂缓确立。

我认为这种观点值得商榷。恰恰相反,在中国的现实国情下,完全可以而且应当确立沉默权规则。因为:

第一,到目前为止,还没有充分、有力的证据表明赋予犯罪嫌疑人、被告人沉默权必然会不利于打击犯罪。虽然西方有学者认为,反对自我归罪之特免权将同与犯罪作斗争的公共政策产生不可避免的冲突[24]，但在另一方面，也有学者指出这种观点没有经过严密的论证。赞成的人数更多并且也是更为有力的观点则是：美国实行沉默权规则的头两年，并没有像人们所想象的那样，犯罪的现象有了显著的增加；同时，承认有罪的供述也没有因此而减少。

第二，我国的侦查技术、侦查装备虽然普遍落后，但这是相对于20世纪90年代的西方发达国家而言的。比起17世纪的英国和18世纪的美国，则我们现有的侦查技术和侦查装备要先进得多。沉默权最初确立于17世纪的英国。1688年，关于告知犯罪嫌疑人享有沉默权的规则已在英国完全站稳了脚跟。美国建国比较晚，但也在1791年的联邦宪法修正案第5条中规定："任何人……在任何刑事案件中，都不得被迫成为不利于己的证人。"今天，就连斐济这样一个小小的岛国，也能够以其刑事诉讼制度中的沉默权规则而感到荣耀。[25] 很显然，是否赋予犯罪嫌疑、被告人沉默权，关键并不在于侦查技术和侦查装备是否先进，而在于是否承认沉默权是一项不可剥夺的自然权利，在于是否能将无罪推定原则贯彻到底，在于是否对刑事诉讼中的人权保障予以充分尊重。如果定要以侦查技术、侦查装备的先进程度为标准，那么也应以17世纪的英国或18世纪的美国为标准，而不应以现代西方发达国家的侦查技术、侦查装备的先进程度为标准。而按照17、18世纪英美的侦查技术、装备标准，我国早就应该赋予犯罪嫌疑人、被告人以沉默权了，何必还要等到今天！

第三，面对现实国情，我国刑事诉讼中一个突出的问题就是刑讯逼供屡禁不止。对此，我国早有学者指出："我国刑诉法明确禁止刑讯逼供和以威胁、引诱、欺骗以及其他非法方法收集证据，但是刑讯逼供等野蛮、粗暴或奸诈的非法取供现象至今在我国各地仍不同程度地存

---

〔24〕 Sybil Sharpe, "The Privilege Against Self-Incrimination: Do We Need A Preservation Order?" See *Anglo-American Law Reviw*, at 502.

〔25〕 R. H. Helmholz, *The Privilege Against self-incrimination: Its Origins and Development*, the University of Chicago Press, 1997, at 2. 斐济，1874—1970年间为英国殖民地。

在着。”“刑讯逼供是司法落后的主要标志之一，时至今日我国仍无法消除这一我国历史上的恶劣传统，实在与我们所处的时代格格不入。”[26] 实际上，对国外做法的初步了解便使我们看出，我国连近代意义上的自白排除法则都没有，可以说是我国至今无法减少刑讯逼供等非法取供现象的主要原因之一。自白排除法则强调的是自白的任意性，而自白的任意性又是以沉默权为基础的。可以说，法律没有明确规定犯罪嫌疑人、被告人享有沉默权，相反却规定其有如实陈述的义务，是我国司法实践中刑讯逼供这种不文明现象的最本质的根源。在当今世界，一切文明的法律制度都承认：任何公民都有免受肉体或精神上的虐待或侮辱的权利以及无辜者不受定罪或处罚的权利。这些权利如何保障？沉默权是众多有效方式中最便捷的一种。在中国更需要以反对自我归罪之特免权来保障犯罪嫌疑人、被告人的基本人权。当然，刑讯逼供也不是哪一项制度所能够彻底改变的，但是，确立沉默权规则虽然不一定能够完全遏止刑讯逼供，却可以改善犯罪嫌疑人、被告人的在刑事诉讼中的状况。

二、沉默权与我国的法律文化传统

无论在理论界还是在实践方面，一种看起来非常有力的观点认为，我国的法律文化传统决定了我国不宜确立沉默权。我国立法所作的犯罪嫌疑人、被告人应当如实陈述的规定具有深厚的社会道德观念基础。我国公众普遍认为，当一个人的行为与刑事犯罪有关时，要求其如实回答司法人员的提问具有合理性。

关于法律文化传统，我认为应当作两个层面的区分。第一个层面是制度层面，从这个层面来看，我们的确没有实行沉默权规则的基础。但是，如果仅仅从这个层面来看的话，任何一个国家都不存在实行沉默权制度的基础，因为任何一个国家都不是从其产生之日起就在制度

[26] 李心鉴：《刑事诉讼构造论》，中国政法大学出版社 1992 年版，第 174 页。

上赋予其刑事诉讼中的嫌疑人、被告人以沉默权的。所以，能不能实行沉默权，最关键的传统应当是第二个层面的传统，即观念层面上的传统。从这个层面来看，我认为在我国确立沉默权制度是存在着传统观念的基础的。这主要体现在：

第一，我国自古就有关于追求自由、崇尚自然、尊重人的尊严的思想。庄子关于国家起源的思想，就是一个很好的例证。早在2500多年前，庄子就曾说过："泉涸，鱼相与处于陆，相呴以湿，相濡以沫，不如相忘于江湖。"[27]意思就是说，鱼儿们本来自由自在地在水中游荡，可是有朝一日水突然干了，它们不得不聚集在一起，通过相互间吐出的唾液来湿润空气、维持生存；但是，这样的生活怎能比得上原来在广阔的江河湖海里边的生活呢？在那里，我们彼此之间也许没有深厚的感情，但是我们都感到自己是自由的！

很明显，庄子在这里隐晦地道出了他的政治哲学：人们之所以结成社会，仅仅是因为社会能够满足我们生存和发展的需要[28]；对于个人自由而言，社会或国家永远都仅仅是一种必要的恶。而我们结成社

---

〔27〕 参见《庄子》。庄子在很多处说过相同或类似的话：孔子见老聃而语仁义。老聃曰："夫播糠眯目，则天地四方易位矣；蚊虻噆肤，则通昔不寐矣。夫仁义憯然乃愤吾心，乱莫大焉。吾子使天下无失其朴，吾子亦放风而动，总德而立矣！又奚杰然若负建鼓而求亡子者邪？夫鹄不日浴而白，乌不日黔而黑。黑白之朴，不足以为辩；名誉之观，不足以为广。泉涸，鱼相与处于陆，相呴以湿，相濡以沫，不若相忘于江湖！"（参见《庄子·天运》）"死生，命也，其有夜旦之常，天也。人之有所不得与，皆物之情也。泉涸，鱼相与处于陆，相呴以湿，相濡以沫，不如相忘于江湖。与其誉尧而非桀也，不如两忘而化其道。夫大块载我以形，劳我以生，佚我以老，息我以死。故善吾生者，乃所以善吾死也。"（参见《庄子·大宗师》）"鱼相造乎水，人相造乎道。相造乎水者，穿池而养给；相造乎道者，无事而生定。故曰，鱼相忘乎江湖，人相忘乎道术。"（参见《庄子·大宗师》）此外，庄子还在别的场合说过一些跟鱼有关的话。可以看出，庄子对鱼的状况十分关注，这实际上体现了他对人类之存在方式的一种终极关怀——人应当是一种理性的、自由的、有尊严的存在。

〔28〕 庄子的观点似乎可以看做是中国古典社会契约论的代表之作。除庄子而外，与之相似的还有墨子的观点。墨子在他的《墨子·尚同》篇中，阐述了自己的国家起源学说。墨子认为，国君的权威有两个来源：人民的意志和天帝的意志。按照墨子的观点，在建立有组织的国家之前，人们生活在如霍布斯所说的"自然状态"中。那时，"天下之乱，若禽兽然。夫明乎天下之所以乱者，生于无政长，是故选天下之贤可者，立以为天子"。因此，国君最初是由人民意志设立的，是为了把他们从无政府的状态中拯救出来。

会或组织国家的原则,就应当是尽量地保护公民的个人自由,而少一些对个人的强制。所以,在能够保障自由时,我们应当尽可能地选择保障自由。

第二,在我国长期占主导地位的儒家思想,并非一味地强调所谓的"社会本位",在个人利益与社会利益发生冲突时,儒家思想并不是在所有的情况下都优先考虑社会整体利益;恰恰相反,儒家也主张在社会利益与个人利益之间进行权衡。实际上,在个人利益[29]与国家利益之间,儒家从来都没有主张个人利益必须无条件地服从国家或社会利益。这一点至少从两件事情可以得到论证。

一是在"容隐"的观念方面,儒家赞成"亲亲相为隐"[30]的观点。对此,儒家的创始人孔子曾明确指出:"子为父隐,父为子隐,直在其中。"[31]另外,儒家的集大成者孟子在与桃应对话时,桃应假设了这样一种情况:舜作为天子(国王),舜的父亲瞽瞍犯下杀人的罪行,那么,舜应当怎么办?孟子对这一假设情况的回答是:舜必须放弃天子的位置(犹如基督教徒放弃他在天堂的位置),把父亲从司法官员那里偷出来[32],逃到大海边上[33],隐居起来,并且,由于他这样做了,他将享受到人间亲情的天伦之乐,所以他也将忘记自己做天子时那种风光所给他带来的欢乐。[34] 根据儒家的观点,如果一个人的亲戚犯有某种罪

---

〔29〕 儒家思想提出的当时,并无所谓"权利""利益"等概念,但为方便起见,我们还是选择用现代的观念来说明儒家思想的精神。

〔30〕 即在一定的亲等范围内,若亲属犯罪,相互之间负不得举告之义务。

〔31〕《论语·子路》。

〔32〕 在当代语境中,对于"舜"来说,实际上没有那么麻烦,他只需要告诉"皋陶","瞽瞍"是他的父亲就足够了,根本用不着他老人家去"窃负而逃"。

〔33〕 当时的人们认为这是最遥远的地方。

〔34〕《孟子·尽心上》,第35章,原文为:

> 桃应问曰:"舜为天子,皋陶为士,瞽瞍杀人,则如之何?"孟子曰:"执之而已矣。""然则舜不禁与?"曰:"夫舜恶得而禁之?夫有所受之也。""然则舜如之何?"曰:"舜视弃天下犹弃敝屣也。窃负而逃,遵海滨而处,终身欣然,乐而忘天下。"

行，他们相互之间不仅不能检举、揭发，反而还负有互相保护的义务。[35] 从立法上看，至少从专制的秦朝就已经明确规定了禁止儿女控告父母的原则。[36] 汉唐以后，容隐制度正式确立并得以完善，并且后来历代法典都规定了亲属相容隐的制度。这一制度显然是儒家思想直接作用的结果。[37] 而儒家之所以主张这一观念，正是其在个人利益与国家利益之间进行权衡的结果。在保护社会的安宁与人与人之间最基本的伦常关系之间，儒家思想选择了后者而不是前者。[38]

二是儒家思想的本质和核心，应该是“为己之学”。这与沉默权制度旨在保障公民个人权利与自由的精神可谓异曲同工。哈佛大学著名中国历史及哲学教授杜维明先生明确指出：《论语》里讲得非常清楚，儒学是为己之学；我们求学不是为了师长，不是为了家庭，不是为了简单的社会要求，而是为了发展我们自己的人格；同时，这个“己”又不是孤立绝缘的个体，而是一个关系网络的中心点，从中心点来讲人的尊严，从关系网络来讲人的社会性、感通性和沟通性。[39] 杜维明认为，儒家在《论语》里提出的“仁”有两个向度：一个是为人由己，每一个人都可以阐发他内在的道德资源，每一个人都可以发现他的独立人

---

〔35〕 亲属间相互虐待者因其虐待行为而解除这种义务。

〔36〕 《秦律》规定：“子告父母，臣妾告主，非公室告，勿听。而行告，告者罪。”又规定：“父子同居，杀伤父臣妾、畜产及盗之，父已死，或告，勿听，是谓家罪。”参见(《云梦秦简·法律答问》)

〔37〕 郝铁川教授在《中华法系研究》一书中提出，“同居有罪相为隐”是法家的观点(参见《中华法系研究》，复旦大学出版社 1997 年版，第 36 页)，有失偏颇，不足为信。对此，范忠信教授已有论述(参见《比较法研究》1998 年第 2 期)。

〔38〕 范忠信教授对此有精辟论述：“亲属之爱，是人类一切感情联系的基础，是一切爱的起点。中国儒家正统伦理学说认为，‘仁者人也，亲亲为大。’‘亲亲，人也’，‘爱亲之谓仁。’这是人的本性，是人与动物的区别所在。”“正是基于此种伦理哲学，中外法律才不约而同地产生了亲属容隐传统。”“国家法律不可能不以人类亲情为基础，因为亲情联系是人类最基本的、最不可逃脱的联系，亲属之爱是人们最本能的爱。人类在发出这种最本能的爱时通常是不计其他关系和利害或不假思索也无暇思索的。”参见《比较法研究》1997 年第 2 期，第 120、121、122 页。

〔39〕 参见江堤、陈孔国等编选：《寻找文化的尊严——余秋雨、杜维明谈中华文化》，湖南大学出版社 2000 年版，第 166 页。

格;另一个是通过感通和同情,通过"推己及人",实现人的社会性。[40]

根据儒家的学说,人与人之间的爱是有差别的。这是中国儒家与墨家的一个重要区别。《墨子》里记载了一个儒家代表巫马子对墨子说的一段话:"我不能兼爱。我爱邹人于越人,爱鲁人于邹人,爱我乡人于鲁人,爱我家人于乡人,爱我亲人于我家人,爱我身于吾亲。"[41]

正是因为爱是有差等的,一个人总是爱自己超过爱别人,所以强求一个人自己提供反对自己的证据,无异于让这个人自己主动向别人献出自己的贞操。

所以,如果将儒家的精神贯彻到底,我们是很容易从儒家思想里面得出被告人有权保持沉默的结论的。事实上,即使从制度层面而言,"亲亲相为隐"的制度,就包含着沉默权的内容。西方一些著名学者认为,现代意义上的沉默权,就是起源于英国19世纪证据法中的证人特免权规则。[42] 而我国亦有学者认为,在中国传统模式的诉讼证明中的有关提供证据的规则,其中包含了"与诉讼并无切身利害关系而了解案件情况的人,应当就其所知依法向司法机关指陈事实","法律上的例外规定则与现代免证权规则(即证人特免权规则)相类似"。[43]

---

〔40〕 参见江堤、陈孔国等编选:《寻找文化的尊严——余秋雨、杜维明谈中华文化》,湖南大学出版社2000年版,第167页。儒家学说中有一个基本原则,叫"己所不欲,勿施于人",这是人的社会性的体现;儒家学说还有一个价值,就是,"己欲立而立人,己欲达而达人",但是,根据杜维明的理解,这不是利他主义,不是说我现在掌握了足够的社会资源,要和他人分享,而是要发展我自己的人格——虽然"我"是关系网络的中心,但是我不能自私自利地发展自己,因为那样到最后我就不能发展自己了,所以,如果我要发展自己,我就必须发展我周围的人,圆圈不断扩大,我自己才能得到充分的发展;也所以,我们不仅要发展自己,而且要"为天帝立心,为生民立命,为往世继绝学,为万世开太平"。参见前引江堤、陈孔国编选,《寻找文化的尊严——余秋雨、杜维明谈中华文化》,第170、178页。

〔41〕 冯友兰:《中国哲学简史》,北京大学出版社1985年版,第82页。冯友兰对巫马子所说的这句话的评价是:"总的看来符合儒家精神。"

〔42〕 Henry E. Smith, "The Modern Privilege: Its Nineteenth-Century Origins." See R. H. Helmholz, *supra* note 25, chapter 6.

〔43〕 参见郑禄:《诉讼证明的中国传统模式初探》,载《程序法论》(内部资料),第410页。

第三,从诉讼观念来看,关于无罪推定,我国古代虽然没有从制度上予以保障,但无罪推定的观念,却可以说是历代相传。如前所述,在皋陶的刑法观念中,就有“宥过无大,刑故无小,罪疑惟轻,功疑惟重,与其杀不辜,宁失不经”的内容。儒家的集大成者孟子也持无罪推定的主张。他说:“杀一无罪非仁也。”此外,中国古代的“虚衷折要”的证据制度,本身就是无罪推定精神的体现。所谓“虚衷折要”,就是“法官清心矢志,悉意参听,穷鉴隐伏,因名责实”的一种证据制度。[44]它要求法官在内心深处必须做到“虚衷”,即在主观上预先清除先验精神和偏见意识,留下的只是刻求真是的追求。[45] 所谓“虚衷”,在审判前不存在任何对被告人的偏见,不将被告人当做犯罪分子来对待,这就是无罪推定!

当然,我们也必须看到,文化传统是一个十分深奥而又非常复杂的问题。的确,如果从制度层面上来把握,那么我们的法律文化传统是给予了现行刑事诉讼制度太多的支持。但是,法律文化传统也有精华与糟粕之分。我们在对待传统法律文化的时候既不能因循守旧、泥古不化,也不能全盘抛弃,搞历史虚无主义。当然,即使从观念层面的意义上,也可以找出许多与沉默权规则水火不相容的观念,特别是儒家观念。但是,好的传统需要我们去挖掘[46],坏的传统需要我们去批

---

〔44〕 参见郑禄:《诉讼证明的中国传统模式初探》,载《程序法论》(内部资料),第403页。

〔45〕 同上书,第404页。

〔46〕 西方一位著名的学者曾言:传统与地下的矿藏不一样,矿藏是越挖越少,传统是越挖越多。然而,直到今天,那些开口传统、闭口传统的所谓专家、学者,究竟对传统有多少了解,有没有尝试着动手去挖掘深藏于历史内部的对于今天的中国人实现现代化的事业有所助益的传统呢?如果我们不去进行这样的工作,一提起传统就是所谓的“三从四德”,就是所谓的“君要臣死,臣不能不死,父要子亡,子不能不亡”,就是所谓的“君子喻于义,小人喻于利”,那我们还要什么夫妻平等,还要什么民主政治,还要发展什么“社会主义市场经济”?其实,就连上述可谓众所周知的思想,也有另一种传统与之抗衡,只是我们一直不去注意罢了。例如,关于夫妻关系,儒家一直在强调:夫义妇顺、夫和妻柔“顺”是“柔”的条件;关于父子关系,儒家一直强调“父慈,子孝”,父亲的慈与儿子的孝是相辅相成的;关于君臣关系,儒家从其产生之日起就主张“民贵君亲”,所谓“君君臣臣,父父子子”,说的是做帝王要

判。如果我们承认沉默权制度的合理性，我们就应当在我们的传统中去寻找能够支持沉默权制度的有利因素[47]，而不是一味地拿片面的传统来对它进行否定。

三、沉默权与民众法律文化心理

有的学者以我国民众的法律文化心理为由拒绝接纳沉默权。他们认为，我国的公众过于关注案件事实的真相，过分追求对犯罪者进行处罚的实体结果。如果赋予犯罪嫌疑人、被告人沉默权，将会在发现真实和追究犯罪方面付出沉重的代价，而这是我国公众所不能接受的。

这样的论调似乎在表明，西方国家的公众可以接受让犯罪分子逃脱法网的事实，而我国公众接受不了这样的事实，所以，西方有西方的沉默权，我国有我国的如实回答义务。但是实际上，关于对事实真相的追求以及对犯罪分子的痛恨，不仅是我国普通民众的普遍心理，在西方国家，一样存在着对事实真相的热爱，也同样存在着将犯罪分子绳之以法的快感。在对待沉默权这个问题上，如实陈述义务是不是我们的传统中独有的特色，这本身就是一个有争议的问题。至少在我看来，并非我国的公众普遍认为，当一个人的行为与刑事犯罪有关时，要求其如实回答司法人员的提问具有合理性；而且在沉默权的发祥地英国，其公众也普遍存在这样的观念。曾经发生的对一起凶杀案件的审判及其公众的反应就很好地说明了这个问题。

像个帝王，然后做臣子的才能像个臣子；做父亲的要像个父亲，然后做儿子的才可能像个儿子；关于农业与商业的关系，儒家一直主张“士农工商”平等并列，可是后世的学者非要把它理解为按降序排列。为什么不能换一种方式来理解呢？既不相信西方，又不相信传统；既不对传统进行深入研究，又要对传统指手画脚；既自以为是，又自欺欺人——这就是我们的学术界！

[47] 当然，如果不承认沉默权制度的合理性，那又另当别论。但是，从目前的讨论看来，似乎还没有哪个学者或者哪个实践部门的官员站出来说，沉默权不是一项合理的制度；对沉默权制度的反对意见，主要集中于沉默权是否适合于我国这个问题上。

被害人斯蒂芬·劳伦斯于1993年4月22日晚在伦敦东南部的威尔霍尔大街等公共汽车时,无缘无故被几位素不相识的白人青年包围起来殴打,这几个白人青年将劳伦斯的前胸和手臂各扎了一个约5英寸深的刀口,刺断了他的腋下动脉。劳伦斯轰然倒地,死亡时年仅18岁。1996年,伦敦刑事法院在对被提起公诉的3名杀害斯蒂芬的嫌疑犯进行调查和审理后,陪审团认为证据不足,罪名不能成立。结果,3名白人青年在人们的重重疑虑中,走下了审判台。在该案的审判当中,有这样一个情节:控方律师向坐在被告席上的一位白人青年质证时,按照法律程序首先问:“你的名字是叫大卫·莫里斯,对吗?”这个杀人嫌疑犯竟然面带嘲讽的表情回答说:“我对这一问题保有不自证有罪的特免权。”对此,有媒介尖锐地质问:“这一特免权是为有理性的公民而设,还是专门向那些藐视法庭、践踏法律的狂徒提供保护伞?”1997年2月,英国最著名的全国性报纸之一《每日邮报》在头版以整版的篇幅登出了5名白人男青年(其中包括被宣告无罪的3名嫌疑犯)的特写照片,并在每个人的照片下面清清楚楚地标明了他们的姓名,而在照片之上,是通栏的特大号字形做成的标题:“MURDERS”(杀人犯)。该报在当天的第二、三、四版,使用了大量详尽的调查性报道材料,指认5名白人青年就是杀害劳伦斯的凶手,言之凿凿,俨然铁证如山、不容抵赖,并在其爆炸性标题下面附加副标题:“如果我们错了,你们就以诽谤罪起诉我们吧!”这一惊人之举并未引来诽谤罪的官司,却打开了重新调查斯蒂芬之死的大门。[48]

由此可见,在沉默权的发源地,英国人民与我国人民一样,都对犯罪行为有着深刻的仇恨,正如他们与我们一样对人类的自由和尊严有着同样深刻的终极关怀。然而,他们毕竟还是选择了保留沉默权规则而不是废除它。而且,若对该案进行进一步的分析,我们会发现,造成该案第一次审判宣告3名被告人无罪释放的原因在于警察未能尽心

---

〔48〕 参见张西明:《英国最有名的黑人是谁?》,载《读书》1999年第5期,第23—27页。

尽力地履行自己的职责(这一点在该篇文章中也有论述),而不在于嫌疑人、被告人是否享有沉默权。当然,最终被证明为有罪的被告人在法庭上表现得如此嚣张,确实让人在心理上有点接受不了,但是这也许正是法治社会所必须付出的代价。所以,说来说去,所谓的民众法律文化心理,无非是追究犯罪的报复心理的代名词。

所以,归根到底,对沉默权的接纳与否定的问题,实际上还是一个侧重于打击犯罪还是侧重于保障人权的问题。既然如此,那么,我们现在究竟是要打击犯罪,还是要保障人权呢?反对在我国刑事诉讼中赋予犯罪嫌疑人、被告人沉默权的一个重要理由,据说就是为了实现打击犯罪、保护人民的刑事诉讼任务。提起这一点,主张应当对犯罪嫌疑人、被告人予以保护的人几乎就泄气了一半,因为我们这些主张沉默权的似乎也属于"人民"的一分子。既然也是为了保护我们,那何乐而不为呢?的确,控制犯罪和保障人权都是刑事诉讼法的基本任务,而这二者并不总是统一的,因为刑事诉讼中的保障人权主要是指保障犯罪嫌疑人、被告人的人权。于是,我们有些论者提出来,在刑事诉讼当中,要实现控制犯罪与保障人权的结合;在二者不能统一的时候,要根据我国的现实国情,在控制犯罪与保障人权之间进行权衡,也就是进行取舍。既然是取舍,那就总会有所取而有所舍。在我国目前犯罪率居高不下,暴力型犯罪日益增多的情况下,为保护人民起见,暂时还是要选择打击犯罪。

本书认为,无论在立法过程中还是在司法过程中,各种权衡总是不可避免的。但无论如何,权衡都不能不有所顾忌,不能突破底线。这个底线在刑事诉讼中,就是基本人权不受侵犯,不能以侵犯基本人权的方式实现打击犯罪的目标。因为基本人权是一个消极的东西,它对人之为人而言具有无比的重要性。没有了它,人的基本尊严将不复存在。在这个意义上,也可以说基本人权是人格尊严的最后一道屏障。主张基本人权不受侵犯,实际上已经体现了一定的权衡;因为它已经退无可退:对基本人权进行权衡,人就什么都没有了。这是本书不赞成在打击犯罪和基本人权之间进行权衡的基本考虑。同时，在诉讼中受到公平对待的权利，在刑事诉讼中，犯罪嫌疑人、被告人享有的针对指控保持沉默的权利，是人权的一项基本内容。这是不能够以任何理由加以剥夺的，哪怕以全体人民的名义也不行。

如果我们只是一味地强调打击犯罪，而不强调犯罪嫌疑人、被告人也有做人的权利，也有做人的尊严，那么，作为一个普通公民，我们自己随时都有可能在打击犯罪的名义之下被剥夺做人的权利、被侵犯做人的尊严。生存确实是每一个人都应当享有的最基本的权利。但是在历史的车轮已经驶过了鲁迅先生所说的“做奴隶都不可得的时代”，也抛却了“做稳了奴隶的时代”，并且进入人民群众“当家作主人”的时代的时候，我们不能仅仅要求生存的权利，而更应当要求有比生存更高级的权利。我们不能在人的权利上仅仅强调人是否有权存在，而更应当强调人是否能够作为一个有尊严的理性主体而存在。相对于西方发达国家而言，我们在经济上也许很贫困，但是这决不能成为我们在人格上低贱的理由。

四、沉默权与马克思主义

（一）马克思主义关于国家权力行使的学说

匈牙利著名的马克思主义哲学家卢卡奇认为：“对任何想要回到马克思主义的人来说，恢复马克思主义的黑格尔传统是一项迫切的任务。”〔49〕黑格尔有一句名言：“凡是合乎理性的东西都是现实的，凡是现实的东西都是合乎理性的。”〔50〕很多人认为，黑格尔是在为德国当

---

〔49〕〔匈牙利〕卢卡奇等：《历史与阶级意识》，杜章智等译，商务印书馆1992年版，第16页。

〔50〕〔德〕黑格尔：《法哲学原理》，范扬、张企泰译，商务印书馆1996年版，第11页。

时存在的君主专政的国家学说服务。[51] 但是,根据恩格斯的理解,黑格尔的本意决非这样。他认为,在黑格尔看来,凡是现存的决非无条件地也是现实的,现实的属性仅仅属于那同时也是必然的东西。对此,恩格斯有一段话值得我们在这里大段地引用:"根据黑格尔的意见,现实性决不是某种社会制度或政治制度在一切环境和一切时代所固有的属性。恰恰相反,罗马共和国是现实的,但是把它排斥掉的罗马帝国也是现实的。法国的君主制在1789年已经变得如此不现实,即如此丧失了任何必然性,如此不合理,以致必须由大革命(黑格尔谈到这次革命时总是兴高采烈的)来把它消灭掉。所以,在这里,君主制是不现实的,革命是现实的。同样,在发展的进程中,以前的一切现实的东西都会成为不现实的,都会丧失自己的必然性、自己存在的权利、自己的合理性;一种新的、富有生命力的现实的东西就会起来代替正在衰亡的现实的东西——如果旧有的东西足够理智,不加抵抗即行死亡,那就和平地代替;如果旧有的东西抵抗这种必然性,那就通过暴力来代替。这样一来,黑格尔的这个命题,由于黑格尔的辩证法本身,就转化为自己的反面:凡在人类历史领域中是现实的,随着时间的推移,都会成为不合理的,因而按其本性来说已经是不合理的,一开始就包含着不合理性;凡在人们头脑中是合理的,都注定要成为现实的,不管它和现存的、表面的现实多么矛盾。按照黑格尔的思维方法的一切规则,凡是现实的都是合理的这个命题,就变为另一个命题:凡是现存的,都是应当灭亡的。"[52]

恩格斯在这里所说的话充分证明,马克思主义决不认为国家权力是不受限制的,它必须适应人民的利益并保护人民的利益,否则,这个

[51] 恩格斯在通过这一名言阐发黑格尔的辩证法精神时首先说道:"不论哪一个哲学命题都没有像黑格尔的一个著名的命题那样引起近视的政府的感激和同样近视的自由派的愤怒,这个命题就是:'凡是现实的都是合理的,凡是合理的都是现实的。'——这显然是把现存的一切神圣化,是在哲学上替专制制度、替警察国家、替王室司法、替书报检查制度祝福。弗里德里希·威廉三世是这样想的,他的臣民也是这样想的。"

[52] 《马列著作选读·哲学》编辑组编:《马列著作选读·哲学》,人民出版社1988年版,第10—11页。

国家就会从“现存”走向“灭亡”。

（二）马克思主义关于国家的起源与功能的学说

另外，关于国家的起源与功能，我们一直以来都存在着误解。的确，恩格斯在《家庭私有制和国家的起源》一文中说过：“国家决不是从外部强加于社会的一种力量。国家也不像黑格尔所断言的是‘伦理观念的现实’，‘理性的形象和现实’。毋宁说，国家是社会在一定发展阶段上的产物；国家是表示：这个社会陷入了不可解决的自我矛盾，分裂为不可调和的对立面而又无力摆脱这些对立面。”〔53〕但他接着又说：“而为了使这些对立面，这些经济利益互相冲突的阶级，不致在无谓的斗争中把自己和社会消灭就需要有一种表面上驾于社会之上的力量，这种力量应当缓和冲突，把冲突保持在‘秩序’的范围以内；这种从社会中产生但又居于社会之上并且日益同社会脱离的力量，就是国家。”〔54〕所以，一方面，恩格斯指出了国家是阶级矛盾不可调和的产物，但另一方面，他也同时指出了：国家的功能在于缓和冲突，把冲突保持在“秩序”的范围以内。在《路德维希·费尔巴哈和德国古典哲学的终结》一文中，恩格斯还指出：“历史同认识一样，永远不会把人类的某种完美的理想状态看做尽善尽美的；完美的社会、完美的家庭、完美的国家是只有在幻想中才能存在的东西；反之，历史上依次更替的一切社会制度都只是人类社会由低级到高级的无穷发展进程中的一些暂时阶段。”〔55〕可见，尽管恩格斯认为国家是阶级矛盾不可调和的产物，是阶级斗争发展到一定阶段的表现，是一个阶级统治另一个阶级的工具；但是，这决不意味着马克思主义者心目中的国家就应当是这样。可以说，马克思和恩格斯关于国家是一个阶级统治另一个阶级

---

〔53〕 黎国智主编：《马克思主义法学论著选读》，中国政法大学出版社 1993 年版，第 15 页。

〔54〕 同上书，第 16 页。

〔55〕 前引《马列著作选读·哲学》编辑组编，《马列著作选读·哲学》，第 11—12 页。

的工具的判断,仅仅是在对国家在历史上曾经存在的形态进行了考察之后所作的一种事实判断,而不是对国家存在形态的价值判断。从价值选择的角度来说,马克思主义从来都不认为实行阶级统治和阶级压迫的社会是最好的社会,以上所引用的这句话已经充分地证明了这一点。

(三)马克思主义对自由的珍视与热爱

马克思和恩格斯对历史上存在过的以及当时世界上存在着的一切社会制度给予了激烈的批判,这种批判纯粹是来自于他们对自由的热爱。因为,就马克思本人而言,他首先是一个自由主义者,然后才是一个共产主义者。马克思对德国书报检查制度的批判,突出地显示了这一点。马克思认为:"自由的出版物是人民精神的慧眼,是人民自我信任的体现、是把个人同国家和整个世界联系起来的有声的纽带;自由出版物是变物质斗争为精神斗争,而且是把斗争的粗糙物质形式理想化的获得体现的文化。"〔56〕"自由的出版物是人民用来观察自己的一面精神上的镜子,而自我认识又是聪明的首要条件。它是国家的精神,这种精神家家户户都只消付出比用煤气灯还少的花费就可以取得。它无所不及,无处不在,无所不知。它是从真正的现实中不断涌出而又以累增的精神财富汹涌澎湃地流回现实去的思想世界。"〔57〕

在《评普鲁士最近的书报检查令》一文中,马克思尖锐地指出:"治疗书报检查制度的真正而根本的办法,就是废除书报检查制度,因为这种制度本身是一无用处的,可是它却比人还要威风。我们的意见可能是正确的,也可能是不正确的,不过无论如何,普鲁士的作家终究因为有了新的检查令而获得更多的真正的自由或观念的自由,也就是

---

〔56〕 前引黎国智主编,《马克思主义法学论著选读》,第85页。

〔57〕 同上注。

说，获得更多的意识。”[58]

马克思的亲密战友恩格斯在“《新莱茵报》审判案”面对陪审员的发言中亦指出：“诸位陪审员先生，此刻你们必须在这里解决出版自由问题。如果禁止报刊报道它所目睹的事情，如果报刊在每一个有分量的问题上都要等待法庭的判决，如果报刊不管事实是否真实，首先得问一问每个官员——从大臣到宪兵——他们的荣誉或他们的尊严是否会由于所引用的事实而受到损伤，如果要把报刊置于二者择一的地位：或是歪曲事件，或是完全避而不谈——那么，诸位先生，出版自由就完结了。如果你们想这样做，那你们就宣判我们有罪吧！”[59]

如果这还不足以表达马克思主义者对自由的热爱，那就让我们再来看看马克思和恩格斯在《共产党宣言》里写过的话：“代替那存在着阶级和阶级对立的资产阶级旧社会的，将是这样一个联合体，在那里，每个人的自由发展是一切人的自由发展的条件。”[60]

（四）马克思主义关于道德权利与法律权利的关系的学说

正是由于正统的马克思主义是热爱自由的，所以他们也必然是尊重人权的。马克思本人从来都没有否认自然权利的存在。实际上，对于康德、黑格尔等哲学家提出的法律权利与道德权利之间的关系的学说，正统的马克思主义者并不特别地持批判意见。例如，根据马克思主义的观点，法律是上升为国家意志的统治阶级意志的体现，它是以国家强制力为依托的，对全体社会成员具有普遍约束力的行为规范的

---

〔58〕 前引黎国智主编，《马克思主义法学论著选读》，第 83 页。

〔59〕 同上书，第 89 页。

〔60〕 《共产党宣言》（中译本），人民出版社 1997 年第 3 版。很长一段时间里，我们的理论家都将这句话理解为：在那里，一切人的自由发展是每个人的自由发展的条件。我们的每一个理论家都声称自己是真正的马克思主义者，都声称自己发展了马克思主义。可是，如果我们连马克思主义从来都没有接近，我们又怎么能发展马克思主义？实际上，我们一直把马克思和恩格斯的这句话倒过来理解。所以，我们仍然有必要对秩序与自由的关系进行探讨，尤其是有必要还马克思主义以一个真实的面貌。

总称。这种法律是上升为国家意志的统治阶级意志的体现的观点,实际上就是康德关于"实在法上的权利是由立法者的意志规定的"这一论断的翻版。关于法律与道德的关系,马克思主义认为,法律由有强制执行力的规则所组成,在规则被违反时可以公开认定和公开处置,它以官方的制裁为依托,这种制裁由司法和行政当局决定并实施;道德则是一定历史阶段的人们关于行为的善恶是非判断规则的总和,它既不是国家产生以后才出现的,也不以国家强制力为依托。法律与道德存在着区别,但是它们都由规则和原则组成,它们都是权利存在的渊源。权利概念的要义是资格,它是指某一主体可以享受某种利益或实施(包括不实施)某种行为的资格。存在一项对某事的权利,就必定存在确定在某种条件下并宣布所有的、并且只有符合这些条件的人才有资格享有它的规则和原则。在不存在国家的情况下,这种资格来源于道德规则和道德原则;在存在国家的情况下,这种资格既可以来源于法律,也可以来源于道德。马克思还曾说过:"立法权并不创立法律,它只揭示和表述法律。"〔61〕因此,立法者应该把自己看做一个自然科学家。他不是在创造法律,不是在发明法律,而仅仅是在表述法律。他把精神关系的内在规律表现在有意识的现行法律之中。〔62〕这与康德、黑格尔等哲学家关于法律权利与道德权利的关系的论述几乎是一脉相传的。

---

〔61〕 马克思:《黑格尔法哲学批判》,载《马克思恩格斯全集》(第1卷),人民出版社1956年版,第316页。

〔62〕 参见马克思:《论离婚法草案》,载前引《马克思恩格斯全集》(第1卷),第183页。

结语　中国应当确立什么样的沉默权规则?

经过以上各章节的论述,我认为可以对沉默权这一规则得出一些基本结论:

第一,从沉默权起源的历史来看,首先,凡是带有压迫性质的程序,无不以纠问式和刑讯逼供为其本质特征,所以,沉默权是人们在反对封建专制之下所实行的纠问式诉讼的斗争中取得的重大胜利之一。它不仅是封建刑讯制度下人类痛苦呻吟的经验成果,而且也是人类对自身进行反思的理性结晶。对于这一具有世界性意义的重要成就,我们没有理由将其拒之门外。其次,沉默权的渊源丰富多彩,而越是这样,则说明沉默权的道德基础越坚固,沉默权的合理性也越能得到人们的认同。同时,它也证明沉默权具有人权的一般特征:普遍性。

第二,在沉默权制度发展的历史上,我们可以看到:如果犯罪嫌疑人、被告人在审前阶段不享有沉默权,那么,到审判阶段,即使再赋予其沉默权,也将使沉默权制度丧失其应有的意义。沉默权既应当包括保持沉默的权利,也应当包括提供证据(言词证据)的权利。沉默权的行使与律师的地位与作用息息相关,如果犯罪嫌疑人、被告人不能获得律师的有效帮助,行使沉默权有可能适得其反。

第三,沉默权的存在体现了保障人权的思想,这一思想以自由优先、人性本恶等为其理论依据;以被告人人权优于被害人权利为其制度保障;自由优先的根本原因在于尊重人的主体性。反对确立沉默权的做法及其理由,都是对这些充满理性光辉的道德原则的侵犯。这种侵犯是对人作为人而应当享有的基本权利的抹杀,是对人格尊严的严重践踏。在现代社会,我们不能在人的权利上仅仅强调人是否有权存在,而更应当强调人是否能够作为一个有尊严的理性主体而存在。我们在经济上也许很贫困,但是这决不能成为我们在人格上低贱的理由。

第四,沉默权在诉讼程序上具有一系列的制度功能。它体现了诉讼公正的程序价值,加强了控方的举证责任,削弱了控方的举证力量,从而加强了犯罪嫌疑人、被告人的防御能力,提高了他们的诉讼地位,为实现真正的控辩平衡奠定了基础。沉默权与提高刑事诉讼效率虽然没有直接的关系,但是它为实行更为简易的诉讼程序提供了"简易程序正当化"的前提条件。沉默权规则对于保障供述的自愿性发挥着不可替代的作用,它是检验供述自愿性的唯一标准,从而也是供述真实性的有力保障。从证明责任分担的角度而言,沉默权规则还有助于改变我国目前关于口供的自愿性举证责任倒置的不合理现象。无罪推定原则是沉默权的充分条件但不是必要条件,这表明沉默权是无罪推定原则在逻辑上的必然要求。真正法律意义上的如实陈述义务显然违背了无罪推定关于举证责任负担的原则。我国的如实陈述义务规则虽然没有在实质上违背无罪推定所要求的举证责任负担原则,因而它不是真正法律意义上的如实陈述义务;但是由于这一虚假义务的存在,在司法实践中导致刑讯逼供现象。对于这一不具有实际操作性的法律规定,必须予以废除。

第五,遍观西方主要国家的沉默权规则,只在某一诉讼阶段赋予犯罪嫌疑人、被告人沉默权的国家,绝无仅有。

第六,我国的现实国情决定了我国不能确立沉默权的观点不能成立。根深蒂固的刑讯逼供的制度传统成为人们思想观念中挥之不去的历史烙印，它需要我们通过制度上的检讨来促进人们观念上的改变。触目惊心的刑讯逼供现象需要我们赋予犯罪嫌疑人、被告人必要的防御手段，沉默权规则是其中最有效的方式之一。在法律文化的思想传统方面，我们有充足的本土文化资源接纳沉默权。我国在政治上是社会主义国家，我国公民理应享有比资产阶级国家的公民更多的民主权利。我国在经济上虽然暂时落后于欧美发达资本主义国家，但是绝对比英、美当初确立沉默权的时候发达。因此，我们应当确立沉默权规则。我们没有理由不确立沉默权规则。

本书关于沉默权的技术性规则，是通过对沉默权的历史起源及其发展演变的介绍，通过对沉默权规则背后所蕴含的哲学观念的揭示，通过对沉默权在诉讼上所代表的价值取向的分析，通过对沉默权规则在刑事证据法上的功能进行解剖，通过对现代西方国家所存在并运行着的沉默权规则的比较研究，所能够得出的一些基本的结论。在这些结论的基础上，我认为，我国应当确立完整的、具有可操作性的沉默权规则，并真心实意地保障每个公民在面对国家官员的讯问时能有效地主张该项权利；同时，为了尽量减小沉默权规则可能带来的负面效应，我们还应当建立鼓励供述的诉讼机制。因此，在围绕沉默权问题对刑事诉讼法进行全面修改时，新的规定应当包括以下内容：

一、沉默权的内容

1. 享有沉默权的主体，应为犯罪嫌疑人、被告人和证人，但是证人的沉默权应当与嫌疑人、被告人的沉默权有所区分

具体而言，任何证人在任何情况下都不得拒绝作证，除非：第一，其提供的证言可能导致对其提起刑事追诉；第二，其提供的证言可能被用来作为对其配偶、父母、子女、同胞兄弟姐妹定罪的根据。但是上述证人在作证之前声明放弃这一权利的除外（关于这一点，本属证人拒绝作证权的范畴，此处仅附带提及，不作详细论证，亦不影响本书主旨）。

另外,沉默权只能由自然人享有。作为法人的公司、企业事业单位不得主张此项权利。

2. 沉默权的权能应当包括保持沉默与如实回答两项权能

犯罪嫌疑人、被告人对于与指控的犯罪事实有关的事项,可以在国家官员对其进行讯问时保持沉默、拒绝回答或如实回答。对于有关身份情况的问题,犯罪嫌疑人、被告人不得拒绝回答。犯罪嫌疑人、被告人不得作虚假回答。由于自己的作证而可能成为刑事被告人的证人在遇有可能导致自我归罪的问题时也可以行使该项权利。

对于嫌疑人、被告人、证人制作的私人书面文件,在侦查机关或司法机关尚未知晓的情况下,为防止自我归罪,上述人员可以隐瞒;在侦查机关或司法机关已经知晓的情况下,可以以合法的搜查证对这些书面文件强制调查。

3. 上述权利,犯罪嫌疑人、被告人从被采取强制措施之日起直至刑事诉讼程序终了时止均可行使

证人在遇有可能导致对其归罪的问题时,无论是在民事诉讼还是其他种类的诉讼中,均可主张此项权利,但是否导致对其定罪则应由法官自由判断。若法官判断错误,将本来可能导致自我归罪的问题裁决为不会导致自我归罪,则证人就该问题提供的证言不得在将来对该证人提起的刑事诉讼中作为证据使用,除非检察官能够证明即使没有证人的证言,控诉方也能够获得对该证人定罪的足够的证据。

二、沉默权的保障机制

从历史上看,沉默权在历史上的内容虽然不尽相同,但是,它发展的历史实际上是人权保障的历史,经历了一个从道德权利走向法律权利、再从法律权利走向现实权利的过程。这种过程并不是每一个国家都必须从头开始走。我们在确立我们的沉默权规则的时候,应当从一开始就要考虑到沉默权规则的可操作性,而不能规定一些简单而又空洞的口号性质的权利。我们不能拿一个完全不具有现实性的权利规

则去欺骗人民群众。这也是我反对某些所谓的“默示”的沉默权规则（即允许保持沉默，但不规定告知义务）的主要原因。所谓“默示”的沉默权规则，说来说去，还是不想让嫌疑人、被告人行使他的沉默权。所以，我们要么不要沉默权规则，要么赋予他们真正的沉默权规则。

真正的沉默权规则，就是在赋予犯罪嫌疑人、被告人沉默权的同时，还必须对这项权利予以确实充分的保障。权利必须具有可救济性，一旦权利遭受侵犯，必须有一个程序能够对遭受侵犯的权利予以有效的救济，以恢复遭到破坏的正义，使法律所确定的秩序回复到正义的状态。

1. 沉默权的告知规则

无论何时何地，只要警察或其他司法机关人员出于对刑事案件侦破的需要对公民进行讯问，首先都必须告知他享有保持沉默的权利。同时要告知他保持沉默的后果和进行供述的效果。只有在告知沉默权之后，讯问官员才可以进行下一步工作。

在我国，告知沉默权的最简便的方式莫过于由最高人民法院统一印制[1]告知沉默权的书面文书，在开始讯问之前都必须首先将这一书面文书让被讯问人阅读，如果被讯问人没有阅读能力，要向他宣读。

在这里，我要再次引用沃伦大法官的话：“第一，对于那些不知道自己特免权的人们来说，告知的要求仅仅是为了使他们知道自己有这样的权利。第二，更重要的是，这样的警告对于防范讯问的气氛给嫌疑人带来的内在压力来说是一个绝对的先决条件。第三，这种警告使嫌疑人知道侦查人员已经准备承认他的特免权并决心尊重它。”如果我们仅仅是取消“如实回答”规则，而没有规定沉默权，也没有沉默权的告知规则，那么实际上意味着我们还没有准备好真正地尊重嫌疑人、被告人的这一权利。

---

〔1〕 因为决定证据是否具有可采性的权力由法院所享有，所以由其来制作这样的格式化文件也是顺理成章的。

嫌疑人、被告人行使陈述的权利即放弃保持沉默的权利的行为必须是在清醒地意识到自己行为后果的情况下作出的。并且，放弃必须以明示的方式而不能以默示的方式。犯罪嫌疑人、被告人保持沉默的行为不应当视为放弃沉默权，而应当视为行使沉默权。除非嫌疑人、被告人明确地表示不行使沉默权并在放弃沉默权的书面文书上签名（或捺指印），否则即视为嫌疑人、被告人主张沉默权。

犯罪嫌疑人、被告人在刑事诉讼的任何阶段都享有保持沉默的权利。这项权利在任何阶段都可以放弃。嫌疑人在侦查阶段主张沉默权的事实，不影响检察人员在审查起诉阶段对嫌疑人进行讯问，但是在讯问前，必须重复讯问前的告知工作，以避免使犯罪嫌疑人产生只能在警察面前保持沉默、而不能在检察官面前保持沉默的误解。如果嫌疑人在侦查阶段保持沉默，他在审查起诉阶段仍然可以保持沉默，当然也可以放弃沉默权。在审判阶段，法官也必须再一次告知被告人他有权保持沉默。被告人可以行使这项权利，也可以放弃这项权利。

2．讯问时的律师在场原则

犯罪嫌疑人、被告人有权聘请辩护律师的时间应当提前到侦查阶段（注：2012 年《刑事诉讼法》已经将刑事被追诉人有权聘请辩护律师的时间提前至侦查阶段）；辩护律师在侦查阶段享有自由地与嫌疑人、被告人会见和通信的权利。如果嫌疑人、被告人既不表示行使沉默权，也不表示放弃沉默权，而是提出要会见律师，讯问机关必须允许，并且直至律师到达以前，不得开始讯问。

3．事后救济规则

事后救济包括两项内容：

一是建立人身保护令制度（这一制度也不仅仅是为保障沉默权而设立，但可以以此为契机建立我国的人身保护令制度）。从历史上看，当人们受到纠问式的诉讼程序压迫而被迫提供自我归罪的证据时，就是通过申请人身保护令进行自我保护的，而且这种制度确实也在一定程度上起到了保障沉默权的作用。在我国人权保障机制不够发达、特别是在侦查程序缺乏有效监督机制的情况下，建立人身保护令制度对于沉默权的行使尤为重要。

人身保护令制度需要对我国“侦审连锁式”的刑事诉讼程序做全面的改造。就沉默权而言，具体应当包括这样的内容：犯罪嫌疑人、被告人被采取强制措施后，只要他认为自己的沉默权受到了侵犯，就可以向人民法院申请人身保护令；人民法院经审查认为侦查程序违法的，可以命令侦查人员将犯罪嫌疑人、被告人予以释放，或者转移到法官能够控制的场所进行关押。

二是建立违法证据排除规则，对于违反沉默权规则而获得的口供，必须予以排除。

对于讯问时的限制性规则，我认为可以不作为沉默权规则的内容。因为，如果我们确立了沉默权的告知规则和明示的放弃规则，一旦嫌疑人、被告人表示行使沉默权，就不再发生讯问的问题；而如果嫌疑人、被告人表示愿意与讯问人员配合，强迫就已经变得没有意义。所以，沉默权规则可以不包括讯问上的限制性规则。但是这并不反对讯问上的限制性规则作为整个法律体系的一部分而存在。

三、鼓励供述机制

为了消除沉默权规则可能带来的不良后果，还应当确立鼓励供述的机制，包括：

1. 废除“坦白从宽，抗拒从严”的口号性标语，并完善我国的量刑制度

在学术界，对于“坦白从宽”的刑事政策大家意见都比较一致，存在争论的是“抗拒从严”的刑事政策。在实践中，有的公安机关已经将审讯室中“坦白从宽，抗拒从严”的横幅改成了优美的风景画。我认为这种做法是正确的。但是，作为一项量刑方面的刑事政策，我认为，“抗拒从严”体现了刑罚的个别化原理，“决不因事后行为加重对过去

犯罪的评价"[2],这是正确的。但是它不影响我们加重对犯罪者人身危险性的评价。在刑罚观念已经从报应刑主义走向刑罚个别化的今天,对被告人的人身危险性在量刑时予以考虑是合情合理的,因而也是不可避免的。所以,如果这一政策只能由法官来掌握,在侦查阶段和起诉阶段,任何人都不能以这一政策压制犯罪嫌疑人、被告人作出供述,那么,抗拒从严也是可以的;同时,侦查人员也可以告知犯罪嫌疑人、被告人在如实回答与保持沉默所导致的量刑方面的不同后果。但是,最好还应该由最高人民法院建立一个量刑因素的数据库,对各种影响量刑的因素及其影响力的大小提供一个大致的参考标准,其中应当包括保持沉默的事实对有罪被告人量刑的影响程度,以供犯罪嫌疑人、被告人在供述与沉默之间进行权衡。

2. 建立起诉豁免规则

贝卡里亚曾坦言:"法律应尽少促成犯罪同伙之间可能的团结。"[3]又说:"我认为:制定一项普遍的法律容许对任何揭露了同伙的罪犯不予处罚,同在个别情况下做出特别的宣告相比较,要更可取一些。这样做会使罪犯互相担心自己被暴露,从而防止他们团结起来……如果不实行法律所许诺的不予处罚,如果根据那些学究式的强词夺理,不顾公共信义,硬把服从法律要求的人拖上刑场,那么,这会给国家树立什么样的榜样呢?"[4]因此,我们有必要仿照英国、美国、以色列等国家,建立我国的起诉豁免规则。具体而言:对于共同犯罪案件,为实现侦查目的之需要,检察官可以在起诉与不起诉之间享有比较大的自由裁量权,对于那些提供重要侦查线索从而使案件得以侦破的犯罪嫌疑人,即使所犯罪行比较严重,只要其在共同犯罪中不起主要作用,也可以作出不起诉决定。

---

〔2〕 转引自张明楷:《刑法格言的展开》,法律出版社1999年版,第64页。

〔3〕〔意〕贝卡里亚:《论犯罪与刑罚》,黄风译,中国大百科全书出版社1993年版,第40页。

〔4〕 同上书,第41页。

3. 建立证据豁免规则

证据豁免规则以负有作证义务为前提。严格说来，在这种规则之下，犯罪嫌疑人、被告人是不享有在作出供述和保持沉默之间进行选择的自由的，因而它也可以说是沉默权的一项例外规则。它仅适用于黑社会犯罪、恐怖活动犯罪的案件。与这类案件有牵连者，不享有保持沉默的权利，但其提供的证言不得作为反对他自己的证据使用。除非有独立于该项证言之其他来源的充足的证据，不得对被告人起诉和定罪。这样，既顺应每个人保护其自身之天然本性，亦不违背刑事诉讼保障社会安定之应有功能。

参考文献

一、外文类

1. Leonard Levy, *Origins of the Fifth Amendment*, Macmillan Publishing Company, 1986.

2. R. H. Helmholz, Charles M. Gray, John H. Langbein, Eben Moglen, Henry E. Smith, Albert W. Alschuler: *The Privilege Against Self-incrimination—Its Origins and Development*, The University of Chicago Press, 1997.

3. Christopher Allen, *The Law of Evidence in Victorian England*, Cambridge University Press, 1997.

4. Matthew Hale, *The History of the Common Law of England*, 1713, from English Classics 1000, CD-ROM.

5. David Byrne QC & J. D. Heydon, *Cross on Evidence*, Butterworths Pty Limited, third Australian edition, 1986.

6. Peter Murphy, *Murphy on Evidence*, Sixth Edition, Blackstone Press Limited, 1997.

7. William Twining, *Theories of Bentham and Wigmore*, Stanford University Press, 1985.

8. Mark Berger, *Taking the Fifth*, by DC Heath And Company, 1980.

9. Rolando Del Carmen, *Criminal Procedure and Evidence*, Harcourt Brace Jovanovich Inc., 1978.

10. David M. Paciocco & Lee Stuesser, *Essentials of Canadian Law: The Law of Evidence, published in* 1996 by Irwin Law.

11. John A. Andrews Ed., *Human Rights in Criminal Procedure*, Martinus Nijhoff Publishers, 1982.

12. Michael H. Graham, *Federal Rules of Evidence*, West Group, 1996.

13. Jerold H. Israel, Wayne R. Lafave, *Criminal Procedrue*, West Group, 1993.

14. Gregory W. O'Reilly, "England Limits the Right to Silence and Moves Towards an Inquisitorial System of Justice", *The Journal of Criminal Law and Criminology*, Vol. 85, No. 2, 1994.

15. R. H. Helmholz, "Origins of the Privilege against Self-incrimination: the Role of the European IUS Commune", *New York University Law Review*, Volume. 65, No. 4, Oct. 1990.

16. Adrian A. S. Zuckerman, "The Right Against Self-incrimination: An Obstacle to the Supervision of Interrogation", *The Law Quarterly Review*, Vol. 102, Jan. 1986.

17. Sybil Sharpe, "The Privilege against Self-incrimination: Do We Need A Preservation Order?", *Anglo-American Law Review*, at 494-524.

18. Barton L. Ingraham, "The Right of Silence, the Presumption of Innocence, the Burden of Proof, and A Modest Proposal: A Reply to O'Reilly", *The journal of Criminal Law and Criminology*, Vol. 86, No. 2.

19. "Organizational Papers and the Privilege against Self-incrimination", *Harvard Law Review*, Vol. 99, No. 3, Jan. 1986.

二、中文及中译文著作类

1.〔德〕马克思、〔德〕恩格斯:《共产党宣言》,中共中央马恩列斯著作编译局译,人民出版社 1997 年第 3 版。

2.〔英〕布勒德:《英国宪政史谈》,陈世第译,台北商务印书馆 1971 年版。

3.〔美〕伯尔曼:《法律与革命》,贺卫方等译,中国大百科全书出版社 1993 年版。

4.〔英〕莫尔顿:《人民的英国史》,谢琏造等译,生活·读书·新知三联书店 1962 年版。

5. 程汉大:《英国政治制度史》,中国社会科学出版社 1995 年版。

6. 〔英〕米尔恩:《人的权利与人的多样性》,夏勇、张志铭译,中国大百科全书出版社 1995 年版。

7. 〔英〕哈耶克:《自由秩序原理》,邓正来译,三联书店 1997 年版。

8. 〔英〕约翰·密尔顿:《论出版自由》,吴之椿译,商务印书馆 1958 年版。

9. 〔英〕约翰·斯图尔特·密尔:《论自由》,程崇华译,商务印书馆 1959 年版。

10. 〔德〕康德:《道德形而上学的基本原则》,载郑保华主编:《康德文集》(中译本),刘克苏等译,改革出版社 1997 年版。

11. 〔德〕黑格尔:《法哲学原理》,范扬、张企泰译,商务印书馆 1961 年版。

12. 〔美〕博登海默:《法理学:法律哲学与法律方法》,邓正来等译,中国政法大学出版社 1999 年版。

13. 〔意〕贝卡里亚:《论犯罪与刑罚》,黄风译,中国大百科全书出版社 1993 年版。

14. 〔法〕莱昂·狄骥:《法律与国家》,郑戈、冷静译,辽海出版社、春风文艺出版社 1999 年版。

15. 〔法〕卡斯东·斯特法尼、乔治·勒瓦索、贝尔纳·布洛克:《法国刑事诉讼法精义》,罗结珍译,中国政法大学出版社 1999 年版。

16. 〔日〕大木雅夫:《比较法》,范愉译,法律出版社 1999 年版。

17. 〔日〕田口守一:《刑事诉讼法》,刘迪、张凌、穆津译,法律出版社 2000 年版。

18. 〔日〕西原春夫主编:《日本刑事法的形成与特色》,李东海等译,法律出版社、成文堂 1997 年版。

19. 夏勇:《人权概念起源》,中国政法大学出版社 1992 年版。

20. 陈独秀:《法律与言论自由》、李大利:《危险思想与言论自由》,载刘军宁主编:《北大传统与近代中国》,中国人事出版社 1998 年版。

21. 张文显:《法学基本范畴研究》,中国政法大学出版社 1993 年版。

22. 陈兴良:《刑法的人性基础》,方正出版社 1996 年版。

23. 李心鉴:《刑事诉讼构造论》,中国政法大学出版社 1992 年版。

24. 陈瑞华:《刑事审判原理论》,北京大学出版社 1997 年版。

25. 熊秋红:《刑事辩护论》,法律出版社 1998 年版。

26. 陈光中、严端主编:《刑事诉讼法修改建议稿与论证》,方正出版社 1995 年版。

27. 陈光中主编:《联合国刑事司法准则与我国刑事诉讼制度》,法律出版社 1998 年版。

28. 樊崇义主编:《刑事诉讼法学》,中国政法大学出版社 1996 年版。

29. 徐静村主编:《刑事诉讼法学》(上),法律出版社 1997 年版。

30. 何勤华主编:《外国法制史》,法律出版社 1997 年版。

31. 季卫东:《程序比较论》,载《比较法研究》1993 年第 7 卷第 1 期。

32. 熊秋红:《反对自我归罪的特免权与如实陈述义务之辨析》,载《外国法译评》1997 年第 3 期。

33. 宋英辉:《关于非法搜查、扣押的证据物的排除之比较》,载《政法论坛》1997 年第 1 期。

34. 中国政法大学刑事法律研究中心:《关于英国刑事诉讼制度的考察报告》,1998 年 5 月。

后　记

林语堂先生在《生活的艺术》一书中说：按照中国的礼貌，只有长者有发言的权利，年轻的人只许静听，所以中国有"少年用耳不用口"那句老话。承蒙贺卫方先生垂爱，我这个尚在学术的海岸边扑腾的初学者，居然也有了发言权。因此，本书的写作与出版，首先要感谢北京大学法学院的贺卫方先生，这本书完全是由于他的鼓励才得以完成的。我与贺先生见面不多，拜读其文章多于聆听其演讲，但他充满智慧的思想以及幽默而又高雅的谈吐总是给人留下深刻的印象；贺先生奖掖新人、提携后进的气概和心胸，亦使我无比敬仰。

我的导师陈光中教授，对于本书的写作提供了精神上的鼓励和知识上的源泉。得知我要写《沉默的自由》这本书，他从一开始就表示出了极大的关怀和支持，并对一些理论问题提供了高屋建瓴的指导意见。本书有些观点，直接来自于先生的启发。陈先生孜孜以求的学术精神、诲人不倦的学术风范、一丝不苟的学术作风，都将永远作为我学术生涯的指路明灯。

我硕士阶段的导师李宝岳教授对我硕士论文的选题一直给予道义上的支持，并对我的文章提出了诸多宝贵的修改意见。本书的成功之处，有很大一部分是李老师的功劳。李老师及师母郑玉兰大夫对我的学习和生活曾给予严父与慈母般的教诲和关怀，亦将使我终生受益，没齿不忘。

《比较法研究》的副主编舒国滢老师不嫌拙陋，使我的文章能在这负有盛名的学术刊物予以发表；舒老师还为我的文章提供了宝贵的资料线索，并对我走上学术道路不时地给予鼓励，在此对他表示由衷的敬意。《中国律师》杂志的编辑刘志军先生以及其他报刊的编辑不吝版面，将我的文章予以发表，我也向他们表示感谢。

师兄杨宇冠先生对本书的修改亦提出了中肯的意见，并为本书个别资料的翻译提供了及时的援助，谨在此敬表谢意。

2001 年 5 月 1 日

于中国政法大学研究生院

图书在版编目(CIP)数据

沉默的自由.修订版/易延友著.—北京:北京大学出版社,2015.2
ISBN 978-7-301-25122-5

Ⅰ.①沉… Ⅱ.①易… Ⅲ.①刑事诉讼—当事人—人权—研究
Ⅳ.①D915.312.04

中国版本图书馆CIP数据核字(2014)第277522号

书　　名　沉默的自由(修订版)
著作责任者　易延友　著
责 任 编 辑　王建君
标 准 书 号　ISBN 978-7-301-25122-5
出 版 发 行　北京大学出版社
地　　址　北京市海淀区成府路205号　100871
网　　址　http://www.pup.cn　http://www.yandayuanzhao.com
电 子 信 箱　yandayuanzhao@163.com
新 浪 微 博　@北京大学出版社　@北大出版社燕大元照法律图书
电　　话　邮购部62752015　发行部62750672　编辑部62117788
印 刷 者　北京大学印刷厂
经 销 者　新华书店
965毫米×1300毫米　16开本　17.5印张　226千字
2015年2月第1版　2016年3月第2次印刷
定　　价　39.00元